本书受2018年北京财贸职业学院科研计划重点课题『当代通州作家视域下的运河文化精神研究』（课题编号：CZYB201805）资助，为该课题成果

当代通州作家视域下的运河文化精神

宋秋云 著

Research on the Canal Culture Spirit from the Perspective of Contemporary Tongzhou Writers

社会科学文献出版社
SOCIAL SCIENCES ACADEMIC PRESS (CHINA)

作家语录

现在的文学也一样，有地方色彩的，倒容易成为世界的，即为别国所注意。打出世界上去，即于中国之活动有利。可惜中国的青年艺术家，大抵不以为然。

——鲁迅在 1934 年 4 月 19 日
《致陈烟桥》的信中

“中国气派，民族风格，地方特色，乡土题材”，这是我致力乡土文学创作的四大准则。满怀感恩戴德的孝敬之心，为我的粗手大脚的乡亲父老画像，以激情的热爱灌注笔端，描写我的家乡——京东北运河农村那丰富多彩而又别具一格的风土人情，为家乡的后辈儿孙留下艺术化的历史写照，同时也使外地人，甚至外国人，通过我的小说，了解我的家乡，喜爱我的乡土，这便是我今生文学创作活动的最大野心，也是我实践鲁迅先生上述创作思想的志愿。

——《我是刘绍棠：刘绍棠自白》

运河文化是通州高扬在历史长河中的风帆，运河文化是运河人闪亮于改革开放时期的烫金名片……大运河何止“漂来一座北京城”，为历史古都起到保卫、建设、繁荣之作用，她更深远的意义在于，积淀了丰厚的运河文化，造就了数以百计的文化名人和至今依然弘扬的开放、进取、文明的精神。

——通州区原区委书记崔君乐《〈通州作家群〉总序》

通县的水土好。赶上解放后实行社会主义制度好季节，使五十年代的通县，曾经成为一个“出作家”的地方。刘绍棠、从维熙、房树民、王保春、卢万全等等一批作家，几乎都是在通县这块地方萌发起文学理想，而后走上成名之路的。即使因为“气候”不正常，文学园地一度出现令人沮丧的萧条，北京郊区不见一个有成就的新作家的日子里，我回到通县，也仍然看到这块地方跟其它一些地方有着截然不同之处。这里有为数众多的青年干部和青年农民爱好着文学，怀有文学志向，并且在刻苦地练笔，练功夫；主持文化、宣传工作的领导同志，不仅对培养写作人材重视，尤其有胆气，敢于扶植和支持，从而，让我欣喜地认识到，这块地方不乏文学种子，也没有失去发展文学的好水土。

——浩　然

……真正的文学艺术家和文学艺术作品，却只能产生在深厚的文化土壤中。这也许就是通州地区较之其它地区更多产生作家的重要因素。三千里大运河运载的是漕粮和商货，流淌的却是凝重而丰富的历史文化……文化所滋养的不仅仅是经济的命脉，而她苦苦支撑的是民族的素质与尊严，是一个国家和地区的历史与未来。这正是今天我们挖掘和弘扬运河文化的意义之所在。就是说，在这么一片有着悠久历史文化的土地上，在当空闪耀的三颗文学巨星的光环下，应该有更多的文学艺术新星腾空而起，应该产生更多的无愧于这片土地的艺术作品。历史的责任和现实的使命毫无选择地落在了我们的肩上，我们挖掘着通州的历史，书写着通州的未来，同时也开发着我们自身。

——王梓夫《〈通州作家群〉序》

序　言

“三个文化带，一座北京城。”未来，北京在城市规划建设层面更加突出文脉传承，以推动“三个文化带”建设为契机，让历史文化和自然生态永续利用、同现代化建设交相辉映。大运河在北京城市发展进程中的政治、经济、文化意义，决定了大运河文化带作为古都文脉的历史地位，是研究北京文脉的重要线索。

2014 年，中国大运河成功列入世界非物质文化遗产名录。2017 年 2 月、6 月，习近平总书记先后两次就大运河保护、传承、利用做出重要指示和批示。2017 年 2 月，北京市委书记蔡奇就推动大运河文化带保护利用工作做调查研究，强调要以高度历史使命感推进大运河文化带建设，“保护好、传承好、利用好”，深入挖掘大运河文化带的丰富内涵，通过推进大运河文化带保护利用，进一步擦亮世界认可的国家文化符号，为京津冀协同发展搭建深度交融的桥梁，为首都发展注入独具魅力的文化内涵，真正使大运河文化带成为北京建设全国文化中心的示范工程。在通州作为北京城市副中心、现代化国际新城建设中，挖掘通州历史文化资源，特别是以大运河为核心的历史文化资源，保护、传承、利用好这些文化资源，做好首善之区的城市文化建设示范，是北京城市副中心文化建设的重要使命，是推进大运河文化带研究的重要责任，是促进京津冀的区域文化协同发展的重要举措。

北京市委、市政府多次聚焦通州并成立专题调研组展开关于通州文化特色——“通州味”的调研，为北京城市副中心文化建设提供参考。“通州味”是指具有通州地域性的文化特色，是多种文化长期碰撞融合形成的具有通州特色的复合型文化，是随着社会不断发展的活态文化。在众多文化中，运河文化是通州主要文化基因。通州作为京东首邑、京杭大运河的北起点、曾经的皇家码头，不仅具有悠久厚重的历史文化积淀，也以人杰地灵、盛产“土著作家”而闻名，甚至形成了当代通州作家群体，拥有富有通州地域文化特色的系列文学作品。

当代通州作家是当代通州历史变迁的亲历者、见证者、书写者，当代通州作家作品是运河文化的重要组成部分。以刘白羽、浩然、刘绍棠、王梓夫等为代表的当代通州作家深受运河文化的浸润和滋养，他们情系家乡，以赤子情怀、反哺之心书写通州、书写运河，在丰富和重塑中参与运河文化的构建，为通州人民留下了宝贵的文化“实物”和精神财富，为研究运河文化提供了丰富的文本资源，极具文化价值。

本书结合历史时代背景，立足当下社会现实，从当代通州作家作品切入运河文化精神研究。本书由五个章节组成：第一章“历史”与“当代”，主要从运河文学的历史书写切入当代通州作家与运河文学的关系，为当代通州作家运河书写找到历史坐标；第二章“前世”与“今生”，主要介绍从20世纪30年代、50年代至今的当代通州作家作品概况，通过梳理当代通州代表作家、代表作品，展现不同年代运河书写的创作特征和创作风格；第三章“浸润”与“书写”，主要介绍当代通州作家作品在不同题材领域对运河文化的文学表达；第四章“丰富”与“重塑”，通过对当代通州作家作品进行文本分析，总结和发现蕴含其中的运河文化精神内涵；第五章“传承”与“发展”，主要探讨当代通州作家作品当下的文化价值、运河文化传承与发展的机制策略，以及当代通州作家作品的保护和利用、当代通州作家在新时代的使命担当。

总体而言，当代通州作家作品在五个层面反映出运河文化精神的格调和气度：“水味”“土味”“野味”“京味”“人味”。“水味”是运河文化赋予当代通州作家作品的文化底色；“土味”是当代通州作家作品在创作主题、艺术风格和审美趣味等文学创作实践上呈现的地方特色；“野味”是当代通州作家作品展现出来的生命意识和生命追求；“京味”是当代通州作家作品在北京文化浸润下赋予运河文化的品格追求；“人味”是当代通州作家作品对特定地域人物群体精神气质和价值追求的描摹和表现。“水味”“土味”“野味”“京味”“人味”构成了当代通州作家视域下运河文化丰富精神内涵的文学表达。

由于写作时间有限，本书疏漏之处在所难免，恳请专家学者、前辈同行批评指正，我将查漏补缺，在以后的研究中进行修正和完善。

宋秋云

2019 年元旦

目　录

引　言

当代通州本土作家群体，怀着对故乡的赤子情怀和“反哺”之心，以京东北运河为背景，以文学作品为载体，塑造了具有“通州味”的文学人物形象谱系，描绘了京东北运河20世纪四五十年代至今包含经济、历史、景观、民俗、社会学、时代变迁、文化心理等元素的立体多彩画卷。当代通州作家群的创作因对通州故事的书写和运河文化精神的表现而获得强大的艺术生命力，在中国当代文坛独树一帜，有着重要的文学价值和文化价值。进入新时代，北京突出文脉传承的发展定位，千年大运河文化的“水脉带动文脉、文脉融入血脉”的厚重精神母体，以及通州作为北京城市副中心的提升“文化力”的现实需求，第一次找到了交会点。站在历史和时代的节点，来梳理和总结当代通州作家作品，发现运河文化当代特征和精神内核，“保护好、传承好、利用好”运河文化，对满足人民群众多样化的精神需求和服务北京城市副中心文化建设都具有不可估量的作用。基于此，才有了当代通州作家视域下的运河文化精神研究的开始。大的历史和时代背景、国内外相关研究的现状是课题研究的基本面，研究范畴、研究方法、研究条件、预期创新之处等是课题研究的基础。厘清这些问题，就等于架构了研究的骨架，拉开了研究的序幕。

一　研究动态与发展趋势

（一）国内相关研究动态

运河文化精神是通州作家精神构建的母体。当代通州作家群浸润和孕育于运河文化之中，又在文学中记录、重塑运河文化，展现运河文化不同时期的独特历史风貌和时代特色。他们的作品是对运河文化精神的提炼、重塑和升华。运河文化精神也不仅是作品故乡情感的呈现，还有着更深层次的浸润与重塑的关系和更深远的文化层面的意义。当代通州作家作品让运河文化精神经过时间淘洗，最终沉淀为通州的人文精神、城市的灵魂和最具价值的文化标签，有着重要的文学价值、文化价值，乃至文明价值。通过文献梳理，可以发现，从文学维度对运河文化进行的研究，大多从明清作家及近代作家入手，对当代作家的研究较少。站在当今北京城市副中心文化建设的时间节点上，从当代通州本土作家作品的视角重新发现和发掘、传承和发展运河文化精神应用价值的机制和形态，还是一个没被开垦的“荒地”。

对当代通州作家作品的研究分三个阶段（以当代通州代表作家刘绍棠的研究为例）。第一阶段的研究集中在民间立场、乡土主题、民族文化和艺术风格上，如《民族文化在刘绍棠作品中的积淀》（《文艺理论与批评》1996 年第 2 期）、《刘绍棠“运河文学”的语言风格》（《文艺理论与批评》1994 年第 2 期）等文献论述。第二阶段的研究集中在作家作品在当代文学发展中的价值发现上，如《21 世纪以来刘绍棠研究述评》（《广东第二师范学院学报》2017 年第 2 期）。第三阶段的研究集中在文化品格、文化精神的挖掘上，体现了运河文化研究的深度，如《运河文化的历史品格及其文学书写》［《北京联合大学学报》（人文社会科学）2018 年总第 16 卷第 1 期］、《大运河文化的基本特征及其核心精神》（《中国文化报》2012 年 10 月 18 日）。三个阶段的研究从文学书写到文化精神是一个逐步深入的过程，但对运河文化精神的阐释还不系统，从当代通州作家作品的视角对运河文化精神进行阐释和对如何在建设城市副中心的新时代传承好运河文化精神的论述还不充分。

（二）国外相关研究动态

从《马可·波罗游记》里描述的运河风光，到明朝弘治年间朝鲜官员《漂海录》里的运河记忆，从欧洲汉学鼻祖传教士利玛窦在笔记里的运河观感，到清代荷兰使团和英国使团的访华笔记，都是运河工程和运河文化在世界范围内影响力的写照。就运河研究而言，境外学者起步早，较早跳出了“就运河而研究运河”的模式，注重从政治经济、商业技术、宗教文化等多角度审视运河。近十年来，中国台湾、日本及美国学者对中国大运河的主要研究成果，研究时段集中在明清和近代，研究内容着眼于大运河及漕运的历史史实和细节考察，从政治学、社会学、经济学等学科角度分析大运河。近年来逐渐兴起的环境史为大运河的研究拓展了新的领域。中国台湾学者注重从经典文献的考证中得出论点；日本学者以实证研究居多，精于基本历史事实的陈述；美国学者擅长通过理论分析进行研究。

（三）发展趋势及应用情况

发展趋势。自2014年起，北京市委、市政府多次聚焦通州作为北京城市副中心的文化规划和建设，并成立专题调研组展开关于北京城市副中心建设中传承和发展通州文化特色——“通州味”的调研，为北京城市副中心建设提供参考。“通州味”是指具有通州地域性的文化特色，是多种文化长期碰撞融合形成的具有通州特色的复合型文化，是随着社会不断发展的活态文化。在众多文化中，运河文化是通州文化最重要的代表。

应用情况。当代通州作家作品的“人味”、运河文化的“水味”是北京城市副中心建设具有“通州味”的城市文化品牌的有机组成部分。在北京城市副中心建设大背景下，从文学维度进行梳理和阐释运河文化精神，并结合北京城市副中心文化建设的现实需求，探索运河文化精神的保护和传承机制、形态和对策，是未来北京城市副中心文化建设的聚焦点。

（四）研究价值：学术价值与应用价值

学术价值。通过对当代通州作家作品的运河文化精神研究，认识运河文化特征、精神内核、发展规律，丰富当代运河文化研究，为“大运河文化带”理论研究提供新的视角和更广阔的理论视野；通过对当代通州作家作品的运河文化精神的研究，为“通州味”研究提供理论支撑，为提升北京城市副中心文化建设提供理论探索的可能性。

应用价值。通过对当代通州作家作品的梳理，为运河文化精神当下研究提供更丰富的文本资料和参考素材，依此为蓝本，讲好通州故事，颂扬运河文化精神；挖掘运河文化丰富内涵，切实做好“保护、传承、利用”运河文化三篇文章，为高标准、高品位建设北京城市副中心提供方案；为“通州味”的提炼提供智力支持，打造通州特色的文化传播窗口，提升北京城市副中心的文化魅力，擦亮城市品牌的文化名片；满足北京城市副中心人民群众多样化的精神需求，以运河文化为母体，创新文化传播方式和参与方式，让人民群众找到文化认同感、归属感和自信心，体会、感受、参与到运河文化传承中去。

二　研究内容与重点、难点

在当代通州作家视域下的运河文化特征以及精神内核研究基础上，进一步研究当代运河文化精神内涵和通州作为北京城市副中心大背景下的文化传承机制，这也是课题的主要研究对象。在此基础上，设立了研究目标、总体框架和主要内容。

（一）主要目标

（1）从文学维度挖掘运河文化精神内涵，为运河文化的保护、传承、利用提供素材。当代通州文学作家作品是通州历史变迁的见证者和记载通州文化的“活化石”，提供了研究运河文化精神鲜活生动的文本素材和宝贵精神财富，是保护、传承、发展通州特色文化的基础。

（2）当代通州本土作家作品与大运河文化具有千丝万缕的重塑与浸润、保存和传承的关系，发现文学到文化乃至文明传承的规律，从作家和作品的文学视角探索运河文化的精神内涵、特征和价值，探索北京城市副中心建设大背景下的运河文化精神传承新形态、机制、对策和实践模式，服务北京城市副中心文化建设。

（二）主要内容与总体框架

当代通州作家视域下的运河文化精神研究，旨在通过以刘绍棠、王梓夫等具有代表性的当代通州本土作家作品与大运河文化千丝万缕的重塑与浸润、保存和传承的关系，发现文学到文化乃至文明传承的规律，从作家和作品的文学视角探索运河文化的精神内涵和特征，深化“通州味”的挖掘和研究，拓展大运河文化带的研究领域，提升运河文化精神在北京城市副中心文化建设中的现实价值。从以下五个层面来着手研究。

（1）“历史”与“当代”，通过回顾运河文学的历史书写，切入对当代通州作家与运河文学的关系的研究。

（2）“前世”与“今生”：以时间为脉络，梳理在不同时期具有代表性的当代通州作家作品，并结合特定时代背景，对创作风格和艺术特色进行文本细读。

（3）“浸润”与“书写”：总结当代通州作家的故乡情结与运河情怀。当代通州文学作家作品是通州历史变迁的见证者和记载通州文化的“活化石”，提供了研究大运河文化精神的鲜活生动的文本素材和宝贵精神财富，是保护、传承、发展通州特色文化的基础，也是讲好当代通州故事的蓝本。

（4）“丰富”与“重塑”：认识当代通州作家视域下的运河文化精神内核。从当代通州作家作品中发掘大运河文化精神内涵、特征、价值，丰富运河文化精神研究的层次和深度，为推进“大运河文化带”建设提供多面、立体的理论新视角。

（5）“传承”与“发展”：探索通州作为北京城市副中心的运河文化精神传承新形态、机制、对策、实践模式，彰显通州独具特色的文化魅力和时代风貌，打造具有“通州味”的城市文化品牌。

（三）重点和难点

研究的重点：从当代通州作家作品的维度，发现和挖掘运河文化精神世界并寻找其文化表征“通州味”；探索运河文化精神元素，形成具象化、可操作的文化产品、形态、机制、对策，激发运河文化的生机和活力，让其成为不能斩断的文化血脉，这也是当下对运河文化精神最好的保护和传承。

研究的难点：系统梳理当代通州作家群，通过梳理作家作品个性特征和文学作品表象，寻找与运河文化精神紧密联结的精神纽带，发现和阐述运河文化的精神底蕴和运河文化传承规律；结合时代背景和北京城市副中心建设需要，激发运河文化活力，找到雅俗共赏又富有历史感、时代性、丰富化、多样性的文脉传承机制。

三　研究思路和研究方法

研究的基本思路、具体研究方法如下所述。

（一）研究基本思路

在研究过程中，通过理论维度、实证维度和政策维度三个维度和定量分析、定性研究及系统论三个视角开展研究。从定量分析的视角，收集当代通州作家作品基本情况和现状，进行归类梳理和统计；从定性研究的视角，通过座谈会讨论、调研、实地考察等形式，发现集中反映和书写运河精神的典型作家及典型作品，对作家创作思想、理念、创作文本进行挖掘和分析；从系统论的视角，总结当代通州作家作品视域下的运河文化精神特征、规律，以及对当下理论和实践的现实意义，并提出具有可行性的完善的研究思路和途径。

（二）具体研究方法

综合运用了文献研究、调查研究、比较研究等方法。

1. 文献研究法

通过文献和资料整理搜集相关文本研究成果和成文总结。

2. 调查研究法

通过调研故居、史料、手稿、生平事迹，实地走访发现有价值的资料。

3. 比较研究法

通过当代通州作家群共性和代表作家个性研究来比较运河文化精神的不同侧面。

4. 行动研究法

在北京城市副中心规划建设背景下，制定可行性文化提升方案。

四 创新之处

传承有温度。通过访谈、口述史、采风等方式挖掘以运河文化为主题的鲜活而丰富的原始资料，用“从民间来再到民间去”的研究思想探索运河文化传承的规律、机制和策略，让运河文化的传承不但有高度、有层次、有方法，还要有温度、有情感、有色彩。

实现四个“打通”。打通“个性”与“共性”，在对文本细读时兼顾作家作品的“个性”和“共性”，厘清当代通州作家与运河文化浸润与重塑的关系，提炼运河文化精神实质；打通“古”与“今”，拓展研究的历史维度，密切联系当今时代背景，体现融通古今的研究视野；打通“点”与“面”，以北运河为研究起点，逐步扩大研究的辐射圈，以点带面，形成大运河文化带乃至更广阔研究；打通“研究”与“应用”，让“研究”与“应用”结合起来，实现理论研究服务实践的价值最大化，使运河文化传承能够实实在在推广落地。

融合水脉、文脉和血脉。从当代文学的维度，总结和提炼运河文化精神的特征和内核，挖掘当代通州作家作品里的“通州味”，有利于拓展“大运河文化带”理论研究范畴，赋予文化研究独特的人文气息，体现以“水脉带动文脉，文脉凝聚血脉”的精神主干的承载。

立足当下，服务现实。从当代通州本土作家作品的文学价值延伸到运河文化特征和精神内涵，再到提升通州作为北京城市副中心文化品位的形态和策略，为北京城市副中心文化建设提供支持，促进京津冀区域协同发展。

第一章 “历史”与“当代”

——当代通州作家作品与运河文学

第一节 从历史书写到文化镜像

《大运河礼赞》：“长城一撇，运河一捺，在中华大地上写下了一个顶天立地的‘人’字。”电视纪录片《话说运河》的开头语说出中华大地的壮美和五千年文明血脉的源远流长。雄伟的万里长城作为人类历史上伟大的建筑工程，横亘在中华大地上，成为中华民族脊梁的象征，大运河贯穿神州南北，带着世界人工运河之最的荣耀，穿越古今，惠泽万民，是民族流动的血脉，也是中华民族文化身份的象征。万里长城和京杭大运河共同作为中华民族文化的象征在中华大地写下顶天立地的“人”字，奠定了中华民族生生不息文化史诗的基调。

京杭大运河始建于春秋时期，起初为了征服敌军的军事用途而兴建，隋王朝统一天下后做出贯通南北运河的决定，架起南北经济发展的“水上桥梁”。在漫长的历史推进和不同政权更迭中，京杭大运河衍生出经济、政治、文化等多重功能，至元代京杭大运河全线贯通，京杭大运河留给历史和时代的意义远远超出了人们的想象。京杭大运河北起通州、南至杭州，途经浙江、江苏、山东、河北四省以及天津、北京两市，贯通海河、黄河、淮河、长江、钱塘江五大水系，全长1794公里。京杭大运河共包括七个河段，自北向南依次是：通惠河、北运河、南运河、鲁运河、中运河、里运河、江南运河。作为世界上里程最长、工程最大的古代运河，京杭大运河是世界最古老的运河之一，是中国古代劳动人民的伟大创举，也是中国文化地位的象征之一。

大运河是应“运”而生的，从诞生起就肩负多重使命。作为南北交通的大动脉，京杭大运河促进了航运交通、物资交换、商业繁荣，以及沿岸经济的迅速发展，并形成了具有深厚历史底蕴的运河文化，乃至形成了一个南北交融流动的大运河文化带。南来北往的船只，孕育和滋养了沿岸的运河人家和运河城镇。带有运河风情、服务运河需要的建筑，如漕运衙门、漕运码头、会馆、桥梁、茶楼等成为凝固的运河文化标志性建筑。运河沿岸的人家依傍运河的哺育，繁衍生息，形成的独特的运河民风民俗，如“满载会”等延续千年，流传至今，寄托了运河人家对美好生活的向往。在运河边上生活的人民也在日常生活生产中传承和创造了与生产生活息息相关、具有运河风情的文学艺术。这些文学艺术包括民间的运河号子、运河歌谣、运河传说、运河故事，也有帝王将相的御赐墨宝、文人骚客的诗文墨迹、青楼会馆的弦歌。在内容上，既有对运河千年王朝兴衰的慨叹，也有对民生疾苦的同情；既有对运河自然风光的咏叹，又有对商贾云集的繁荣景象的盛赞；既有运河人家对美好生活的向往，又有对运河千年风情的个人抒怀。

千年运河流淌不息，其中流淌着的有王者的雄心霸业，有庶民的辛酸，也有悲欢离合的故事。它见证历史兴衰，也凸显历史脉络。它书写了人类文明史的华丽篇章，也被文明史记载和展示。从隋唐盛世到中国近现代，无论是正史严正记载还是稗官野史的随性书写，无论是文人的抒怀言志，还是运河儿女口耳相传的故事传说，都成为运河文化书写的重要组成部分。而在所有的文化样式中，文学作品以独特的方式记录运河千年流淌的故事，成为研究运河文化的重要载体。文学家饱读诗书的才学，博古通今的知识储备，游历名山大川的视野，以及心系家国的使命感，让他们在更广阔的精神层面和文化层面，从个体独特视角，用具有表现力的文字，记录了千年运河的不同历史风貌，展示运河文化多侧面的丰富性。更难能可贵的是，“言之无文，行之不远”，他们极具个性色彩的文学语言表述，让千年运河风采得以保有多样化的记录和传播形式，并得以吟诵至今。千年运河从古至今流淌不息，在不同的朝代更迭中，变幻着形态，映照着繁华，也折射出衰亡。文学的丰碑镌刻着运河的历史沧桑、万千风姿，也在书写中沉淀出独特的文化品格、精神风骨和美学风范。历代文人从不同角度感知运河，又从不同角度书写运河，关于运河的文学作品至今仍旧繁茂，它们共同构建出贯穿古今、融通南北的运河文学长廊。

隋、唐南北运河开通以后，成为贯通南北的重要交通枢纽，带动了运河沿岸城市商业的繁荣，对南北经济的发展、平衡、繁荣起到了非常重要的作用。随着经济的发展，作为上层建筑的文化也发展起来。很多运河沿岸城市成为文人荟萃之地，诗人、政治家从这些地方涌现出来，如苏州。唐代有不少文学家写了关于大运河题材的作品。如白居易写了《隋堤柳》：“隋堤柳，岁久年深尽衰朽。风飘飘兮雨萧萧，三株两株汴河口。老枝病叶愁杀人，曾经大业年中春。大业年中炀天子，种柳成行夹流水。西自黄河东至淮，绿阴一千三百里。大业末年春暮月，柳色如烟絮如雪。南幸江都恣佚游，应将此柳系龙舟。紫髯郎将护锦缆，青娥御史直迷楼。海内财力此时竭，舟中歌笑何日休？上荒下困势不久，宗社之危如缀旒。炀天子，自言福祚长无穷，岂知皇子封酅公。龙舟未过彭城阁，义旗已入长安宫。萧墙祸生人事变，晏驾不得归秦中。土坟数尺何处葬？吴公台下多悲风。二百年来汴河路，沙草和烟朝复暮。后王何以鉴前王？请看隋堤亡国树。”这里的“隋堤”就在苏州。身处乱世的白居易，用哀伤的文字写出了前朝大兴土木修建大运河，在运河两畔广植柳树，夹岸柳绿桃红的旖旎之景象，展现了一幅幅历史兴亡的画卷。无独有偶，唐代诗人李商隐的七言律诗《隋宫》则讽刺了隋炀帝的荒淫亡国，他开凿运河，劳民伤财，耗尽民脂民膏：“紫泉宫殿锁烟霞，欲取芜城作帝家。玉玺不缘归日角，锦帆应是到天涯。于今腐草无萤火，终古垂杨有暮鸦。地下若逢陈后主，岂宜重问后庭花。”

据说，唐代诗人张继《枫桥夜泊》中所写的枫桥，其实也在京杭大运河之上。古运河途经苏州，在这里有一处小洲，而枫桥便横跨较窄一侧河面。唐朝安史之乱后，张继经过寒山寺写下了这首著名诗篇，表达了羁旅之思、家国之忧、离乱之愁。这首意境深远、优美的诗让寒山寺和运河城市苏州声名远播，成为游客慕名而去的胜地。相比较而言，皮日休的观点带有朴素的辩证色彩，他的诗作从更广泛的视角审视运河的历史价值。被鲁迅赞誉为唐末“一塌糊涂的泥塘里的光彩和锋芒”的著名文学家皮日休作有《汴河怀古二首·其二》：“尽道隋亡为此河，至今千里赖通波。若无水殿龙舟事，共禹论功不较多?”作者别出心裁，强调大运河的开凿使得南北交通改善，不仅有利于经济和政治发展，还能惠及后人，有着深远的历史意义。较之同时代很多人认为大运河的修建是导致隋朝灭亡的说法，这一观念更新颖，有了很大的进步。

据《中国运河史料选辑》对运河几千年兴废做的详细的文献整理，北宋建都汴梁，宋太祖赵光胤注重兴建水利，开辟运河。因此，北宋以汴梁为中心，运河网四通八达。熙宁年间张方平说：“国依兵而立，兵以食为命，食以漕运为本，漕运以河渠为主。”南宋建都临安，对江南运河的经营不遗余力，将运河当作生命线来重视。运河对南北宋经济发展的重要性可见一斑。元代建都北京（大都），政治中心北移，大都运粮河和通州运粮河是大都通海、海运漕粮要道，也成为大运河北部的重要组成部分。因此元代非常重视运河的经营和规划，为现代的京杭大运河做出了重要贡献。明代中叶后，黄河屡屡决口，冲击运河，水患频仍，但统治者有时甚至牺牲百姓利益来保障漕运。清朝中叶以后，运河对老百姓来说，已经害大于利了。20世纪初期，运河完全失修，清朝政府最后放弃修复运河计划，南北交通运输方式由河运改为海运。旧运河的历史，就此画上了句号。在运河作为交通手段兴废史料记载的另一面，是运河不仅与历代王朝国运相系，还孕育了内涵丰富的运河文化，运河文化又滋养着运河文学。元明清经典文学作品都与运河有着千丝万缕的联系，带有运河的深刻印记，主要表现为运河是以怎样的形式融入世俗生活百态，在潜移默化中影响着经济发展、思想变迁、文艺流向的。

据说，创作于元末明初的《水浒传》里的众英雄会集的梁山泊是京杭大运河会通河段的重要水源地，《水浒传》中提到的宋江归宿“楚州”是运河重镇淮安，水浒故事的终结之地“蓼儿洼”则是楚州城外的一片水泊。创作于明代，中国第一部文人独立创作的长篇白话世情章回小说《金瓶梅》，其故事所发生的地方“山东临清”，《醒世姻缘传》故事所发生的地方“山东武城”，是明清时期两座运河重镇。《红楼梦》里也有不少关于大运河的描写。书中开篇写甄士隐的身世来历，就发生在“地陷东南”之际的苏州“阊门”外。《红楼梦》第一回写道：“当日地陷东南，这东南一隅有处曰姑苏，有城曰阊门者，最是红尘中一二等富贵风流之地。这阊门外有个十里街，街内有个仁清巷，巷内有个古庙，因地方狭窄，人皆呼作葫芦庙。庙旁住着一家乡宦，姓甄，名费，字士隐。”出尘脱俗，带着灵气的“阊门”正是位于大运河畔的一个重要码头。《红楼梦》全书结束于宝玉出家，他穿一件大红猩猩毡斗篷在毗陵驿拜别父亲贾政，其地点就在常州老西门古运河北岸。有红学家考证，《红楼梦》第三回写“林黛玉抛父进京都”，由贾雨村陪同从扬州启程，是沿着大运河进京的。金庸小说《鹿鼎记》中的韦小宝，退隐江湖，就是先从京师到通州，然后转车换船，回到扬州，这一条路线正是清代人从北方去南方，走大运河航道的标准路线。乾隆皇帝《堤上偶成》和《登舟》都是关于运河的诗作。《堤上偶成》：“运河转漕达都京，策马春风堤上行。九里岗临御黄坝，曾无长策只心惊。”《登舟》：“御舟早候运河滨，陆路行余水路循。一日之间遇李杜，千秋以上接精神。麦苗夹岸穗将作，柳叶笼荫絮已频。最是篷窗心惬处，雨晴绿野出耕人。”

进入现代以来，关于运河主题的文学作品大大减少。“随着1842

年英军封锁运河、1853 年太平天国阻断运河、1911 年津浦铁路建成代替运河，大运河逐渐走向没落，运河文学也逐渐成为书写时代兴替的历史场域。《北运河上》是 1938 年由汉口大众出版社出版的‘抗战动员丛刊’中的一种，作品以运河城市聊城为背景，讲述的是如何将‘土匪’这种民间力量引导到抗日的道路上来。”[①] 在这个时期，运河的经济作用衰落，在内忧外患、积贫积弱、山河破碎的社会状况面前，救亡图存成为那个时代的重要课题。运河只是作为时代背景，作为地域参照发挥作用，进入书写领域。运河的文化价值还没有引起重视，更不要说弘扬运河文化和传承运河文化精神了。

以文学的历史进程为时间参考的话，1949 年至今是对当代文学的时间界定。从 1949 年新中国成立以来，巨大的历史变革，人民当家做主、自觉创造历史的努力，为社会主义文学的发展提供了坚实的物质基础。新中国文学积极回应时代，紧紧跟随时代的脚步，斗志昂扬地书写新社会新生活。从“十七年”文学、“文革”十年文学到新时期文学，运河文学从书写时代兴替的“历史场域”到书写时代背景下的乡土家园，又从书写时代背景下的乡土家园到书写新时代的文化价值发现。运河文学的当下书写更多的是作为一种历史和文化的精神镜像，致力于对运河文化的发现、挖掘，对运河文化精神的传承和发展。从这种意义上来说，大运河是一条文学的河，也是一条文化的河。运河文学是运河文化孕育而生的，同时运河文学也参与了运河文化的建构和塑造。

“大运河之子”刘绍棠专注于运河主题的文学书写，成为大运河乡土文学的领军人物，也是当代通州作家的代表人物之一。他的众多以运河为创作对象的作品，如《运河的桨声》《蒲柳人家》《京门脸子》等，成为书写运河的经典之作。当代作家王梓夫的《漕运码头》以时世巨变的道光一朝为背景，对影响封建王朝甚深的漕运历史及流

---

① 刘勇、陶梦真：《运河文化的历史品格及其文学书写》，《北京联合大学学报》（人文社会科学版）2018 年第 1 期。

弊进行了详细考察，充分展示了大清王朝由盛而衰之际，从王室到朝堂中枢，从官场到民间的种种忧患及挣扎。他的最新作品《梨花渡》写改革年代的运河传奇，也在延续着运河主题的文学写作。运河在20世纪60年代出生的当代著名作家红孩的笔下，则象征着美丽的乡愁和灵魂的家园。他的散文集《运河的桨声》浓缩了对故乡的向往和对运河文化的守望。其他作家的作品还有周祥的《运河滩上儿女情》（1994年）、张宝玺的《大河惊梦》（1997年）、重阳的《运河伊人》（1999年）、蔡桂林的《千古大运河》（2007年）、陶长坤的《静静的大运河》（2008年）、蒋海珠的《运河女》（2010年）等。这些文学作品依然通过对运河边上的风土人情的描摹，抒发当代人的运河情怀，书写运河人的故事。

2014年前后，中国掀起了关于运河功能与价值的文化讨论，特别是随着大运河申遗成功，作家们对"运河主题"的创作热情高涨起来，散落在各地的运河文学作家们一起寻找运河故事，抒发运河幽思，揭秘运河往事，寻找运河文脉，集中创作了一批优秀的运河文学作品。一时间，运河文学创作成为一股涌动的潮流，刘凤起的《永远的大运河》、王梓夫的《梨花渡》、徐则臣的《北上》等文学作品，将运河作为镜像，作当代社会现实之思，作世道人心变迁之思，作文化和精神发现之思。

当下，大运河文化带的建设，带动了以运河为主题的文学创作潮流。在相关部门的倡议和引导下，以运河为主题的文学创作不仅吸引了传统文学作家，也成为网络作家关注的热点。一批以运河为创作题材的原创网络文学作品脱颖而出。自4月北京市新闻出版广电局开展2018年向读者推荐优秀网络文学原创作品活动以来，共征集25家网络文学出版单位上报的135部作品。经过专家初评、复评、终评等程序，遴选出《运河造船记》《一路走过：改革开放40年纪实》《大明长城风云》等21部作品。此次推优活动对作品创作的时间有要求，非大运河题材的作品必须是2017年前已经完结，大运河题材的作品，完结时间是2018年5月31日之前。也就是说其中入选的运河题材的作品都是当下完成的作品。在这么短的时间创作出高质量的运河作品，难能可贵。

这些运河作品把目光深入运河历史和当代故事中，在历史真实与艺术真实中融入家国情怀，弘扬主旋律，在运河文学当代书写上起到风向标的作用。如《通惠河工》全景展现了一幅新中国当代河工事业的浓情画卷。《运河造船记》以历史人物“俞大娘”为原型讲述了京杭大运河儿女情系天下苍生，见证家国荣耀的故事。《运河传奇》讲述了大明王朝隆庆年间主人公李秋明从躲避水患闯荡京城的少年，成长为一名治理河患、情系运河、心系百姓的官员的故事。《临清风云》讲述了明朝嘉靖年间运河沿岸临清一个百年望族的兴衰荣辱的传奇故事。《运河码头》讲述了“民国”时期运河边苏北古镇两大家族的经商故事和情感纠葛。《运河天地之运河武工队》讲述的是1942年的苏运昌在通县（今通州区，下同）建起了纵横三县的运河武工队的故事。《漕运天下》讲述了大运河在历史上发挥的重要作用。《运河青云梦》讲述的是明嘉靖初围绕着修缮大运河的目的和过程，江南新老商业格局发生的风云变化。《静静的运河》讲述了民国年间大运河边上的刘村发生的故事。此外，“百世经纶”的作品《运河天地之武运天河》、王宇飞的作品《运河天地之问荆》、“源子夫本尊”的《运河天地之大明第一北漂》、“十里锦”的《运河天地之锦绣山河》、“锦沐”的作品《运河天地之策马春风堤上行》都是运河主题网络文学优秀作品。

第二节　当代通州作家与运河文学

从当代通州作家、“大运河之子”刘绍棠的作品被评为最早的“运河文学”开始，当代通州作家就一直与运河文学血脉相连。运河是家园故土，孕育作家成长的母亲，是灵魂家园和守望的乡愁，当代通州作家作为书写运河文学的重要力量，以赤子情怀和反哺之心用文学为载体发掘运河文化不竭的宝藏，礼赞旺盛的运河精神之母体，见证、参与、丰富、重塑运河文化，实现了文脉的积淀和传承。当代通州作家作为运河文学创作主体和有相同创作倾向的群体，有良好的创作环境、创作传统和创作资源，创作了一批具有代表性的运河文学作品，无论是作为当代文学文本，还是运河文化研究资料，都具有重要研究价值。

一 通州作家刘绍棠——当代运河书写的旗帜

当代通州作家较早与“运河文学”四个字联结起来是在20世纪80年代初，也就是说通州作家早在20世纪80年代之前就已经将运河纳入创作的主题范畴，进行文学创作实践了。

1982年，有评论者指出当代通州作家刘绍棠的乡土文学创作风格，既不同于以孙犁为代表的“荷花淀派”，又不同于以赵树理为代表的“山药蛋派”，它师承“荷花淀派”的艺术精神和审美风格，又独具一格，自成一派，成为以刘绍棠的运河为主题的乡土文学，即“运河文学”。“虽然刘绍棠的‘运河文学’创作最早是师承孙犁的，但如果由此得出结论说，刘绍棠的创作风格属‘荷花淀’一派，这却不敢苟同。我以为刘绍棠的‘运河文学’就是刘绍棠的‘运河文学’，尽管它是从‘荷花淀’上嫁接出来的，但它究竟是一棵新的植株，具有母本所不同的特征。”[①] 从这个角度来说，刘绍棠的乡土文学吸取众家之长，凸显通州地域色彩、运河风情，从内容到形式，从立意到风格，表现出了高度的流派自觉性和艺术风格的独立性。

时代在进步，社会在发展，没有一个时代和社会发展阶段，能够像当今时代一样拥有巨轮推动的发展速度。从1949年新中国成立，到

---

① 伦海：《刘绍棠的“运河文学”》，《赣南师专学报》（哲学社会科学版）1982年第3期。

改革开放，从信息化变革的时代再到人工智能无处不在，通州和全国很多个区县一样在发展和变革。在社会变革、时代变迁、经济改革以及文化繁荣的背后，有一代代通州作家，从通州走向当代文坛，以优秀经典文学作品向时代致敬。在回望当代文学的发展历程时，通州作家的创作无疑可圈可点，甚至形成了研究者无法绕过的艺术高峰。

当代通州作家对当代文学的贡献有目共睹，通州作家作为通州优秀的儿女，也是通州人民的骄傲，是运河文化亮丽的名片。在这群为北运河写作、为通州发声的当代作家中，包括刘白羽、刘绍棠、高占祥、王梓夫、张宝玺、周祥、刘祥、红孩等，既有文学前辈又有后起之秀，他们一脉相承，薪火相传，有互补重叠也有递进乘积，有惺惺相惜又独一无二。他们以运河之子的情怀，写运河边上的故事，写通州百姓的生活故事，写通州在时代发展中的变迁，以笔为鼓槌，为家乡发展呐喊助威，为家乡的改变倾尽心血，让无数读者认识运河，认识通州，成为运河和通州的精神符号。他们因为写故乡获得与众不同的艺术生命力，故乡也因为他们的书写在青史留名，荣耀四方。因为作家相似的生长环境、相同的地域书写、相近的审美风格，这些作家成为一个不容忽视和极具研究价值的群体。

二　当代通州作家群与运河文学

“江山代有才人出，各领风骚数百年。”刘绍棠之后，涌现出了众多通州作家进行运河文学的创作，而且这种自觉的“运河”创作情结在自然传承。“一个有趣的现象，大概每隔 20 年便在大运河的端头出现一代作家：30 年代的刘白羽，50 年代的刘绍棠、浩然、李希凡、高占祥、房树民、王保春，70 年代的张宝玺、周祥、刘祥、张同吾、钱立言、刘亦索、楚学晶、孟宪良、孙宝琦、刘康达、郑建山及笔者之流，90 年代的红孩、张凤军、刘正刚、王昆、梦阳、余莹、彭乐山等等。时隔半个多世纪了，又是读过若干次的旧作，我依然为刘白羽、刘绍棠、浩然的作品所震撼。刘白羽的激情澎湃，刘绍棠的才华横溢，浩然的自然天成，都当之无愧地开创了一代文风，形成了鲜明的创作风格，进入了文学大师的行列。如果说，在文学的天空中真的存在一个通州作家群的话，那么刘白羽、刘绍棠、浩然便是三颗光辉灿烂的巨星，而我们这些后来者便暗淡了许多。”[①] 这是通州作家王梓夫在2002年为《通州作家群》所写的序言里所言。他对20世纪当代通州作家创作情况做了客观的描述。他们以“通州作家群”自居，出版的文学作品，以“运河文库”来命名，足以看出他们镌刻在骨头里的对运河文化的认同感、对“通州”地域的归属感。

在《当代通州作家群》总序言里提到对当代通州作家群的界定：“特别是在《通州作家群》一书中，我们看到了现、当代自刘白羽、刘绍棠、浩然为代表的通州籍或者长期寓居通州的27位作家的照片、简历、代表作及相应的评论，这无疑是通州文学发展的一部既宏观又丰富多彩的历史画卷；并且为正着手编写的《通州名人》一书提供了可靠依据。其实，通州现、当代作家又何止27位，下一步《通州作家群》中，我们将看到更多的个性鲜明、地方特色浓郁、充满现代气息的作家形象。”[②] 这是对“当代通州作家群”的一个简单描述和概括。

虽然“当代通州作家群”被反复提到，但没有一个明确的概念和界定，通过上述描述可以看出，当代通州作家群有几个特点：一是从时间上来说，创作主体界定为当代作家，作品创作时间主要集中在1949年至今；二是从作家归属地来看，“当代通州作家群”是当代“通州本土作家、非通州本土作家但长期工作或者生活在通州”的作家；三是从创作题材、艺术风格而言，以运河文学为主，作品体现通州地域特色、充满时代气息、个性鲜明、有较高的艺术水准；四是从使命和责任来看，当代通州作家群体一开始就自觉肩负着为当下的通州和未来的通州书写的历史使命和时代责任，尤其是在通州作为北京城市副中心建设大背景下、在大运河文化带建设背景下，这份使命和

① 刘祥编《通州作家群》，中国文联出版社，2002，第3页。
② 刘祥编《通州作家群》，中国文联出版社，2002，第2页。

责任依然在肩。此外，难能可贵的是，无论是通州区政府、文联，还是作家个体，都对“当代通州作家群体”有着相同的认同感。

从“运河文学”代表刘绍棠到通州作家群体形成，运河文学一直是当代通州作家进行文学创作的主要题材和重要主题，是运河文学和运河文化的重要组成部分。他们在对运河文学和运河文化的书写和传承中，甚至形成了个性鲜明、富有地域特色又充满时代气息的一个群体，在新中国成立初期，改革开放时期，以及中国特色社会主义新时代，为继承和弘扬大运河文化，服务运河文化产业带建设做出了重要贡献。当代通州作家群体作为通州发展和变迁的亲历者、观察者、记录者、反思者，怀着他们作为通州儿女的赤子情怀和对通州未来的满腔期待，让我们更有理由相信，他们的思想观点、精品力作，以及文化视野是运河文化，特别是北运河文化研究的重要素材，也将成为通州作为北京城市副中心文化建设的基石。

三　当代通州作家的精神母体与赤子情怀

当代通州作家是运河文学书写的重要力量。在众多运河文学作家作品中，当代通州作家以通州北运河为写作空间，创作了以北运河风土人情和故事为主题、突出通州地域特色、具有时代风貌、表现独特审美特征的优秀作品，是研究运河文学和运河文化重要组成部分。进入 21 世纪，在追求多元价值的时代，宽松而便捷的创作环境，给予作家很大的创作空间。通州作家创作的主题和题材范围有了很大拓展，但是“运河情结”和通州地域特色无疑是联系通州作家群体的无形情感纽带和精神纽带。无论时代如何变迁，运河文化作为一种精神母体，与通州地域故乡一起，成为通州作家创作生发的土壤和守望乡愁的精神寄托。

作家的成长离不开故乡，作家的创作走不出故乡。这在莫言与故乡高密、迟子建与故乡黑龙江、池莉与故乡武汉的文字里已经得到了印证。作家的故乡是地域空间，是心灵寄托，是生发文学想象的土壤，是故事讲述的源头，更是构建文学世界的精神母体。对当代通州作家来说，通州、北运河也是如此。通州和位于通州的北运河哺育通州作家的生命个体，它的一草一木，一砖一瓦，兴衰变迁，建筑风物，世俗人情，都是他们生活的一部分，借助时间的力量，都已经融入他们的精神血脉。作家回望故乡，诉诸笔端来写作的时候，这些熟悉的记忆被激活，幻化成一个个曲折的故事、立体的人物形象，一段段跌宕起伏的情节、带着乡味的情感表述，以及坚韧无比的故乡情怀。文学的成长离不开文化的土壤。当代通州作家的作品也深深植根于通州这片弘扬运河文化的土地上。当代通州作家王梓夫将通州地区较其他地区产生更多作家的重要因素，归结于通州丰富的历史文化：“三千里大运河运载的是漕粮和商货，流淌的却是凝重而丰富的历史文化。漕运码头是物流中心，也是南北文化的交融地与沉积带。经济的畸形发展也许暂时不需要乃至破坏文化传统，但是深厚的文化底蕴却是经济持续发展和全方位繁荣的基本保证。更重要的是，文化所滋养的不仅仅是经济的命脉，而她苦苦支撑的是民族的素质和尊严，是一个国家和地区的历史与未来。这正是今天我们挖掘和弘扬运河文化的意义之所在。”[①] 通州作家、“大运河之子”刘绍棠的作品《龙头凤尾北运河》是最好的例证。

当代通州作家不仅熟悉通州的地理特征、通州的文化，更熟悉通州的历史变迁。他们在文学作品中，对通州穷尽才情来描写，对通州人情风土可谓如数家珍，字里行间都充满浓浓的自豪感。这种自豪感坚不可摧，不容置疑。刘绍棠在《龙头凤尾北运河》中记录了通州和北运河的关系。“坐落在北运河起点的通州，取‘漕运通济’之意。它的历史悠久，鼎盛时期是元明两代直至晚清。北运河上接通惠河，直通北京城内，下连海河，向南直达江淮各地。通州位于北运河与通惠河的交汇点上，是漕运和海运入京的仓储和转运之地。”[②] 因为通州

① 刘祥编《通州作家群》，中国文联出版社，2002，第4页。

② 刘绍棠：《龙头凤尾北运河》，《北京日报》2017年8月8日，第14版。

所具有的重要的地理位置和交通优势，古代就有“一京二卫三通州”之说。

通州古诗云：“一支塔影认通州。”燃灯塔矗立在大运河的北端，是京门通州的标志性建筑，是当年北运河沿岸官宦巡游、商贾云集、文人荟萃、人流如织盛况的见证者。通州地区民风民俗深受京城文化影响。千百年来，北运河坐落在京城东大门通州的先天优势，让北运河具有了清新秀丽又不乏大气天成的气质和王者风范，温婉和灵气兼具、风韵和丰姿皆备的万般柔情和生生不息的文化气脉。在这里庙堂和庶民各美其美大行其美，在这里水的温柔与城墙的坚固相得益彰，在这里浓厚的家国情怀与世俗生活的儿女情长水乳交融，在这里民风乡俗与“雅乐正声”不断交流升华，在这里生命的坚韧与心中的道义相辅相成，在这里贯通南北缝合了地理天然分割的缝隙，在这里以文化为载体融和了天下。

通州是京杭大运河孕育的一座历史名镇，是大运河北端的璀璨明珠，向称京门，水陆要会，为都城之左辅雄藩、经济命脉，为首都建设、繁荣、稳定曾发挥重要作用。元人黄文仲在《大都赋》里写到百舸竞流之盛况：“扬波之橹，多于东溟之鱼；驰风之樯，繁于南山之笋。”以及当时商业之繁荣：“华区锦市，聚四海之珍异；歌棚舞榭，造九州之秾芬。”乾隆四十五年（公元 1780 年），朝鲜为清高宗（乾隆皇帝）七十寿辰祝寿的使团成员朴趾源，在通州城东门外临渡运河时写出“舟楫之胜可敌长城之雄”，将通州运河的情景描述得淋漓尽致。大运河是国家的经济命脉，是中华民族精神的象征，是璀璨的运河文化孕育的载体。

龙头凤尾“北运河”。2017 年 8 月 8 日，载于《北京日报》的刘绍棠文章《龙头凤尾北运河》，交代了北运河的历史渊源，在字里行间，表现出一位大运河之子对家乡的自豪感。“踏上了北运河地面儿，也就瞧见了京门脸子”，道出了北运河与北京的关系，它是北京的“京门脸子”。北运河的地理划分：“从天津到通县这一段运河，历史上称作北运河。当地的父老乡亲们另有爱称，管它叫‘铜帮铁底运粮河’。”① 在作家刘绍棠的笔下，北运河又是块“风水宝地”：“大运河从北到南，北运河是大运河的龙头；大运河从南到北，北运河就是大运河的凤尾。整个大运河的风水都聚汇到了这里。这里的人民怎能不以大运河的凤子龙孙自居呢！”②

《龙头凤尾北运河》回顾了北运河的昔日盛景和风采。“想当年，这条河上光是运粮的漕船，每年就有将近两万艘，押运漕船的官兵 12 万人次，连同官府的水师船和大量的商船，多达 3 万艘。”③ 还写了北运河的水源和历代治理：“北运河的水山中来，来自燕北的崇山峻岭，每年雨季，山洪暴发，奔流汹涌，夺路而出。山地和平原之间水位落差很大，山洪冲决堤岸，淹没村庄，原野一片汪洋。为了确保漕运畅通，历代都在北运河上修设闸坝……清代修建屈家坝，当年大坝竣工时，康熙皇帝还亲赴现场阅坝。这儿至今还留存着这位万岁爷手书的《导流济运》碑文。”④ 皇家帝王和民间文人都曾用文字记录北运河的风采：“康熙皇帝多次到过北运河，写了不少诗。他那个喜欢舞文弄墨的孙子乾隆皇帝，为北运河写的诗更多了。文人雅士抒写北运河的诗文不计其数。明代大戏剧家汤显祖的《玉茗堂集》，便吟咏过这段河上的风光景色，只不过写得比他的《牡丹亭》差远了。”⑤ 北运河沿岸曾经有许多著名的码头和集镇：“处在北京至天津中心点上的京门首驿河西务便是其中之一。无论是北上的还是南下的船只，都要在河西务停泊过夜。明代文学家冯梦龙，在他的小说里，形容从河西务路过的船只‘如蚂蚁一般’。”⑥

刘绍棠特地考证了御制石道碑的来历。这座御制通州石道碑记载

① 刘绍棠：《龙头凤尾北运河》，《北京日报》2017 年 8 月 8 日，第 14 版。
② 刘绍棠：《龙头凤尾北运河》，《北京日报》2017 年 8 月 8 日，第 14 版。
③ 刘绍棠：《龙头凤尾北运河》，《北京日报》2017 年 8 月 8 日，第 14 版。
④ 刘绍棠：《龙头凤尾北运河》，《北京日报》2017 年 8 月 8 日，第 14 版。
⑤ 刘绍棠：《龙头凤尾北运河》，《北京时报》2017 年 8 月 8 日，第 14 版。
⑥ 刘绍棠：《龙头凤尾北运河》，《北京日报》2017 年 8 月 8 日，第 14 版。

了雍正年间修从通州到北京朝阳门的石道的事情，包括修这条石道的原因和这条石道在清代发挥的巨大作用："在明代的时候，每年漕粮400万石，运输量非常大，它要通过通惠河和陆路向北京运粮，车马行人很多，每年春秋两季漕粮上坝，还有一些商人随同来到北方，从这里下船以后到北京去。在雨季道路泥泞，行走非常困难，因此在清代就开始修这条石道。……这条道路在清代作用非常大，总括起来有三条。第一条是京米，宫廷用的米要通过这条旱路运到北京，还有一个功能就是地方官和京官出北京和进北京。以及外国的使臣到北京来，也要在通州下船，然后走这条旱路。第三个功能是商人要走这一条道路。"① 刘绍棠的《龙头凤尾北运河》是通州作家写通州、北运河的代表作品之一。在这篇文章里，作家俨然一位"导游"，为远道而来的"读者游客"介绍自己的家乡，并亲自考证历史遗迹，足见用心用情之深。很多读者因为读了刘绍棠的作品，千里迢迢慕名而来，只为一睹通州和北运河的风采。其他当代通州作家，与刘绍棠一样，将自己的文学创作与家乡的变迁、家乡的故事、家乡的情怀联系在一起，演绎出无数经典的文学作品。

此外，作为"京门脸子"，通州与北京有着密切的联系，深受京城厚重、古朴、深远的历史文化影响，长期浸润在京腔、京韵、京味的文化氛围中，也让北运河孕育的运河文化与苏州段、杭州段等江南的运河文化有着很大的不同。在有着悠久历史文化的土地上，通州作家在致敬前辈时又提携后人，弘扬运河文化精神，挖掘通州历史，关心通州的未来，用自己的作品向这片土地致敬。周祥的《运河滩上儿女情》、张宝玺的《大河惊梦》、重阳的《运河伊人》、王梓夫的《漕运码头》、蔡桂林的《千古大运河》、陶长坤的《静静的大运河》、蒋海珠的《运河女》、刘凤起的《永远的大运河》等，这些文学作品在书写大运河沿岸的风土人情、历史变迁方面有着共同的倾向，形成了

① 刘绍棠：《龙头凤尾北运河》，《北京日报》2017年8月8日，第14版。

运河文学特有的时代风貌。

过去的通州和北运河值得通州作家用尽一生书写，如今的通州和北运河一样值得更多的通州作家以一颗赤子情怀来书写。深厚的运河文化在这里积淀，这里有着享誉中外的中国·宋庄文化创意产业集聚区，有着正在建设中的北京通州文化旅游区，有着新城核心区的高端商务休闲水乡区，有着文化科技内涵丰富的现代都市型农业园。如今，通州迎来了新的历史发展机遇——建设北京城市副中心，运河文化作为通州精神的代表和文化基因，再一次被赋予生机和活力。当代通州作家在运河文化的记录和保存上，具有得天独厚的优势。他们是运河文化的发现者、记录者、保存者和传承者。他们的作品是记录通州发展轨迹和运河文化精神的“活化石”，是我们探寻和回溯通州和运河文化精神的地标，也是众多运河文化对外展示的“窗口”之一。更进一步说，他们和他们的作品是运河文化精神的塑造者和重要载体。

第二章 “前世”与“今生”

——当代通州作家作品概况

“运河文化是通州高扬在历史长河中的风帆，运河文化是运河人闪亮于改革开放新时期的烫金名片。”[①] 当代通州作家作品作为运河文化的一部分，体现了运河文学在当代不同作家个体的文学书写上焕发的生命力。通州地区是历史上漕运码头的重地，通州人民崇尚文化和读书人，重视文化的发展，弘扬运河文化不仅是通州区历任领导的共识，也是每一位通州儿女、运河儿女身上的责任和使命。通州良好的文风文气，也是通州作家成“群”的一个重要因素。无论是老中青三代作家之间，还是同辈同侪之间，都互相扶持、提携、帮衬，共同追求文学进步，维系他们之间的情感的不仅是浓厚的乡情，还有文学的志向。无论是刘白羽、浩然，还是刘绍棠、王梓夫等，都为记录和弘扬运河文化，反映通州人民的精神风貌，倾情书写。通州这片沃土是他们创作的土壤，他们用作品为通州献礼。当代通州作家从 20 世纪 30 年代至今，有老一辈文学巨星，有活跃在当代文坛的中流砥柱，也有充满活力的新生代作家。为便于分析，遵循这一时间维度，我们将以浩然、刘白羽、刘绍棠、王梓夫、红孩，以及网络文学新秀等为代表对当代通州代表作家作品进行阐释。

---

① 刘祥编《通州作家群》，中国文联出版社，2002，第 1 页。

第一节 20 世纪 30 年代、50 年代的通州作家作品

活跃于 20 世纪 30 年代的作家刘白羽，活跃于 20 世纪 50 年代的刘绍棠、李希凡、浩然、高占祥、房树民、王保春等作家，他们或者心系家乡，关爱同乡作家，或者用毕生经历讴歌家乡、寄情运河，是当代通州作家群体的文学前辈和优秀代表。正如浩然所说：“通县的水土好。赶上解放后实行社会主义制度好季节，使五十年代的通县，曾经成为一个‘出作家’的地方。刘绍棠、从维熙、房树民、王保春、卢万全等等一批作家，几乎都是在通县这个地方萌发起文学理想，而后走上成名之路的。即使因为‘气候’不正常，文学园地一度出现令人沮丧的萧条，北京郊区不见一个有成就的新作家的日子里，我回到通县，也仍然看到这块地方跟其它一些地方有着截然不同之处。这里有为数众多的青年干部和青年农民爱好着文学，怀有文学志向，并且在刻苦地练笔，练功夫；主持文化、宣传工作的领导同志，不仅对培养写作人材重视，尤其有胆气，敢于扶植和支持，从而，让我欣喜地认识到，这块地方不乏文学种子，也没有失去发展文学的好水土。”①

一 “凌云一羽，心系家乡”——刘白羽

刘白羽，现代著名作家，1916 年 9 月 28 日生于北京通州。刘白羽是现代文学史上著名的散文家、报告文学家、小说家。代表作品有《刘白羽散文选集》《心灵的历程》《第二个太阳》《大海》《刘白羽文集》等。1938 年 12 月加入中国共产党。历任中华全国文艺界抗敌协会延安分会党支部书记、重庆《新华日报》副刊部主任、新华社总社

① 刘祥编《通州作家群》，中国文联出版社，2002，第 218 页。

军事记者、中国作家协会党组书记、作协副主席、作协书记处书记、文化部副部长、总政文化部部长、《人民文学》杂志社主编等职。刘白羽是中国共产党第八次党代会代表，第一、第二、第三、第五、第六届全国人大代表，第一届全国政协委员、第七届全国政协委员。通州档案馆有“刘白羽文库”常设展览室。

刘白羽1936年开始发表文学作品，1938年作为一个追求进步、向往革命的青年作家，奔赴革命圣地延安，从此矢志不渝地投身到改变民族和祖国命运的斗争中。半个多世纪来，参加了抗日战争、解放战争和抗美援朝战争，见证了新中国的建立。延安文艺座谈会后，他始终不渝地坚持文艺的工农兵方向，进而为社会主义、为人民写作。在长期的革命斗争实践中，他写出了大量具有鲜明时代色彩、深刻思想内涵和独特艺术风格的优秀作品。60多年来共发表作品50余部，400余万字，多种作品被译成英、俄、德、缅甸等文种。《长江三日》《日出》等多篇作品被选入中学、大学教材。1950年参加编制的反映解放战争的影片《中国人民的胜利》荣获1950年斯大林文艺奖一等奖、散文集《芳草集》荣获1989年中国作家协会优秀散文奖、长篇小说《第二个太阳》荣获第三届（1991年）茅盾文学奖和1986~1994年度“炎黄杯”人民文学奖、长篇传记文学《心录的历程》获1995年中国优秀传记文学作品奖。

刘白羽祖籍山东青州府，祖上逃荒到通州落户，后来移居北京城内。比他年轻20多岁的刘绍棠对这位文学前辈和革命前辈，既充满敬意又怀有特殊的同乡之情。在《凌云一羽》一文里，刘绍棠记录了与通州老乡、著名作家刘白羽交往而结下的同乡之谊，以及对自己身陷困境中同乡前辈给予的良言和关心的由衷感激：“白羽同志见到我，也喜欢打听通州的情况。白羽同志写过到青州寻根的散文，但通州仍把他视为‘胞波’。”[①] 刘白羽在领导岗位时，常常关心同乡作家。刘

① 刘祥编《通州作家群》，中国文联出版社，2002，第10页。

绍棠1957年被划为“右派”时，身为中国作协党组副书记的刘白羽很关心这位同乡的命运。刘绍棠也对这位同乡前辈心怀感激之情：“新时期以来，家乡人民以百分之百的选票，选举我连任15年人大代表；因此，我可以代表60万通州人民，向白羽同志致以乡亲的祝贺和敬意。”①

1957年刘绍棠被划为“右派”，并受到众多知名人士的抨击和批评，一时陷入舆论风浪的旋涡。刘白羽没有说话，而是一直默默关心刘绍棠的命运，让刘绍棠深为感动。多年来，刘绍棠对同乡的关怀铭记于心，用他的话说就是：“良言一句三冬暖，恶语伤人六月寒。我的家乡，长者对晚辈落井下石，是被戳脊梁骨的。”②

刘白羽在文学创作上一直保持着如火的热情和昂扬的激情，在创作生涯后期，他的作品饱含老年人的睿智和洒脱。刘绍棠一直关注这位同乡作家的创作，对他的创作有很高的评价：“他的长篇力作《大海》和《心灵的历程》，更是‘庾信文章老更成，凌云健笔意纵横’。”③虽然刘白羽的文学创作没有直接涉及运河文学和通州，但刘白羽对家乡有着深厚的感情。他表示，“我的手稿、成书、奖状、奖章、奖杯、全部存书、照片、录音录相及所存字画、艺术品，献给我的家乡北京通县。”刘白羽同志的这一义举得到了原中国人民解放军总政治部和通州党政领导的赞同和大力支持。1996年10月19日，刘白羽将首批珍贵文学艺术档案资料——包括部分著作、手稿、奖状、奖章、奖杯、名家字画、剪报等共180余件作品及私人物件，亲手交给家乡通县档案馆（注：后有部分捐赠中国现代文学馆）。刘白羽文学艺术档案是一笔宝贵的精神文化财富。宋平同志在“纪念刘白羽从事文学创作60周年暨《刘白羽文集》首发式”上指出：“刘白羽在火热的战斗中，以满腔热忱和生花妙笔，写人民的勤劳勇敢，写

① 刘祥编《通州作家群》，中国文联出版社，2002，第10页。
② 刘祥编《通州作家群》，中国文联出版社，2002，第11页。
③ 刘祥编《通州作家群》，中国文联出版社，2002，第11页。

人民求解放的伟大斗争，写人民创作历史的力量。刘白羽的作品充满了对党的忠诚，对祖国、对人民的热爱，充满了革命乐观主义和革命英雄主义的气概，给读者很强的感染力，对年轻一代是爱国主义的好教材。”“刘白羽文库”的建立，将对通州区精神文明建设发挥重要的作用。

二　“大运河之子”——刘绍棠

当代著名作家刘绍棠，是当代通州作家群中最具代表性的作家之一，扛起了运河文学的旗帜。他的人生、文学创作与通州息息相关，与运河血脉相连，是当之无愧的“大运河之子”。在运河文学书写历史中，他留下浓墨重彩的一笔。他笔下的运河不仅是时代背景，不仅是地域空间，还是永恒的“主人公”。在他的文学作品中，写尽了运河情、运河人、运河魂。

刘绍棠，北京通州儒林村人，当代著名作家，乡土文学的旗手。1936 年阳历 2 月 29 日（阴历二月初七）生于北京通县儒林村。原名“绍堂”，上学读书后自己改为“绍棠”。1948 年参加革命，1949 年开始发表作品。1953 年 5 月参加中国共产党。1954 年入北京大学中文系学习。1956 年加入中国作家协会。在 48 年的文学生涯中，致力于“中国气派，民族风格，乡土题材，地方特色”的文学理念的弘扬和创作实践，创作了多部佳作，他的名字和他的作品一起成为运河文化千年史册上重要的精神标签。

（一）运河滩上的文学启蒙

北运河沙滩地上的儒林村，于 300 多年前的清朝初期形成，最早有樊、曹、张三大家族。刘绍棠的祖辈最早居住在北运河西岸的靛庄，后来才搬到了儒林村。北运河从儒林村的村南流过，儒林村的村民都在河滩上安家落户。儒林村的历史与风俗大多来自口耳相传的故事。关于村名的由来，一种说法是：“儒林是当年逃荒来的一个小伙子的名字，他做了一件了不起的事，所以用他的名字纪念他。”[1] 另一种说法是，村子“原来是清朝的一个旗人的公子哥的跑马地。他让一些兵丁在此放牧养马。后来这些兵丁都在这里立了门户，成了村落，刚开始叫儒家林，取那个公子哥的名字，后来在五十年代政府正式改为儒林村”[2]。

虽然有一个儒雅的村名，但是儒林村并不是才子辈出和生活富庶之地。相反，村民大部分是外地逃荒、逃难而来的没有文化的穷人。直到刘绍棠的文名传出儒林村，才使得人们知晓这个小村庄，记住了这个小村庄。值得一提的是，这个小小的儒林村与张家湾之间只有几十里的路程。据史料记载，著名的文学家曹雪芹在张家湾有土地和当铺，红学家冯其庸先生认为，曹雪芹的墓地就在张家湾。这一研究是否已得到证实还不确定，但已经为这个村落披上了神秘的色彩和难以言说的灵气。“刘绍棠特别喜欢看《红楼梦》，我猜是曹雪芹曾经住在我们通县张家湾镇，他们在心理与地缘上有一种亲近感。他也觉得自己的性格上有与贾宝玉相似的特性，他从小喜欢跟女孩儿说话，一起玩。”[3] 一方水土养一方人，是否刘绍棠也与曹雪芹一样，因为居住在靠近运河的风水宝地，而富有不一样的气质和文采呢？我们不得而知。但是刘绍棠心系故乡的创作，让他成为大运河和通州的代言人，通州人民也为有这样的“大运河之子”备感荣耀，给予他“人民作家，光耀乡土”的赞誉，他是通州人民心里首屈一指的家乡作家。

因为儒林村地处运河边上，流传着很多关于水和运河的传奇故事。有的是吓唬小孩子的以避免溺水的故事，有的是关于运河的神秘故事，如运河水能不让好心人、善良的人沉下去，而恶人就会葬身水底的说法，寄托好人有好报的朴素愿望。刘绍棠熟知运河边上流传的故事，这些故事让他获得最早的文学启蒙和文化滋养。刘绍棠小时候特别顽

---

① 杨广芹：《心安是归处：我和刘绍棠》，当代中国出版社，2013，第 3 页。
② 杨广芹：《心安是归处：我和刘绍棠》，当代中国出版社，2013，第 3 页。
③ 杨广芹：《心安是归处：我和刘绍棠》，当代中国出版社，2013，第 30 页。

皮，也特别爱听故事。运河滩上的村子里有很多说书人，有很多说书人留下的故事。这些故事来源有几个渠道：有戏剧本子上的故事，或者说来自经典文学作品的故事，如《水浒传》《三国演义》等；有流传的神话故事，如“张羽煮海”；有运河滩上发生的故事，如运河滩上义和团的故事。说书人在原有故事素材的基础上发挥想象力，把新鲜的故事杂糅进去，进行二度创作，让故事更有味道，更受百姓喜欢。儒林村有自己的剧团，各家都凑钱买道具和戏服，一起演戏。生产队看瓜老头季聋子，有着传奇的人生经历，还有一肚子的故事，如《杨家将》《三国演义》，也有关于儒林村以前的故事，刘绍棠每天去听他讲故事。在刘绍棠看来，作家就是善于发现亮点并会讲故事的人。儒林村和运河滩上丰富多彩的文化生活，都是滋养刘绍棠精神世界的营养。这些说书人、说书人说的故事，唱戏人和唱本里的故事，以及丰富多彩的民俗文化生活，对刘绍棠的文学创作产生了重要影响。多年以后，这些耳濡目染的故事细节在刘绍棠作品中得到渲染和讲述，成为运河人家的一道独特的风景。在这里秀丽多彩的运河风光，如童年乐园般的运河滩，以及有一肚子动听故事的祖父母和父老乡亲，打开了他认识世界的大门，成为他文学创作生发的土壤和人生的底色。

（二）生在“蒲柳人家”的神童作家

“生在穷乡僻壤，长在狭天窄地，我是个蒲柳人家子弟”①，这是刘绍棠对自己的描写。刘绍棠就出生在北运河边儿的“蒲柳人家”。曾祖父自幼给邻村皇粮庄头家放牛，长大后扛长工，会赶车，还有一身好武艺。既给牲口贩子赶马，还会在大河的运货船上掌舵，后在北京的大宅门赶轿车，积攒下银子后，落户儒林村。曾祖父死后，曾祖母支撑门户，她是个“两只肩膀扛得住塌下的天”的粗手大脚、脚下生风，样样在行、乐于助人的人。刘绍棠童年跟祖父一起生活，他的

① 刘绍棠：《我是刘绍棠：刘绍棠自白》，团结出版社，1996，第 11 页。

祖父情感丰富、热情、坦诚、豪爽，乐于助人，自由狂放，也好听书，会说书，好斯文，穿起了长衫，说话咬文嚼字。刘绍棠的祖母生于贫家，吃苦耐劳，忍辱负重，心肠很硬，针线活儿粗糙，做农活是把好手。刘绍棠和祖父感情深厚，深受祖父溺爱、祖母宠爱，祖父母对刘绍棠的成长和性格形成有很大的影响，在刘绍棠的多篇具有自传色彩的作品里都有祖父祖母的影子。刘绍棠是父母的长子，他的父亲上过私塾，后来在北京城前门大街的一家店铺做事，是位文雅的商人，为人善良，讲义气，本本分分、安分守己，但又胆小柔弱。外祖父是清朝末科秀才，运河滩上的私塾先生。她的母亲柏丽贞眉清目秀，勤劳能干，聪慧，粗通文字，喜欢看书、新事物、自由自在的生活。刘绍棠个人认为自己的性格和智力更像母亲：“从事人才学、心理学和文艺发生学研究的几位同志，根据我的生长环境和家庭情况进行分析，认为我这个出生在一个没有文化的家庭的孩子，能够成长为一个作家，主要是受社会影响，家庭影响是很少的。他们的判断很有道理，但是我的智力却是得自母亲的遗传……我的性格跟我的父亲完全不同，但是某些方面很像我的母亲。”①

刘绍棠性情直爽，大嗓门，见多识广，博闻强识，爱听故事，爱讲故事给村民听，他讲的故事常常让人痴迷沉醉。通州土地上发生的英雄故事和战斗故事，刘绍棠对之耳熟能详，烂熟于心，并且他上知天文下知地理，连北京的历史故事都知道。他熟悉运河滩上祖祖辈辈的生活、语言、习惯、风俗传说，这为他后来的运河书写积累了宝贵的生活经验和创作素材。他在创作上的小试牛刀之作，就呈现出色的文学天赋。“神童作家”呼之欲出，一条走向作家的大门为他打开。1949 年，刘绍棠在《北京青年报》上发表了微型小说《邰宝林变了》，1951 年只是一个初中生的刘绍棠被邀请到河北省文联《河北文艺》编辑部当编辑。年仅 15 岁的刘绍棠，在半年后，通过河北省文联

---

① 刘绍棠：《我是刘绍棠：刘绍棠自白》，团结出版社，1996，第 10~11 页。

的关系，被保送进了通县潞河中学。1952 年在潞河中学读高中的刘绍棠因发表《红花》引起了团中央的高度重视，在次年光荣入党，他的小说集《青枝绿叶》出版。1954 年考上北京大学，一年后，也就是 1955 年在北大退学，被团中央保送到中国作家协会文学研究所第三期学习班学习。

1956 年 3 月加入中国作家协会，4 月被团中央批准从事专业创作。年仅 20 岁的刘绍棠，从此不拿工资，而是靠自己的稿费养家糊口，这在 20 世纪 50 年代是需要勇气的。刘绍棠也对此说过其中缘由："当时年仅 20 岁的我，竟有如此胆量，一方面是因为我不知道天高地厚勇气大，一方面也由于 50 年代稿酬高，收入多。"① 至 1957 年被划为"右派"时，他已经出版了《青枝绿叶》《山楂村的歌声》《运河的桨声》《夏天》《中秋节》《瓜棚记》《私访记》七本书，可以说这时的他在文学创作上已经有了不小的建树，在当代文坛上已经引人瞩目。

刘绍棠在 20 世纪 50 年代的稿费究竟有多高呢？刘绍棠在自己的传记里也做过说明："光是这 4 本书（指短篇小说集《青枝绿叶》、短篇小说集《山楂村的歌声》、中篇小说《运河的桨声》、中篇小说《夏天》），我收入一万八千元。"② 而当时的物价相对便宜得多，"一斤羊肉 4 角多，一斤猪肉 6 角。我买了一所房子，住房 5 间，厨房 1 间，厕所 1 间，堆房 1 间，并有 5 棵枣树和 5 棵槐树，只花了 2000 元，加上私下增价 500 元，也只花了 2500 元"③。这个与中南海相邻的小院，刘绍棠一住就是 33 年。用刘绍棠的话说，以当时的稿费收入，"10 年内虽然不发表和出版作品，但每月的利息收入仍可使全家丰衣足食"④。少年成名的刘绍棠靠稿费收入就能获得富足的生活保障，可见刘绍棠在当时的文学地位和作品受欢迎的程度。

① 刘绍棠：《我是刘绍棠：刘绍棠自白》，团结出版社，1996，第 116 页。
② 刘绍棠：《我是刘绍棠：刘绍棠自白》，团结出版社，1996，第 117 页。
③ 刘绍棠：《我是刘绍棠：刘绍棠自白》，团结出版社，1996，第 117 页。
④ 刘绍棠：《我是刘绍棠：刘绍棠自白》，团结出版社，1996，第 117 页。

（三）风云突变，返乡避难

刘绍棠少年得志，又在风口浪尖上遭遇众多运动批判，人生一波三折，命运多舛。1955 年刘绍棠在北大退学，被团中央保送到中国作家协会文学研究所第三期学习班学习。后来文学研究所学习班停办，1956 年刘绍棠到基层挂职锻炼。为响应毛主席发表的《继续放手，贯彻百花齐放、百家争鸣的方针》，热情高涨的刘绍棠在 1957 年 4 月和 5 月，分别发表了《现实主义在社会主义时代的发展》和《我对当前文艺问题的一些浅见》。因为这两篇文章，6 月刘绍棠被《文艺报》点名，8 月被划成了“右派”，成为文艺界的三大“右派”代表之一。这位 21 岁正意气风发、热情满怀的年轻人在团中央礼堂参加了中国作家协会和共青团联合召开的批判大会，一时间风云突变。

政治气候的变化波及他的创作。亲手埋葬 50 万字的长篇小说《金色的运河》，成为刘绍棠“深埋在心底的隐痛”。肖洛霍夫是刘绍棠喜欢的作家，他的《静静的顿河》也让刘绍棠推崇备至。20 世纪 50 年代末，苏联青年作家代表团来中国访问，刘绍棠得以跟肖洛霍夫见面，并与之畅聊文学观点，谈出许多在文学创作上共同的认识。他说，“肖洛霍夫写《静静的顿河》，我就写《金色的运河》进行竞赛”。[①] 当时，1957 年 8 月，他主要致力于 50 万字的长篇小说《金色的运河》的创作。1959 年，刘绍棠完成了 55 万字的小说《金色的运河》。这是一部以农业合作化为题材的作品，虽然是政治题材，但是当时的刘绍棠正在倡导小说的美育功能，并力图让自己的小说更加乡土化，因此这部小说呈现了一幅大运河儿女的生活画卷，富有浓郁的地方特色。这部小说完成于 1959 年，可惜在通过出版社三审后付印前因为他的“右派”问题，被退了回来。“当时，我的长篇小说《金色的运河》，已在《人民日报》上刊登出版广告，定于 10 月 1 日国庆节出版，印数

① 杨广芹：《心安是归处：我和刘绍棠》，当代中国出版社，2013，第 30 页。

10 万册，其中 5000 册是精装，此书如果出版，可得稿费 3.5 万元。”[①] 刘绍棠为此非常难过，并亲手把这本没有问世的书稿装在一个木匣子里，葬在自家院子里的树下，给予“祭奠”。“我在无限悲忿中将这部 50 万字的长篇小说埋葬在院里的第三棵枣树下。1962 年我摘掉帽子，人民文学出版社派一位老编辑向我要这部稿子，我拿起铁锹开挖，木匣已经腐朽，稿子变成烂泥，可谓尸骨无存。”[②] 刘绍棠在很多文章里提到这部他付出无数心血却未曾面世的长篇小说时，都难以释怀，万分痛惜。“从这个行为上来说，刘绍棠是一个热爱乡土热爱父老乡亲的作家，他写故乡运河小说，好像是落叶归根。”[③] 虽然埋葬的《金色的运河》腐烂于泥土之中，他仍然不忘自己重新写故乡的“痴心”。在回乡避难时，他几次想起写家乡的夙愿：“有朝一日，也许是在十年二十年之后，党和人民对我重新使用；那么，我要在我们运河家乡的土地上，在我出生的这个村庄里，完成我的少年时代就向党和人民许下的一个宏大的誓愿——写作一部多卷体的长篇小说。我将在这部多卷体的长篇小说中，写出整个历史时代，和这个时代众多的人物和故事……”[④]

作为少年成名的作家，刘绍棠的人生经历了接二连三的起落。1962 年他摘掉了“右派”的帽子，1966 年，史无前例的“文革”风雨又扑面而来，他深陷于水深火热之中，被逼出北京。这让他想到家乡的民谚：“小乱进城，大乱入乡。”他不得不回到家乡相对简单和安静的儒林村躲避风雨。刘绍棠走后不久，北京就陷入一片混乱的运动之中。死里逃生的他，怀着低沉绝望的心境踏上家乡的土地，在人生的低谷，是家乡人民给了他温情的迎接、安慰、鼓励，以及用心的庇护。

① 刘绍棠：《我是刘绍棠：刘绍棠自白》，团结出版社，1996，第 117 页。
② 刘绍棠：《我是刘绍棠：刘绍棠自白》，团结出版社，1996，第 118 页。
③ 杨广芹：《心安是归处：我和刘绍棠》，当代中国出版社，2013，第 30 页。
④ 杨广芹：《心安是归处：我和刘绍棠》，当代中国出版社，2013，第 51 页。

当年刘绍棠避难还乡，带着濒临绝望的心境走到村口，一位老社长见到他又难过又激动，用简单、温热的话语鼓舞他不要丧失信心，要相信国家，相信还有希望，这让当时的刘绍棠备受鼓舞并产生活下去的勇气。对这位社长，刘绍棠不仅参加了他的葬礼，还在短篇小说《含羞草》中为他书写。刘绍棠的《含羞草》就是为了记录这位儒林村合作社第一任社长的恩德。“当年他大乱还乡，心情沉重地走在村道上，沉重的行李，沉重的心情，使他走不动道。这时一个小伙子，骑自行车刚好经过，二话没说，驮上他的行李，带他回了家。村里有一位老交通员，一个老贫农，合作社的第一任社长，他已经七十多岁了，当时他正在坝下放驴，一看刘绍棠的样子，就安慰他：‘爷们儿，咱们别只看三指远，早晚国家有想起咱爷们儿的时候。’但是很可惜的是，这位给了他很多鼓励的老人，在当年冬天，因病去世。刘绍棠满怀敬意地参加了老人的葬礼，后来还把老社长写进小说《含羞草》里去，纪念他，怀念他。后来我听说，刘绍棠在一九七九年春天平反回北京时经过老社长的墓地，专门下车去告诉了地下的老人。我没看到，但我相信这是真的，因为他就是这样一个感恩戴德的人。”[①] 刘绍棠在传记里也提到自己这段经历。据他回忆，这位老交通员的安慰给了濒临绝望的自己活下去的巨大勇气。

家乡人民在动乱中保护了刘绍棠。这些保护体现在日常生活的细节之处。他说：“虽然是一个跟头跌倒了，但回到儒林村却成了一个很有运气和福气的人。”[②] 乡亲父老亲眼看着刘绍棠长大，对落魄中的他不但没有冷眼相待，反而生出同情和怜悯之心。刘绍棠虽然人高马大，但是从小生活优渥，没有劳动锻炼的体验。在儒林村割麦子，大伙儿“看他割得辛苦，就不声不响在麦地的另一头，帮他把一垄地给割穿了，一起拉着他去瓜地吃瓜”[③]。“他参加劳动的时候，没人跟他

① 杨广芹：《心安是归处：我和刘绍棠》，当代中国出版社，2013，第80页。

② 杨广芹：《心安是归处：我和刘绍棠》，当代中国出版社，2013，第64页。

③ 杨广芹：《心安是归处：我和刘绍棠》，当代中国出版社，2013，第78页。

较真，反倒经常帮他几锄头，多割几把麦子。帮他的人说，咱们村难得出一个全国有名的大作家，现在落难了，咱不帮他谁帮他？当然也有人不爱搭理他。”① 乡亲们自觉给刘绍棠安排轻松的劳动，却给他记满工分，减少他的劳作之苦。“乡亲有时把他当作女劳力，还给他记十分的工分，但是派的活，却是轻松的。简单一点，让这个大作家少吃点苦。”② 面对外来的风雨，他们本能地帮刘绍棠辩护和抗争。在独自放牛、拾粪的日子，刘绍棠体会到了乡亲的良苦用心。他们一方面照顾他的体力，一方面避免他卷进政治斗争的旋涡。乡亲们还热情与他攀谈，真诚地鼓励他不要放弃文学创作。

谈及这一段经历，刘绍棠说：“回到了家乡，双脚踏在生身之地的热土上，我像一个颠沛流离了多年的游子，投入慈母的怀抱。”③ 杨广芹的母亲是运河滩上的名人，他们一家人根正苗红，是世代贫农，在那个血雨腥风的年代，刘绍棠受到他们一家人生活上的照顾、情感上的慰藉、精神上的鼓励、运动中的庇佑。“刘绍棠真的是躲在保护伞里平安无恙，逃过了那个时代许多人难以逃脱的杀身之祸、血光之灾。”④ 他在十年浩劫中，得以求生，对此他在传记里说道：“天意乎？非也。是民意使我得以幸免于难——人民是我的救命恩人，人民是我的重生父母。”⑤

刘绍棠落难归乡，父老乡亲的爱护、宽容和优待，让他重新振作了精神，得以休养生息，也重新拿起了创作之笔。在儒林村避难期间，他虽然落难故乡，生活困窘，但毫不计较，而是感恩家乡情谊，感慨时间流逝的焦灼感和忧虑创作上的荒废，他始终保持巨大的创作热情和对未来可期的坚定信念，而且用乐观和积极的心态寻找黑暗中的丝丝光亮。刘绍棠的文学创作生涯是与时代和国家命运联系在一起的。

---

① 杨广芹：《心安是归处：我和刘绍棠》，当代中国出版社，2013，第 79 页。
② 杨广芹：《心安是归处：我和刘绍棠》，当代中国出版社，2013，第 80 页。
③ 刘绍棠，《我是刘绍棠：刘绍棠自白》，团结出版社，1996，第 130 页。
④ 杨广芹：《心安是归处：我和刘绍棠》，当代中国出版社，2013，第 91 页。
⑤ 刘绍棠：《我是刘绍棠：刘绍棠自白》，团结出版社，1996，第 130 页。

他的文学创作生涯开始于新中国成立的同年同月，在第一个五年计划的经济发展高潮中，他成名成家，写出了一些比较好的作品。“文革”开始时，他刚好三十岁。在儒林村下放了十年，他韬光养晦，坚持写作，并坚信总有“出头之日”，在此期间创作了《桅顶》《春草》《狼烟》等小说。

从1949年新中国成立，刘绍棠就用清新、优美、纯情的文笔描写农村新人新事，带着运河的气息闯入文坛，被划为“右派”后，在儒林村的土炕上写出了《地火》《春草》《狼烟》三部长篇小说。“这三部长篇小说与我50年代的作品异中有同，也跟我平反之后的作品同中有异，具有承上启下的过渡性。”① 这期间刘绍棠的创作观念和风格也在发生着变化。从带着“学生腔”的青涩稚嫩到1957年划为“右派”遭驱逐时写给自己看，再到《地火》《春草》《狼烟》时自觉地群众化，以农民的眼光来看待文学，这种变化体现了一个作家的成长和成熟。

（四）扛起乡土文学的旗帜

刘绍棠的文学之路从写运河生活故事开始，虽然也曾创作过少量的以知识分子为原型的城市生活故事，但在具备更加成熟的创作经验后，他更加确定“割据一方”的创作原则，写运河、写家乡、写父老乡亲。这是刘绍棠经过生活锤炼和写作反思之后的觉悟和对自我的清醒认识。1979年，刘绍棠的“右派”冤案得以改正，重获创作的权力。压抑了22年的创作热情和生命热情被激发出来，时不我待，刘绍棠带病顽强拼搏，争分夺秒进行文学创作。“我的童年时代智力发育过早，少年时代，读书强人一头，后期逐渐成名，青年时期前期一帆风顺，闻名全国，跟着便咎由自取，急转直下，从二十一岁开始，空掷了时光，虚度了年华。流年的水，弹指一挥。如今，中年快要来临，

① 刘绍棠：《我是刘绍棠：刘绍棠自白》，团结出版社，1996，第140页。

这二十年岁月，就越发珍贵了。一个人，真的做点事情，中年时代最有能为，因为人生的这一时期具有了较为丰富的实践经验，较为深刻生活阅历，较为渊广的学问见识。而且精力集中，体力也旺盛。所以我非常希望这二十年里对于祖国人民，能有所贡献。”①

复出后的刘绍棠开始了他的第二个文学创作高峰。他把文学的根扎在人民的泥土里，在十八年里，他为后人留下了五百多万字的运河乡土文学作品。包括十二部长篇小说，分别是《春草》《狼烟》《地火》《豆棚瓜架雨如丝》《这个年月》《敬柳亭说书》《十步香草》《京门脸子》《野婚》《水边人的哀乐故事》《孤村》《村妇》。二十多部中篇小说，如《蒲柳人家》《渔火》《瓜棚柳巷》《花街》《草莽》《荇水荷风》《蒲剑》《鱼菱风景》《小荷才露尖尖角》《绿杨堤》《烟村四五家》《柳伞》《年年柳色》《青藤巷插曲》《黄花闺女池塘》《碧桃》《二度梅》等。两部短篇小说集：《青枝绿叶》《蛾眉》。此外，他还创作了多达十一部散文、随笔、评论、自传，包括《乡土与创作》《我与乡土文学》《一个农家子弟的创作道路》《我的创作生涯》《论文讲书》《乡土文学四十年》《蝈笼絮语》《如是我人》《红帽子随笔》《我是刘绍棠》《四类手记》。他的作品深受读者喜爱，而且获得多种荣誉。《京门脸子》荣获北京市优秀长篇小说奖；《敬柳亭说书》获得首届中国大众文学优秀长篇小说奖；《蒲柳人家》获得全国优秀中篇小说奖；《蛾眉》获得全国优秀短篇小说奖。中短篇小说被翻译成英、法、德、日、泰等多种文字。

20 世纪 80 年代以来，刘绍棠专心于创作，还大力倡导乡土文学理念。不但在文学创作道路上坚持写大运河乡土文学，形成了独特的大运河文学乡土体系，还提出了关于这一体系独有的文学风格概括——“中国气派，民族风格，地方特色，乡土题材”，成为运河文学的旗手。刘绍棠在 60 多年的人生之途中，思想情感从未离开过乡

① 杨广芹：《心安是归处：我和刘绍棠》，当代中国出版社，2013，第 57 页。

土。他本人有40多年是在家乡度过的，他的根在农村泥土里，他的作品的根也在乡土的土壤里。口头传说、民间故事和民间艺人的演说评书，民歌民谣、民间音乐和民间绘画、戏曲艺术的熏陶、启蒙、浸染，与家乡的母子连心，哺育之恩和反哺之心，让他“以土为荣，割据一方”，让他一生与家乡深深地交融在了一起。他的作品离不开家乡的人、事、场景，即便是外面的人和事，也会经过他的艺术“同化”和“翻炒”，极具乡土风味。

刘绍棠的小说创作离不开农村生活，离不开运河人家生活，更离不开村里的父老乡亲。在他获得平反后，他返回城里，但是对他来说，在城市里反而难以静心写作。因此，他常常回到老家寻找灵感，进行构思。他喜欢把自己的小说念给身边的人听，念给普通人听。只要得到他们的认可，才让他觉得欣慰。正如他自己所言：“他的小说是写给老百姓看的，老百姓说好，那就八九不离十。”[①] 有时候，他会让村里的人讲村里的故事给他听，甚至要说一个晚上，“把村子上上下下、老老小小那些事儿篦子似的篦了一遍”[②]。他的小说《烟村四五家》里写小莠子醉酒场面不怎么生活化，听了别人说村里一个“酒糊涂”醉酒的笑话后更改了原来的醉酒戏，让场面变得传神，更贴近生活本身，更有味道。

生于运河河畔，长于运河河畔，成为作家以后，他的笔触再也没有离开过通州和运河，他把故乡写进了作品，写进了千千万万的读者心中。刘绍棠最崇拜的作家是鲁迅先生。他说鲁迅是个真正的乡土文学作家，《祝福》《孔乙己》《社戏》反映的都是普通老百姓的生活、父老乡亲的心声。他写的也是他的父老乡亲的生活与心声。无运河不通州，无通州不故乡，无故乡不创作在刘绍棠的创作生涯和文学作品中体现得淋漓尽致。通州是成长的起点，运河是灵感的土壤，家乡是一生的牵挂。他说：“我虽然被称为世界名人、中国名人、中国共产

① 杨广芹：《心安是归处：我和刘绍棠》，当代中国出版社，2013，第170页。

② 杨广芹：《心安是归处：我和刘绍棠》，当代中国出版社，2013，第170页。

党名人，其实我最爱当的是彻头彻尾的农夫。”①

（五）魂归故里：大运河畔的守候

刘绍棠这位以毕生精力讴歌家乡的作家于1997年落叶归根。在家乡的大运河畔，这位“大运河之子”找到了他永远的归宿。“我不想离开我们亲爱的家乡，脱离人民、脱离劳动、脱离生活的覆辙，再也不能重蹈。我愿意住在我们家乡的简朴的房子里，吃着我们家乡的稻菽菜蔬，喝着我们家乡的甘洌的井水，呼吸我们家乡的新鲜空气，写作美好的作品。”②

1979年，打倒“四人帮”三年后，刘绍棠终于被彻底平反，重新回到北京。他始终没有忘记故乡，常常回儒林村居住。作为一个蜚声文坛的大作家，在一个小村庄住了30年，在中国现当代文学史上并不多见。刘绍棠说：“如果以后我去世了，要效仿总理，要将自己的骨灰撒在汨罗江，那是屈原的归属地，屈原是上下而求索，我将坚定不移地追逐我的社会主义理想；撒在李白之河上，也就是在‘黄河之水天上来’的黄河里，那是表示一个浪漫的文学大师的行走足迹，愿步先辈之后尘，还有一个就是撒在大运河里，虽然大运河给我留下太多的伤害，但毕竟是母亲河，子不嫌母丑，我将永远热爱她。”③

刘绍棠1997年3月病逝，魂归故里。他的墓地在儒林村村南的大运河河畔。运河东岸的儒林村的南头“运河人家度假村”右堤的墓地，就是刘绍棠的最后归处，据说这里曾经是他当年劳动过的“牛角地”。他是儒林村村民的骄傲。度假村的名字也是刘绍棠小说的名字。武秀兰，儒林村的原党支部书记，见证了刘绍棠大难返乡的岁月，也给予刘绍棠诸多保护和生活帮助。她说：“刘绍棠去世时先埋在通县北关那边，说是北运河的源头。后来北关那边开发地产项目，2004年

---

① 杨广芹：《心安是归处：我和刘绍棠》，当代中国出版社，2013，第185页。
② 杨广芹：《心安是归处：我和刘绍棠》，当代中国出版社，2013，第58页。
③ 杨广芹：《心安是归处：我和刘绍棠》，当代中国出版社，2013，第124页。

的时候，迁移回运河人家，真正地回家来了是不是？他现在的坟地就是当年劳动的‘牛角地’。早几年村里还给他立了碑，刻了碑文。我说村里做得好，大作家的归宿应该重视，他是儒林村的人啊。”①

《北京晚报》记者王肖明在2016年7月探访了刘绍棠的故里——通州区西集镇儒林村。他在《大运河畔的守候》一文里用文字记录了这一行程。通过实地探访，发现这个普通的小村庄和其他村庄并无分别。他的故居已经被翻盖成了新房，生前写作留下的旧物旧地的痕迹已经荡然无存。经记者描述，虽然刘绍棠去世后，通县政府曾经有过在老屋旧址上建立“刘绍棠故居”的计划，后来不知什么原因导致这一计划搁浅了，着实令人感到遗憾。唯一值得庆幸的是，这位为运河书写的作家的墓地还在儒林村村南。这片墓地坐落在公路与一片果树园之间的洼地里，略显简陋的坟墓和简单的生平介绍，成为对刘绍棠最后的纪念。刘绍棠这位以毕生精力讴歌家乡的作家最终落叶归根。在家乡的大运河河畔，这位“大运河之子”找到了他永远的归宿。

刘绍棠对家乡怀有深厚的感情，他曾多次说，他要以他的全部心血和笔墨，描绘京东北运河农村的20世纪风貌，为21世纪的北运河儿女留下一幅20世纪家乡的历史、景观、民俗和社会学的多彩画卷，这也是他一生的最大心愿。他生前已将全部文学档案捐赠给通州档案馆。目前通州档案馆建有“刘绍棠文库”，收藏他的著作、手稿、书信、剪报、藏书、证章、证书、照片等全部文学资料约1600余卷（件），这些资料是刘绍棠留下的一笔宝贵的精神文化财富，是开展爱家乡、爱祖国教育的生动素材。刘绍棠的浓浓运河情、拳拳赤子心体现在他的人生历程里，也体现在他为后代留下的宝贵精神财富里。

刘绍棠生在通州，长在通州，写的也是通州，堪称“铁心务农”的乡土文学大师。他创作形成的大量书稿、资料，充满乡土气息，

① 杨广芹：《心安是归处：我和刘绍棠》，当代中国出版社，2013，第202页。

既是刘绍棠几十年创作生涯的真实写照，也艺术地再现了通州不同历史时期的风土人情和社会风貌，有很高的文学欣赏价值，是不可多得的具有浓厚通州地方特色的档案珍品。鲁迅先生在 1934 年 4 月 19 日写道："现在的文学也一样，有地方色彩的，倒容易成为世界的，即为别国所注意。打出世界上去，即于中国之活动有利。可惜中国的青年艺术家，大抵不以为然。""中国气派，民族风格，地方特色，乡土题材，这是我致力乡土文学创作的四大准则。满怀感恩戴德的孝敬之心，为我的粗手大脚的乡亲父老画像，以激情的热爱灌注笔端，描写我的家乡——京东北运河农村那丰富多彩而又别具一格的风土人情，为家乡的后辈儿孙留下艺术化的历史写照，同时也使外地人，甚至外国人，通过我的小说，了解我的家乡，喜爱我的乡土，这便是我今生文学创作活动的最大野心，也是我实践鲁迅先生上述创作思想的志愿。"① 刘绍棠崇拜、敬仰鲁迅先生，也用自己的写作实践着鲁迅先生关于地方文学的理念，他做到了。他是当之无愧的"大运河之子"，斯人已逝，精神不灭。

三 "通县当成自己的生活基地"——浩然

浩然，1932 年生于河北，在此度过了艰苦的童年生活。他接受的正规教育有限，主要靠自学成才。1946 年参加工作以来，担任过村、区、县基层干部。1953 年调通县地委党校当教育干事，后参加贯彻农村统购统销政策和农村合作化运动。近 8 年的基层干部工作为他以后的文学创作提供了丰富的生活积累。1956 年发表处女作《喜鹊登枝》。1959 年加入中国作家协会，曾担任过《红旗》杂志编辑等工作。直到 1964 年到北京市文联从事专业创作。

他对泥土有着浓厚的情感，以"深入一辈子农村，写一辈子农民，给农民当一辈子忠实代言人"为誓言，在冀东和北京郊区农村做

① 刘绍棠：《我是刘绍棠：刘绍棠自白》，团结出版社，1996，第 171 页。

了50年艰辛的生活积累和艺术耕耘，取得了很大的艺术成绩。代表作有长篇小说《艳阳天》《金光大道》《苍生》《乐土》《活泉》《圆梦》《春歌集》等。他的作品紧跟社会的步伐，主要写农村农业题材，有着鲜明的时代特征，塑造了鲜明的人物形象，极具乡土气息，语言朴素自然，这跟他对农村生活的熟悉分不开。有些作品还以连环画、广播、电影的方式发行，受到读者的欢迎。浩然出版了千万字的文学作品，尤以长篇小说《艳阳天》《金光大道》为人称颂，新时期以来他的长篇小说《苍生》又给他带来文学创作的另一个高峰。浩然朴实、勤奋的创作，扎根基层为农民写作，为乡土立传的精神，以及对青年作家的扶持，一直令人敬仰。

浩然与同时代的作家相比，在文学创作上属于“大器晚成”型。“我从1949年做起当作家的梦，1958年出版第一本小说集，1959年加入中国作家协会，算作‘好梦成真’，整整用了十年的光阴。跟我同时代的作家，一般比我成熟的时间要早五、六年，有的还要早。”[①] 之所以如此，是因为浩然的成长经历。因为接受学校正式教育的时间少，为了心中的“文学梦”，他花了大量时间补充文化知识，用了大概五六年，为文学创作做知识储备。

浩然对通州一直有着很深的感情，对通州这块尊重文化、尊重文学、尊重人才的好水土充满欣喜之情。浩然把通州当作自己生活的基地、创作的基地、扶植文学青年的基地，因此无论他的生活、创作，还是文学活动、作家往来，都深深地印在了通州大地上。“我重新把通县当成自己的‘生活基地’。我投身于有希望的文学种子中间。我们互相鼓励，互相帮扶，以求自生，以求扎根、壮大。”[②] 浩然积极扶植文学青年，帮助通州作家成长。他主持过两次“文艺绿化”工程。第一次是在20世纪70年代，在北京郊区农村，以通县为基地；第二次是90年代初，地点在冀东，以三河为中心，辐射周边邻县。70年

① 刘祥编《通州作家群》，中国文联出版社，2002，第124页。

② 刘祥编《通州作家群》，中国文联出版社，2002，第218页。

代初，农村的文艺凋敝，让人忧虑。浩然投身于“鼓动、扶植”文学青年创作的活动中。在通县“鼓动、扶植”农民业余作者，在县城和乡镇主办了几期“创作学习班”，跟学员到村子里体验生活，讨论作品，并编发了不定期的刊物《通州文艺》。虽然“文艺绿化”因为唐山大地震终止了，但是“文艺绿化”工程，让很多文学青年受益，这一工程扶植了活跃在通州或者北京文坛上的作家，如张宝玺、王梓夫等年轻作家。另一次“文艺绿化”工程，是在 90 年代，这时已进入改革开放的新时期，农村的群众文艺被遗忘和冷落，浩然再次萌生了开展“文艺绿化”工程的想法。此时的浩然，已经移居冀东三河，此次工程还倡议成立三河文联，创办了《苍生文学》季刊。

浩然是新中国成立后成长起来并取得一定成就的作家之一。他的短篇《春歌集》、《幼苗集》和长篇巨作《艳阳天》因表现中国农村伟大变革引起强烈反响，曾经闻名于世。粉碎“四人帮”后，他重新燃起写作的激情，深入农村生活的深处，不断突破艺术的高度，在创作上取得令人欣喜的成绩。春风文艺出版社陆续出版了《浩然文集》，主要集结了浩然早期的文学作品。百花文艺出版社于 20 世纪 80 年代初出版的《浩然选集》，集中编选了浩然 1978 年以来创作的新作。在这个特殊的历史节点上，《浩然选集》的出版有非同寻常的意义，对于浩然来说是“梅开二度”，是他重新燃起奋发的斗争，开启另一个写作高峰的见证。从一个普通的农民成长为一名优秀的作家后，浩然跟当时的诸多作家一样，创作生涯受到诸多政治运动的影响。因补习成为一名作家必备的文化知识等主观因素，浩然的创作的旺盛期比其他作家来得迟，又赶上国家的多事之秋，连绵不断的政治运动，他的创作生涯一度停滞不前，甚至停产！对于一个处于创作旺盛期的作家来说，这是令人痛心疾首和苦闷迷茫的。“文革”结束了，中国人民迎来了一个新的时代，在举国上下为之振奋的时候，作家浩然内心激情涌动，为迎来创作的时代而欢呼，他敏锐地感知到自己迎来了创作的春天：“从内心萌发起一股子要把失去的时间捞回一些的强烈念头：挣扎、拼搏，让创作生命的旺盛之火，再度燃烧起来!”[1]

他以“甘于寂寞，安于贫困，深入农村，埋头苦写”要求自己，他深入农村生活，抵制名利诱惑，坚持“写农民，给农民写”的原则，遵循“在内容上保持自然真切，不断地往生活的深广处开掘；在形式上发扬民族化、大众化的传统，不断地向艺术的完美处求索”[2]。《浩然选集》就是这个阶段的创作成果，也是他创作之火再度燃烧的成果。《浩然选集》分三册。第一册：包括对新中国成立后农村生活回顾的长篇小说《山水情》、中篇小说《浮云》。第二册：包括七个中篇小说。第三册：包括十个短篇小说，二十二个儿童故事，四个儿童中篇小说，以及三篇散文。创作的基调是歌颂，歌颂时代，歌颂农民群众的优良品质和不断斗争、追求进步的精神。主要内容侧重于三个方面：第一，艺术地反映时代的教训，让人们铭记教训，不重蹈覆辙；第二，反映时代进步给予人们的巨大变化和益处；第三，有些中短篇小说旨在抨击时弊，治病救人。总之《浩然选集》都是充满“自己味儿”的作品。

这三册厚重的《浩然选集》留下了浩然在通州（通县）的足迹。《浩然选集（一）》有两张作者照片，作为插图，第一张插图为1958年摄于北京的照片，第二张插图为1955年摄于通州的照片。从中可以看出，浩然在北京和通州度过的岁月和留下的创作印记，以及对北京和通州的深厚情感。《浩然选集（一）》里的中篇小说《浮云》作为再现历史失误内容的作品，1980年3月5日二稿完于通州镇。[3]

《浩然选集（二）》有《弯弯的月亮河》《姑娘大了要出嫁》《老人和树》《能人楚世杰》《傻丫头》《高高的黄花岭》《战士小胡》7篇中篇小说。其中《弯弯的月亮河》上卷1981年3月末草完于通州镇，下卷1981年4月中草完于通州镇。《老人和树》1982年3月2日

① 浩然:《浩然选集（一）》，百花文艺出版社，1984，第3页。
② 浩然:《浩然选集（一）》，百花文艺出版社，1984，第4~5页。
③ 资料显示，“通州镇”是当年对通州城区的老叫法，是对通州城区的统称。

改毕于通州镇。《能人楚世杰》1982 年 4 月 11 日草完于通州镇。《傻丫头》1982 年 3 月 14 日于通州镇草写完毕。

《浩然选集（三）》包括：第三卷短篇小说，有《道口》《青春的脚步》《火车上》等 10 篇；第四卷儿童文学，有《勇敢的草原》《枣花姑娘历险记》《长城的子孙》等 4 篇；第五卷故事，有《胖娃娃》《川川》《三次巧遇》等 21 篇；第六卷散文，有《两只小蝌蚪》《书迷》《怀念巴人》3 篇。在《浩然选集（三）》中多篇作品创作或者修改于通州镇或者通县。故事《玲玲摔倒以后》1980 年 2 月 4 日写于通州镇，《幼儿园的小老虎》1980 年 2 月 6 日写于通州镇，《蓝蓝的天空》1980 年 2 月 11 日改于通县，《好孩子和坏孩子》1980 年 2 月 23 日改于通县，《飞来的祸》1980 年 10 月 31 日草完于通州镇，《奶奶和煮鸡蛋》1981 年 2 月 28 日写于通州镇，《秋风吹》1981 年 3 月 28 日草完于通州镇，《看戏》1981 年 3 月 31 日写于通州镇，《苗》1981 年 4 月 14 日写于通州镇。《怀念巴人》为浩然纪念巴人逝世 10 周年而写的纪念文字，于 1982 年 4 月 23 日写于北京通县。

不仅仅是这套文集，浩然的文学创作、文学之路，以及文学相关的工作，都与通州紧密相关，与通州文坛紧密相关，与通州作家紧密相关。他一直赞扬通县风水好、水土好、出作家，他也把通县当成自己的生活基地。

四　李希凡、高占祥、房树民、王保春等作家

李希凡是 20 世纪 20 年代生人，祖籍浙江绍兴，久居北京通州。毕业于山东大学中文系，肄业于中国人民大学哲学研究班。曾任《人民日报》文艺部编辑、评论组长、副主任，中国艺术研究院常务副院长、研究员，《红楼梦学刊》主编等职，还担任过全国政协委员、中国作家协会理事、中华人民共和国大事记编纂委员会副主任等。他的论著颇丰，有《红楼梦评论集》（与蓝翎合著）、《论中国古典小说的艺术形象》、《京门剧谈》、《文艺漫笔》等著作，散文集

《燕泥集》，文集《李希凡文艺论著选编》等。李希凡专注领域不在具体文学作品创作方面，他在文学评论上的成绩卓著。刘绍棠说李希凡是通州的“胞波”，因为“他自报家门是北京通县人，祖籍浙江绍兴”。[①] 他的作品《我和〈红楼梦〉》收录在“运河文库”《通州作家群》一书里。

高占祥是通州作家群里唯一充满传奇色彩的“童工部长”“部长作家”。高占祥1935年出生于北京通州郝家府村。自幼家贫，但一直保持刻苦学习的习惯，并坚持不懈。从20世纪50年代末从事业余文艺创作以来，如今已经出版多部散文集、论文集，以及诗集、书法集。其中有政治方面的《高占祥文论选》《领导艺术纵横谈》，社会文化类的《人生宝鉴》《微风集》《恪守篇》，文艺评论方面的《浇花集》《文坛百论》，书法方面的《高占祥书法集》《高占祥书法选》等著作。虽然历任541厂党委副书记、共青团北京市委副书记、团中央书记处书记、河北省委书记、文化部常务副部长、中国文联党组书记，虽然他是第八、第九届全国政协常委，但他总是在繁杂文山会海间隙，活跃在文化战线，始终保持着思考的激情、创作的热情、笔耕不辍的勤奋，完成了一本又一本的著作。他的作品结合工作和生活实际，而且通俗易懂，接地气。“他的本事是在某些人看来是枯燥乏味、琐细烦累、苦不堪言的事情上保持一种感受和观察的兴趣，保持思想的新鲜感，于是就有了激情。这激情使日常的工作变成了一种创造。创造欲使日常的工作变得色彩斑斓和充满意味。”[②] 高占祥一直关心通州的发展，关心通州的人民。1994年通县设立“高占祥文库”。

房树民，北京通州张家湾镇大辛庄村人。1935年出生。1956年于通县师范学校毕业后调入中国青年报社，曾任文艺部编辑、主任。1985年调入作家出版社任副总编。中国作家协会会员。主要作品有小说集《诞生》《九月的田野》《樱桃园村》《雪打灯》；报告文学《向

---

① 刘祥编《通州作家群》，中国文联出版社，2002，第10页。

② 刘祥编《通州作家群》，中国文联出版社，2002，第74~75页。

秀丽》（合作）、《为了六十一个阶级弟兄》（合作）等。他的作品小说《花花轿子房》《泥活》收录在“运河文库”《通州作家群》一书里。

《花花轿子房》和《泥活》都是运河文学作品。《花花轿子房》1955年1月创作于大辛庄。《泥活》1982年创作于三里屯。虽然创作年代跨越近三十年，但是作者采用的艺术手法几近相同。小说里的主人公都生活在通州，长在运河岸边，吃着荷叶包着的食物，喝着通州大曲。前者写花花轿子房掌柜对传统婚嫁用的花花轿子在时代变迁中的没落感到深深的无力，后者写通州传统老艺人“芮庄泥人冯”对自己技艺的坚守。

王保春，1931年出生，北京通州刘村人。他是北京市作家协会、戏剧家协会、曲艺家协会会员。曾担任《北京日报》主任编辑。他的代表作品有短篇小说集《混水泥鳅》《水落石出》，曲艺集《双铧犁》，曲剧《夕照八旗》，评剧《春柳闹华堂》《烟壶》，以及长篇通俗小说《樱花公子档案》（合作）等作品。他的小说《长寿面》入选了“运河文库”《通州作家群》一书。

小说《长寿面》是一篇出色的运河文学作品。它以运河两岸庄稼人过生日吃的“长寿面”为线索，讲述了运河三代庄稼人在不同历史时期的命运和生活。从新中国成立到1961年的困难时期，从“我”被错划为“右派”前往农场劳动改造到获得平反重新过上红火的日子，妻子的长寿面是运河人家珍惜亲情、坚韧不屈、相濡以沫的见证。

上述的几位作家，他们生在通州，长在通州，是地地道道的通州人，在文学创作或者文学批评上取得了受人关注的成绩，有的还身兼要职，是通州的优秀儿女，是通州作家的优秀代表。李希凡专注于文学批评，高占祥走多样化的文学道路。相比较而言，房树民和王保春两位作家的创作，体现了运河文学的特色。他们立足于通州，写自身熟悉的运河边上发生的人和事，写运河人在时代变迁中的生存状态、心理状况和精神世界。文风朴实，人物鲜活，带有浓郁的通州地方特色，时代感、现实感稍弱。当然，除了上述几位，通州还有很多代表作家，在此不一一赘述。

第二节 20 世纪 70 年代的通州作家作品

20 世纪 70 年代，“四人帮”被打倒，百废待兴。十一届三中全会召开，中国人民进入了改革开放和社会主义现代化建设的新时期。文艺工作者们迎来了宽松而自由的创作环境，作家们迎来了创作的春天，老中青作家队伍兵强马壮，齐头并进，形成一股又一股的创作热潮。通州作家也是如此，他们有专业从事文学创作的作家，也有钟情于文学创作的爱好者。老作家“老骥伏枥，志在千里”，一直关心、扶持并提携年轻作家；年轻作家仰慕和尊崇前辈，以他们为榜样，奋起直追。好的“文风”是成就作家的土壤，通州作家一直以来就有这样的传统和文风。王梓夫有言：“锦云曾戏言，说通州的土特产是出作家，喝了大运河的水，便多少可以沾上一点儿文气。这话外乡人说尚可，自己说便有点儿自诩之嫌。自从刘绍棠、李希凡以及官文并举的高占祥在大运河端头腾空而起，不但使这片古老的土地罩上了文曲星的光环，而且为后来者开路呐喊，令新人辈出，后继有人。历经磨难与冲击，文人在这里非但没有掉价，而且行情看好。尊重文化、尊重文人、诗书继世、教子从文，在这古朴与现代相交织的乡风中形成了新的传统和时髦。因之生长在这块土地上的读书人和写书人是幸运的。”① 20 世纪 70 年代通州作家后起之秀很多，代表为王梓夫、张宝玺、周祥、刘祥、张同吾、钱立言、刘亦索、楚学晶、孟宪良、孙宝琦、刘康达、郑建山等。无论专业作家还是兼职作家，无论是半路成作家的还是一直坚持文学创作者，他们对家乡的热爱和书写，对文学的痴心不改，对文化传承的初心，是一致的。

① 刘祥编《通州作家群》，中国文联出版社，2002，第 187 页。

一　王梓夫——新时期运河文学代言人

继刘绍棠之后，王梓夫是通州这片土地上另一位土生土长而又心系家乡、书写家乡的当代著名作家。王梓夫，1947 年出生于北京通州马驹桥镇驸马庄村，毕业于武汉大学中文系。曾先后在公社机关、县文艺宣传队、县委宣传部、县文化局工作。1980 年进入中国作协文学讲习所学习。1981 年底调入北京人民艺术剧院，后考入武汉大学作家班。

王梓夫不但是一位作家，还是国家一级编剧。主要作品有长篇小说《异母兄弟》、《漕运码头》、《漕运古镇》、《卧底》（《遭遇复仇》），中短篇小说集《昨夜西风》《蜜月日记》《都市里的 11 种爱情》《格外》《王梓夫小说选》《男人气象》《报告政府》，《王梓夫自选集》（1~3 卷），《王梓夫小说精品》（1~5 卷），散文集《往事门前》、《感悟生命》、《通州赋》、《漫长漫长的冬天》、《大运河启示录》、《生命之光》、《兴旺之魂》、《仇城》（合作）、《净化神圣的国土》（合作），《大河惊梦（王梓夫影视剧作选）》，长篇随笔《寻求活法》，话剧《女儿行》（合作）、《夏威夷酒家》、《妃子楼》、《贞德堂纪事》、《红河谷》、《我的西南联大》（合作）、《少女的晚宴》等，文集《王梓夫小说选》、《王梓夫文集》（3 卷）等，电影及电视连续剧多部。现为中国作家协会会员、北京作家协会理事、北京通州区文联名誉主席、北京西城区作家协会副主席。

王梓夫的作品曾获得国家及地区的各种文学奖项，也深受读者喜爱。如长篇小说《漕运码头》曾获北京市建国 55 周年优秀长篇小说奖、第二届姚雪垠长篇历史小说奖；话剧《女儿行》荣获北京市庆祝建国三十五周年文艺作品征集评奖活动戏剧一等奖；长篇小说《异母兄弟》荣获北京市庆祝建国四十五周年文艺作品征集评奖活动佳作奖；中篇小说《死谜》获第二届老舍文学奖优秀作品提名奖。

与浩然、刘绍棠频繁遭遇政治冲击的人生际遇相比，王梓夫的人生无疑是幸运的，“没有当右派的年龄，没有黑帮狗崽子火烧砸烂的经历，又以工农兵形象登上文坛”[①]。但是对于作家创作而言，没有波澜起伏的人生际遇和血雨腥风洗礼后痛定思痛的命运沉思，思想的深刻性便有所减弱。但不同时代的作家有不同的命题，在王梓夫所处的时代，中西文化撞击融合，商品经济意识浓烈，城市快速发展，改革开放如火如荼——一句话，他所处的时代已不是刘绍棠的时代，他笔下的农民已经不是刘绍棠笔下的农民。不论是哪个时代的作家，能够敏锐触动所处时代的敏感神经，能够用文字感知思想脉搏，反映人类共同的情感和恒久精神，才能经得起时间的检验。

王梓夫没有明显的题材领域，没有城市与乡土的归类，他的题材范围广泛，尝试驾驭了多种题材的创作。“梓夫认为自己不是乡土文学作家。他不赞成以地域、题材划分作家的做法。他不仅写农村，还写城市、机关、医院、学校……主人公有知识分子、商人、市民、三教九流。”[②] 与刘绍棠扛起中国乡土文学大旗和专注运河文学创作不同，王梓夫作的创作方向多元、涉猎体裁广泛。他既向散文、小说、报告文学进军，又兼顾话剧、影视剧作，而且成绩喜人。他是一位努力又勤奋的作家。从他的作品中可以看出他从一个乡村文学青年成长为一名知名作家的创作之路，对文学不同创作风格的不懈探索和孜孜以求，在不同的时期磨砺、蜕变、突破、成长、推陈出新，保持着旺盛的创作激情。纵观王梓夫的创作历程，代表个人文学创作最高成就、给予作家最高殊荣的依然是对运河的书写。如《漕运码头》这部反观中国漕运兴衰的长篇小说，以独特的视角，丰富的内涵，流畅的文笔，成为弘扬大运河文化的代表作品，也是王梓夫文学创作的一个高峰。

他与大运河和通州人民情感深厚，是大运河儿女的骄子，也是通州人民的骄傲。这种鱼水情深，体现在他对大运河、通州人民的书写上，也体现在通州人民对他们的永远铭记上，并在通州优秀儿女的族

---

① 刘祥编《通州作家群》，中国文联出版社，2002，第113页。

② 刘祥编《通州作家群》，中国文联出版社，2002，第114页。

谱中永远为他保留一席之地。2007 年，通州区档案馆继“刘白羽文库”“刘绍棠文库”后，又建立了“王梓夫文库”。“王梓夫文库”保存有其著作、手稿、奖杯、证书、书信、藏书等十多个种类的档案资料，较为完整地记录了王梓夫的文学创作历程。这些档案资料是对青少年开展爱祖国、爱家乡教育的良好素材。为了拍摄《漕运码头》电视剧，通州区还斥资 1000 多万元，在大运河河畔建立了永久的仿古漕运码头建筑群。

虽然没有聚焦地域乡土书写，他的农村题材的长篇小说《异母兄弟》却是以通州地界为人物活动的背景，小说处处体现了通州的痕迹。这部小说“一九八七年初草于武汉大学，一九八七年末改于北京通州，二〇〇〇年冬整理于桑梓轩”[①]。这是一部农村题材的长篇小说，反映改革开放初期社会心态的裂变。哥哥小名大狗，大名齐东升，弟弟小名小龙，大名齐东平，二人为同父异母的兄弟。因为“一层肚皮”两人待遇迥然不同。哥哥大狗，在生活琐碎中，常常受到父母的不公平待遇、排挤，甚至弟弟的诬陷和栽赃，而弟弟小龙在父母优待中时常“恶意”欺负哥哥大狗。就是这样一对兄弟，随着大的社会环境变迁，从阶级斗争教育到大饥荒，从“文革”时期到改革开放，社会变革的洪流、家庭的变故、情感的纠葛让他们的生活之舟在风雨中飘摇，他们的命运也随之发生了巨大的改变，哥哥为了出人头地，弟弟为了姓名权，他们在岁月里幻灭、沉沦，也在成长里救赎和自省。作品写出了人性的复杂和多变、灰暗和逼仄，是一部很有深度的作品。

小说故事发生在北京南海子附近农村、凉水河和通州马驹桥镇，围绕生活在这个地域上的人物展开故事叙述，地域上的风土人情是时代变迁和人物开展活动的背景，这应该也是作家最熟悉的生活环境。如“我们村西边有一道城墙，叫海子墙。墙里边便是举世闻名的‘四

① 王梓夫：《异母兄弟》，中国文史出版社，2015，第 346 页。

十里南海子’，这里曾经是明清两代皇家的猎苑。里面花繁木茂，川流如织，放养着天鹅、地鹔、海兽、四不像等奇禽异兽，专供皇家观赏围猎之用”[①]。在地理位置的基础上，也写出了环境的历史变迁：“乾隆皇帝曾把这儿改建成一处避暑行宫，西太后也曾到这儿来筵宴游乐，留下了许多君权神授、皇威浩大的故事。八国联军进攻北京城，烧了圆明园，也毁了南海子的猎苑。”[②] 如今的环境境况：“眼下，四十里南海子已经垦出一片耕地，乾隆的行宫或许还能从废墟上找出几块瓦片，而周围的城墙却被碎尸万段了。附近的村民先是扒了城砖盖猪圈、垒墙院，留下了一圈光秃秃的黄土岗子。后来又挖黄土烧砖、打坯、上垫脚，黄土岗子便成了一串支离破碎的黄土疙瘩。看到名胜古迹遭此劫难，许多人感到痛惜。痛惜也没有用。许八国联军在战争中破坏，就不许咱平民百姓在和平时期利用吗?”[③] 穿插在小说里的对地理环境变迁的描写，既有对家乡风土人情的自豪和眷恋，也有对名胜古迹遭破坏、自然环境恶化的深深痛惜。

在《异母兄弟》中，还有大量与现实吻合的地标建筑，如马驹桥中学，就是小说中人物活动的一个重要场所。“结婚半年后，我便到了马驹桥镇中学当上了代课老师……马驹桥镇中学是我的母校，在那里供职的大部分教师，都曾是我的老师。当年在学校里，我因各科的优异而小有名气。他们还记得我这个齐东平。可如今，我成了他们当中的一员之后却变为孙长富了。”[④] 对马驹桥镇历史和民间传说故事的详细叙述，增添了神秘色彩和文化气息，在小说中作家保留了地域特色的真实性，并从小说人物的角度以亲历者和见证者的角度，呈现出不同历史时期的人事变迁。“马驹桥镇是京东南四十里处一个古老的小镇，又是皇家猎苑南海子的东大门。过去皇家贵族到南海子围猎，

① 王梓夫：《异母兄弟》，中国文史出版社，2015，第16页。
② 王梓夫：《异母兄弟》，中国文史出版社，2015，第16页。
③ 王梓夫：《异母兄弟》，中国文史出版社，2015，第16页。
④ 王梓夫：《异母兄弟》，中国文史出版社，2015，第93页。

常在此打尖休息。因之，镇上许多地方，都留着浩浩皇恩的足迹。传说有一次皇家狩猎，一个红衣少年骑着一匹白马，马走到镇北方的大石桥上，忽然下了一匹鲜红的小马驹。从此，这个地方便被称为京南顺天府红人马驹桥。大石桥两边有两个亭子，亭子里有两个乌龟驮着两块大石碑，碑上记载的就是这段传说。这两个石碑直到‘文革’破四旧时才被砸毁，据说碑石被铁工厂的造反派们拉走建‘忠子台’去了。”①

小说中还有对凉水河昔日风光的再现和对马驹桥中学历史的记录：“镇东门外的马驹桥中学，便是我的母校。出了校门朝北行半里之遥，有一条皇家猎苑奔流出来的下河，这就是著名的凉水河。那会儿，河水不像现在这样，污染得划根火柴能点着。河面也比现在宽阔得多。河两岸垂柳依依，堆起两道青烟碧雾；河湾里菖芦茂密，潜藏着各种水鸟飞禽。大片大片的河滩上，更是芳草萋萋，鲜花璀璨……放学以后，同学们都纷纷来到凉水河边。或跳进清悠悠的河水里游泳，摸鱼，或滚在绿茵茵的碧草上嬉闹欢唱。这里是一个天然的公园，有了这群天真烂漫、想入非非的中学生，便平添了许多歌声，许多故事，许多自寻烦恼的叹息和许多不明不白的眼泪，以及许多罗曼蒂克的情调。”② 作者在追忆旧地风光时，表达自己对昔日岁月的无限怀念。

小说以主人公齐东平的心绪道出对家乡的情感：“不管我心里多沉重，也不管这里曾经让我流过多少泪，伤过多少心，受过多少磨难。我来到这古老的小镇上，还是有一种难以言传的亲切感。在这块苦涩的土地上，毕竟扎着我的根，生长着我的同类，埋着我的衣胞。无论我走到天涯海角，都跟这里有着千丝万缕的、撕扯不清的联系。野人怀土，小草恋山，这大概是人类共通的感情。”③ 小说中主人公的家乡情结缠绕在作品中，化作浓浓的乡愁，这何尝不是作者要传达的心

① 王梓夫：《异母兄弟》，中国文史出版社，2015，第118页。

② 王梓夫：《异母兄弟》，中国文史出版社，2015，第118页。

③ 王梓夫：《异母兄弟》，中国文史出版社，2015，第330页。

声呢？

小说中对民间艺人的书写，富有传奇色彩。《异母兄弟》里对住在海子墙边一个姓周的江湖艺人“周把式”进行了详细描述。“周把式”来历不明，有人说他祖籍安徽，也有人说是河南，落户在此地。他行为奇怪，独来独往，万事不求人。打扮利落，一身习武人的气质，如“大襟夹袄，腰里煞着青搭袱。下身是一条灯笼裤，扎着裤腿，脚下是一双千层底的纳帮鞋”。且身手不凡，“他的胳膊腿很粗很硬，钢筋铁骨一般，脚一落下，震得大地嘭嘭响。他的腰身又很灵活，让人看着眼花缭乱，伸胳膊蹬腿，都带着一股呼呼的风声”。他推崇韩信的忍让是为了大争的信条：“人活着就仗着一口气，有时候这口气该争得争，有时候该忍就得忍。小忍是为了大争，现在忍是为了将来争。”这些具有侠肝义胆的江湖民间艺人，也曾在刘绍棠的作品里出现过。王梓夫在《异母兄弟》中写的江湖艺人和刘绍棠笔下的艺人有着相似的身份和气质，就这一点来说，不得不承认通州作家身上有共同的地域文化记忆。

雷达曾在《异母兄弟》一书的封底这样评论王梓夫：“王梓夫是一个编故事的能手，故事非常好，非常吸引人……跌宕起伏，引人入胜，应该说惊心动魄，充满了戏剧悬念。”他也许不是描写地域风土人情的高手，但他特别善于制造戏剧化冲突，让小说情节跌宕起伏，充满吸引人的魅力。这一点在其都市情感题材作品《卧底》里体现得淋漓尽致。

长篇小说《卧底》是一部都市情感题材的作品，“完稿于 2002 年 10 月 27 日于桑梓轩”，2015 年才出版与读者见面。小说写北京大学中文系在读学生靳小晴出身于大别山深处的农村家庭，母亲多年前病故，她和弟弟由父亲含辛茹苦一人抚养长大。考入大学的靳小晴努力勤奋，单纯独立，洁身自好，对未来的爱情婚姻抱有传统和保守的观念。她和她的男朋友叶建平在相处时也不卑不亢，她信奉爱情至上的观念。两个人“门不当户不对”，高她一届的师兄叶建平为上海的一个公子哥，父亲是位私营企业家。谁曾想，在一个临近暑假的周末，正准备将暑假留在北京打工不回老家的安排寄信告诉父亲，没想到她的弟弟和父亲已经来到学校找她，并带来父亲已经胃癌晚期的消息。靳小晴在仓促中为父亲寻医问药，却因高额的手术费一筹莫展。万般无奈和绝望之际，有一个神秘的女人蓝湘出现，似乎为深陷绝境的靳小晴带来一线希望。靳小晴最终决定加入蓝湘的“复仇计划”，完成与她的一项交易，签订了一个卖身一年听命于蓝湘的合同，以换来父亲的手术费。按照“复仇计划”，她来到烟海市，以保姆的身份潜伏到烟海市委书记徐文发的家中，勾引徐文发和他的儿子徐冲。在与徐文发和徐冲、徐敏的相处中，发现了徐文发的初恋情人就是蓝湘的秘密，徐文发待她如女儿一般，她也与徐冲产生了真挚的爱情。在徐文发身患绝症时，她解除了蓝湘对徐文发的误会，让蓝湘冰释前嫌，放弃复仇计划，她也与徐冲有情人终成眷属，得到了一个圆满的结局。

这部长篇小说围绕靳小晴的情感线展开，情感线并不复杂，但是情节曲折跌宕，故事引人入胜，充满戏剧悬念，在官场与商业利益、阴谋与爱情、误解与宽恕、罪恶与善良交织中，故事最终以皆大欢喜的结局收场，在回味故事之余，还能得到一份充满希望的力量。因此，这篇小说更体现出王梓夫戏剧编剧身份发挥的作用。他在小说中融入了非常丰富的戏剧元素，让小说更有张力。正如陈建功对他的评价：“我相信他在人艺期间的耳濡目染以及人艺这种文化氛围，包括作品中的戏剧性的因素都是他到人艺之后从其他艺术门类中吸取的营养，我能看出人艺的艺术家们对他的熏陶。”

王梓夫是一位比较有耐力和定力的作家，把他比作文学道路上的长跑选手更为合适。他不紧不慢，注重吐纳，也注重积累。在中国文坛他没有很大名气，甚至有时候会被忽略，但是他的作品写一部是一部，写一部就有一些进步，可圈可点。王梓夫不属于特定的“流派”，但是他对通州、对北运河非常有感情，这种感情来自生于此长于此的天然血脉，并表现为一种自觉的心理回归和认同，以及反哺乡里的感恩之心。他致力于运河文化研究，是运河文学又一位坚守者。他的长篇小说《漕运码头》是姚雪垠长篇历史小说奖评委会全票通过的一部作品。姚雪垠长篇历史小说奖评委会认为，这篇小说描写了大运河两岸的民情风俗，融悬念、传奇性于一体，具有全新的民间视角。这篇小说的价值和意义，在大力弘扬运河文化，传承运河文化精神的当下，还有待更深一步的挖掘和评判。

《漕运码头》是中国第一部描写漕运文化的长篇小说，曾获北京市建国55周年优秀长篇小说奖、第二届姚雪垠长篇历史小说奖。这部长篇小说气势恢宏又不乏细腻情感表现，既是王梓夫创作生涯的一个高峰，又是当代文学中反映漕运历史的代表作品。《漕运码头》是王梓夫的“漕运三部曲”中的第一部，其他两部分别写大运河的漕运、与漕运有关的青帮故事。“《漕运码头》是王梓夫的一部标志性的作品。这部作品的完成不但使他挺身进入了全国一流作家的行列，而且使他有了安身立命之本，更为新中国文学宝库增添了可以传世的一页。”①

同为大运河河畔的作家，王梓夫和刘绍棠在创作道路上有不同的选择和坚持。刘绍棠立志为家乡书写，以“割据一方”为荣，并以为后人留下一幅20世纪大运河风土人情的宏远画卷为指引进行创作。相比刘绍棠，王梓夫的创作更加多元丰富。王梓夫“把目光伸向了历史，伸向了底蕴深厚的运河文化。他来自乡土，却不囿于乡土；他面对现实，却探究更深远的历史”②。

他不仅在小说创作上成绩卓越，在散文、报告文学、戏剧文学等领域都有建树，而且对运河文化和漕运文化都有深入的研究。王梓夫对运河文化和漕运文化做了很深的研究，获得了丰富的材料积累，研究时间长达几十年之久，且做了许多实地考察。他的作品主题丰富，涉猎范围广泛，有乡村题材也有都市题材，有历史题材也有当代热点

---

① 王梓夫：《漕运码头》，中国文史出版社，2009，第2页。

② 王梓夫：《漕运码头》，中国文史出版社，2009，第2页。

题材。无论怎样多元，王梓夫围绕大运河书写的作品，仍然是他创作的一个重要组成部分，也是王梓夫创作在当代文坛独具特色的价值所在。《漕运码头》就是这类题材中有分量的代表作品。

《漕运码头》以清朝道光年间为历史背景，揭开了对清王朝存亡影响极深的漕运状况的面纱，通过对漕运历史和流弊的书写，反映了大清朝由盛及衰之时，由内及外、从官场到民间的困顿和挣扎。小说用传神的笔触刻画和描绘了帝王官宦、江湖义士、风尘女子、文人墨客、乱臣贼子、商贾小贩的众生相和他们在大厦将倾、风云变化时的命运起伏。作品底蕴深厚，格调高雅，悬疑丛生，情节跌宕，人物鲜活。面世以来，好评如潮，斩获多个文学界大奖。无论是北京交通台的连续播讲、《信报·通州时讯》的连载，还是王梓夫亲自改编的、北京电视台独家投资的四十集同名电视剧的开播，大陆简体版和台湾繁体版图书的出版，都引起了巨大的反响。《漕运码头》的成功，从侧面证实了越是地方的越是世界的创作认识的正确。

《梨花渡》是著名作家王梓夫的长篇新作。在这部传统色彩浓郁的现实主义小说中，作者再现了一段改革年代里的运河传奇故事。大运河绵延千年，惠泽了千里沃野。作家王梓夫作为一个土生土长的运河人，对运河的感情较之普通作家，当然更加深沉。因此，对运河的风俗掌故、一草一木，在抒写之时，感情自然而炽烈。《梨花渡》中的大运河是粗犷的、世俗的，不带“杏花春雨江南”的妩媚与温婉，是人间烟火气十足的。小说再现了运河文化孕育出的村镇千年一脉的古朴情致，也讲述了梨花渡三十年的前世今生，更反映了一个运河作家的乡愁和对故乡文化的反观。

二　张宝玺、周祥、刘祥（刘洋）、张同吾等作家

张宝玺是通州多产的业余作家。1949 年生于北京通州漷县镇苏庄村。1971 年参加工作，历任通县马头公社党委副书记，台湖公社党委书记、主任，共青团县委书记、青少年教育办公室主任，通县水利局

党组副书记、副局长及工业公司总经理，通州经济技术协作办公室主任，通县交通局党委书记、局长，通州区文化委员会主任、文联主席等职。北京市第六届政协委员。1966 年开始发表作品，1994 年加入中国作家协会。著有长篇小说《爱之梦》《运河恋》《雪梦》《大河惊梦》《野神》《沧桑》《盼你早回家》《潜流》等；中短篇小说集《女人和月亮》《鲜花送给你》；选集《沉重的爱》《三生梦》以及戏剧、散文等。《信念》（合作）获北京市文联纪念建党 70 周年征文优秀奖。《沧桑》获“北京市庆祝中华人民共和国成立五十周年文艺作品征集活动佳作奖”。

他的小说《盼》收录于“运河文库”《通州作家群》一书里。这篇小说写一个山里的姑娘对在城里的心上人的思念。笔触灵动，描写细腻，富有文采。通过“兰花姑娘”的梦想——“承包果园”把黄山变成花果山的细节，反映出改革开放后人们内心涌动的激情和梦想，以及改革开放产生的变迁带给普通人的心理变化。

他是浩然在 20 世纪 70 年代通县“文艺绿化”工程中扶植的青年作家之一。从早期的《翠绿的秧苗》，张宝玺经历十八年历练，创作逐渐成熟起来。“十八年他圆了作家梦，十八年就是这棵文学小苗成熟的过程，是艺术细胞在他身上从量变到质变的过程。”[①] 第一本小说集《女人和月亮》标志着他创作的成熟，从中篇小说《不会流泪的女人》到 1994 年长篇小说处女作《爱之梦》出版，从第二部长篇小说《野神》到 1995 年秋天的长篇新作《运河恋》问世，他的成熟也来自一位业余作家的高产。他的《运河恋》是一部在思想、内容和结构上都有新的探索的运河文学作品。

周祥，1946 年生于北京通州徐辛庄镇尹各庄村。1965 年于通县师范学校毕业，曾就职于通县少年之家、县委机关、县文化馆。1976 年于北京师范学院中文系毕业，1983 年从中国作家协会文学讲习所第七

---

① 刘祥编《通州作家群》，中国文联出版社，2002，第 124 页。

期毕业。中国作家协会会员。1976年开始发表作品，著有长篇小说《运河滩上儿女情》、短篇小说集《死岛》，以及散文随笔集等。新时期以来，在中国作家协会《人民文学》杂志社任编辑、总编室主任。他的小说《龙树》收录在“运河文库”《通州作家群》一书里。

周祥的文学作品主要写他的家乡温榆河平原发生的故事。温榆河是举世闻名的京杭大运河源头，也是唯一发源于北京境内、四季水量充沛的河流，被誉为北京的“母亲河”，是真正发源于北京本土的河流。温榆河贯穿昌平、海淀、顺义、朝阳、通州等5个行政区域的山林和平原。周祥以家乡冀东温榆河平原为故事发生地，用质朴语言，描述了这片土地的地域特点、风土人情，编织了一个个具有生活气息和时代感的平凡人故事。他的小说《龙树》记叙了冀东温榆河平原上的尹各庄村里生长着的几百年的“龙树”，这是一棵有故事的树，见证历史的树，也是村人的祖传之宝、精神的图腾。但龙老爷子用生命悉心呵护的“龙树”，却被孙子视为解决住房问题的阻碍，多次试图砍掉或者卖掉它，后来目睹爷爷对“龙树”的感情后，他幡然悔悟，决定留下“龙树”。这篇作品的人物、对话、生活习惯都有浓郁的通州地方色彩，如主人公喜爱喝的通州老窖一般散发出独特魅力。

刘洋，本名刘祥。北京通州张家湾村人。据资料显示，刘洋“其远祖为江南紫溪人，自高祖溯运河而上，落户通州”[①]，他1951年出生于辽宁锦州，两年后随父母回通州生活。1970年后在通县文艺宣传队、通县文化馆、通州区博物馆工作。1988年毕业于北京大学中文系。北京作家协会会员，通州区作家协会主席。1980年开始发表作品。2003年加入中国作家协会。著有散文集《刘洋散文选》《少女的运河》，长篇纪实文学《热血人生》、《大地的回声》（合作）、《孽阉录》（合作），评论集《通州作家群》《曹雪芹与通州》，以及电视、广播剧、音乐（歌词）等作品。歌词《运河组歌》（5首）获1986年

① 刘祥编《通州作家群》，中国文联出版社，2002，第175页。

第二届北京合唱节二等奖，歌词《大顺斋糖火烧》获1993年文化部第三届群星奖创作优秀奖、大运河沿线（七省市）农民歌手大赛创作二等奖，广播剧《红河东去》（4集，合作）获1999年文化部等七部委中国人口文化奖一等奖、国家新闻出版广电总局中国广播剧奖三等奖、首届老舍文学创作奖提名奖。

刘洋的成长、文学创作、工作都与通州这个典型的北方运河城市融合在一起，有着强烈的地域色彩。作为生长在运河边上的通州人，他深刻感受到这座城市的独特性：运河码头、商业要地、军事重镇，水源充沛、风景如画、船帆点点、蒲柳人家，拥有曹雪芹的人文气息，刘绍棠的运河文韵。作为文学创作者，他受到水边城头夜唱的兄长的熏染、老师的文学启蒙，通过20世纪70年代初时代文艺宣传队的磨砺、浩然创办的文学创作班的写作学习，感受到改革开放释放出的生机活力，他经历了文学刊物《运河》从创办到停刊的波折、通县文联的成立和《运河》期刊的恢复出版，一路走来，刘洋的文学创作之路与通州文学事业联系在了一起。

他的《刘洋散文选》里的散文也好，小说《渔谣》也好，都与刘绍棠有相似的艺术风格——“中国气派、民族风格、地方特色、乡土题材”。他的作品紧紧围绕北方运河小城来书写，写运河风光、运河人家、小城里形形色色的人物和故事。每篇独立的文学作品，有着共同的神韵和精神指向，“在一个成长的乡村孩子的眼中，摇移出古老乡镇漫长演进的镜头片段”①，带着深深的眷恋。小说《渔谣》是典型的运河文学，收录于“运河文库”《通州作家群》一书。

刘洋自身是一位文学创作者，他的本职工作又与通州作家有着密切的联系。他致力于创建“通州——中国文学之乡”，主持通州区文联刊物《运河》、“运河文库”编辑工作。其中“运河文库”是研究通州当代作家作品的珍贵资料，“运河文库”里的《通州作家群》是

① 刘祥编《通州作家群》，中国文联出版社，2002，第177页。

一个集文本创作与评论于一体的文集，不仅收录了通州作家群的文学作品，还附上了其他通州作家对作品或者作家的评论，让研究者对 20 世纪 30 年代至今的通州作家群的创作有了系统认识，可以作为研究通州作家的重要资料参考。

楚学晶，1945 年生于通州马驹桥镇大白村。1972 年后在通县文艺宣传队、文化局、文化馆等单位工作。1988 年北京大学中文系毕业。1985 年加入北京作家协会。主要作品有小说集《七月放河灯》，报告文学《落地生根》，编写通俗历史著作《京畿丛书 · 通州卷》，编写了电视剧《秋风秋雨》、曲艺小品等。其中曲艺文学作品《大路朝阳》《丑末寅初运河篇》等获省市级创作奖。楚学晶小说集《七月放河灯》就是写通州地区农村原汁原味的生活。他的文学作品具有强烈通州地域色彩，也有浓郁的乡土气息。通州的地名、民俗谚语、婚丧嫁娶、年节礼俗，都被他融入故事。他的文学作品，带有时代气息，时代变迁、社会的变革带来的人们心理的变化都表现在对故事人物的刻画上。

孟宪良，1945 年生于北京通州西集镇小沙务村。毕业于北京大学中文系。先后在通州镇文教组、通县文化馆、县（区）文化文物局工作。1978 年开始发表文学作品，1982 年加入北京作家协会，后加入北京写作学会、北京文艺学会、北京民间文艺家协会等。孟宪良的文学创作以诗歌为主，也有散文、报告文学和小说。主要著作有《诗旅人生》，长篇报告文学《生命的春天》、《新时代的道德楷模孟宪峰》（合作），《京畿丛书 · 通州卷》（合作）等，并参加了《北京百科全书 · 通州卷》的编撰工作。其中，诗作《我呼唤生命的羽翎》《运河的桨声》等获省、市（北京）级的创作奖。

孟宪良是土生土长的通州人，他也是喝运河水长大的。北运河的船帆和桨声，已经深深印在他的记忆里，北运河的哺育之恩，流淌在他的血脉里。他对通州和运河的故乡情洋溢在他澎湃、激昂的诗作里。他的诗集《诗旅人生》有“青春诗稿”“阳春之歌”“诗旅行踪”“故乡抒情”四辑，其中“故乡抒情”是表现家园风光和故乡情感的运河诗作。

刘康达，致力于戏剧创作。1948 年出生于北京通州镇。1967 年高中毕业，1968 年到内蒙古插队，1982 年调河北省东光县文化馆，1986 年调沧州地区戏剧研究室，1990 年调通县文化馆。1985 年于山东艺术学院戏剧系毕业。中国戏剧家协会会员，通州区作家协会副主席。他一直致力于戏剧创作。他的广播剧《运河人》《红庙村》《山里娃的老师，儿的娘》《共和国赤子》《大河谣》《向天歌》等多部作品获中宣部“五个一工程奖”和广电部门“广播剧奖”等；戏曲作品《花为桥》《任尚仁外传》等获文化部、河北省、北京市授予的多项荣誉。出版过戏剧集《运河人》以及传记文学《孽阉录》（合作）等。他的戏剧作品《重逢》收录于“运河文库”《通州作家群》一书。他的戏剧作品《运河人》歌颂了新时期的运河人开拓进取、自强奋斗的精神，是运河文学代表作品。

郑建山，致力于群众文学创作和研究。他 1953 年生于北京通州西集镇肖林村。1981 年从中央戏剧学院毕业。后分配在通县文化局工作，后调县文化馆，担任文化馆文学室主任。多年来他致力于群众文学创作辅导、群众文化理论研究工作。他从 20 世纪 80 年代开始文学创作。他的主要作品有散文集《旧语新说》、长篇报告文学《大地的回声》（合作）等；专题片《献给大运河的歌》《在绿色的田野中腾飞》《一道亮丽的风景线》等；还有剧本、论文、小品等作品。他是北京民间文艺家协会会员，北京群众文化学会会员，通州区作家协会副主席。他的小说《夜》收录于“运河文库”《通州作家群》一书中，是一篇有关运河题材的作品。

郑建山也是在北运河边上长大的作家，古老的大运河留给他难以磨灭的童年记忆。他的散文集《旧语新说》收录了写童年趣事的散文、当代人物记录、通州区文教领域的研究。他的作品有对生命的关注，有对人生的思索，也有深沉的故乡情结。在第一部分写童年趣事的散文作品里，运河情怀扑面而来，蕴含一个游子既渴望远方又对故乡充满依恋的情愫。正如作家王梓夫在为郑建山散文集《旧语新说》所作的序言里说的，“故乡情结是一张突不破的网，童年便是网上的结”①。但是这个童年已经不是真实的童年，而是心灵的寄托，是想象中的精神家园。

孙宝琦，是通州作家里“迟开的花儿”。孙宝琦是北京通州镇人，1935 年出生。1948 年在甘肃省平凉市读书时就开始发表作品。1949 年参加中国人民解放军，担任过连队文化教员、团政治处宣教干事。1957 年，转业到通州文化馆，从事群众文化辅导、文学创作工作。1982 年加入北京作家协会，为中国纪实文学研究会常务理事、中国民间文艺研究会会员。出版有长篇小说《飞天侠女》，中短篇小说《魔鬼热布》《盗马贼和他的半个妻子》《傻柱子的桃花运》《选民赵老栓》，以及报告文学《来自天堂河劳改农场的报告》等。

孙宝琦十三岁就开始创作，有着丰富的人生阅历和创作经验，但是五十多岁才“开花结果”，被浩然称为“迟开的花儿”。相比 20 世纪 70 年代的其他通州作家，他的年龄大得多，但他一直对创作保持热情和勤奋，创作水平不断提高。他的作品题材比较丰富，既表现旧的世界又写新社会，既有西藏牧场的古老故事又有运河平原新农村新人物，他以通俗的艺术手法呈现笔下独特的艺术世界。收录于“运河文库”《通州作家群》一书中的小说《师傅偷艺》，用京腔京韵和充满地方色彩的语言，敏锐地捕捉落后保守的大木匠于老三在改革开放大潮兴起后的生活和思想变化。

生于河北、长在通州的作家刘亦索虽然所从事的工作离文学很远，且衣食无忧，却钟情于文学创作，殚精竭虑，痴心不改。刘绍棠和王梓夫曾为他的报告文学作序。他的报告文学集《农民的儿子》由王梓夫作序，记录了奋战在不同战线的成功人士的事迹。其中的《绿林好

---

① 刘祥编《通州作家群》，中国文联出版社，2002，第 268 页。

汉》，就记录了通县西集镇果品公司经理和林业站站长与风沙搏斗三十个春秋，为全乡筑起最富生命力的绿色林带的事迹。

生于哈尔滨、长于通州的诗歌评论家张同吾虽然没有专注于运河文学创作，而是在诗歌评论上成绩卓著，但是通州这块土地留下了他16年的脚印，就如他所说，“从23岁到39岁，我在通州工作和生活了16年，尽管那是缺乏诗意和梦幻的年代，却是人生最好的年华”[①]。另外还有生于上海、长于通州的作家钱立言，祖籍辽宁、擅长散文创作的刘维嘉，以及其他在通州生活过的作家，我们就不再一一介绍。

20世纪70年代活跃于文坛的通州代表作家，大部分受过正规的教育，有系统的知识储备；或多或少参加过文学创作学习，比如参加过文学研习所，接受过写作训练；有文艺或者与文艺相关的基层工作经验，这些基层工作经历，让作家们间接地认识生活，积累生活和工作经验，让作品更贴近生活。通州作家队伍可谓专业作家和业余作家兼具，有很多有专业水准的业余作家，在不同行业从事着管理工作，甚至所从事的职业与文学相隔很远，但这并不妨碍他们对文学的钟爱，对创作的热爱；他们重视同辈交流，彼此既为同乡又为文友，互相认识，有合作有交叉，有鼓励有批评，有扶持有提携，形成了有利于作家成长的好风气。就创作风格而言，他们的创作虽然题材多样，体裁不同，但是作家们在创作上有着共同的烙印：题材以农村题材为主，同时又进行多元题材的探索；反映新时期新生活新事物带来的心理变化，具有时代感；对故乡的书写从热衷风土人情的具体描摹升华为对乡情的细腻表达。

第三节 20世纪90年代的通州作家作品

进入20世纪90年代，通州老一辈作家还活跃在文坛上，新的作

① 刘祥编《通州作家群》，中国文联出版社，2002，第311页。

家已经涌现出来，成为通州作家代表。20 世纪 90 年代通州作家代表有红孩、张凤军、刘正刚、王昆、梦阳、彭乐山等。刘绍棠一直关心 90 年代新起作家，尤其是青年作家的动态和趋向。在他看来，“数风流人物，还看今朝”，他们是 21 世纪文学的主力军。同时，他也把 20 世纪 90 年代新起作家与自己这一代也就是 20 世纪 50 年代的作家进行比较。他认为 20 世纪 90 年代的作家起点高，都有大学学历，还多少懂得一些外文，这是新生代的优势。但是他也指出了这一代人的不足之处，并对他们提出了殷切的希望：“（20 世纪 90 年代新生代作家）却缺少五十年代作家的新旧社会经历和革命斗争的洗礼，甚至比不了八十年代作家‘经风雨，见世面’的十年浩劫的体验。我常说这一代人的灵气很高，底气不足。因而非常希望他们重视深入生活，到人民大众的生活中去充电和补给。”①

一代作家有一代作家热切关注的社会现实生活。从现实到虚幻的转变，体现了两代人所处的不同时代赋予他们的不同写作认知，不同的写作认知产生不同的写作实践。与 20 世纪 70 年代通州作家围绕现实中的故乡书写不同，20 世纪 90 年代的通州作家主要写远离故乡的乡愁和情思。前者身处故乡中，即“身在心在故乡在”，以对“我和我的故乡”的展示、反映、歌颂为基调，后者以身心游离故乡的“游子”的身份，以审视、远观、回忆的方式，唤起内心的乡愁，寄托漂泊者的情感。

在时代大变迁中，大到社会阶层小到个体生活，已经发生了翻天覆地的变化，变化之大甚至超越人们的想象。随着城市化进程加快，文化与市场的融合，生活节奏加速，价值追求多元，文学已经“风光不再”，传统文学创作面临严峻挑战，作家的地位日益边缘化。成为一名专业作家，需要勇气和坚守精神。很多作家在社会洪流中已离开自己的故乡，他们的作品虽然还在赞美故乡，全方位展示故乡的山水

① 刘绍棠：《四类手记》，北京十月文艺出版社，2018，第 312 页。

草木、民俗风情、世态人情、亲人故朋，但是这个故乡已经是记忆中的故乡而不是当下的故乡。因为作家们与故乡时空距离拉长，他们与真实的故乡、笔下的故乡已经逐渐疏离。

一 红孩：不尽乡愁滚滚来

1967年生于北京的红孩，从小在京郊农村长大，父母都是本分的农民。1984年开始从事文学创作，早期有在通州的工作经历，2003年加入中国作家协会，迄今已发表各类文学作品300余万字。他出版了长篇小说《爱情脊背》，短篇小说《城市的海绵》，散文集《阅读真实的年代》《东渡东渡》，文艺随笔集《拍案文坛：红孩文艺随笔选》《理想的云朵有多高》，诗集《笛声从芦苇中吹来》，散文鉴赏集《铁凝散文精品赏析》等，并主编过多部图书。他供职于报社，活跃于文坛，具有多种社会头衔，近期还不断有作品出版。《运河的桨声》是他于2017年出版的散文集，是“乡愁文丛”图书之一。红孩的作品既热烈地回应现实生活，又有充沛的情感、潜隐的哲思，无论是小说、散文，还是其他体裁的作品，都有诗人的炽热情感表达。

谈起作家归属地，他说他也是喝着运河水长大的。他在《运河的桨声》后记里这样说：“我也是个农民的后代。我的家乡在北京东郊双桥农场，通惠河与萧太后河穿境而过，其下游的交汇处就是著名的千里京杭大运河。20世纪50年代前，双桥地区原归属通州，后来才划到朝阳区。因此，当有人把我列入通州籍作家，我从心里是不反对的。”① 在通州当代文学史上，前有刘绍棠的运河书写，后有王梓夫的《漕运码头》及其他优秀作家的作品。红孩对当代通州作家前辈充满敬意，在与同乡作家交往中感受到浓厚的同乡之谊。他在散文《来不及悲伤》里提到与刘绍棠交往的一件事：1995年，红孩为北京通州一家企业写了一本报告文学，请通州籍著名作家刘绍棠作序。虽然当时

① 红孩：《运河的桨声》，大象出版社，2017，第226页。

的刘绍棠身体已经不听使唤，但他重乡情，一听说是通州的事，就为红孩的作品写了两千字的序言《床与人》。红孩说："在文中，刘先生除了对我作品的肯定，更多的是对通州的企业家们提出了殷殷期望，让人们不要骄傲，要经常揽镜自照。"① 红孩对当代通州作家刘绍棠、王梓夫推崇备至："要说研究运河，写运河，有两个通州籍的作家不能回避，一个是刘绍棠先生，另一个是王梓夫先生。刘绍棠先生是神童，少年成名，蜚声海内外，一辈子写运河，被誉为大运河之子。王梓夫先生是绍棠先生的晚辈，在通州出生、工作，后来调到北京人民艺术剧院担任编剧。人虽然到了京城，但心却一直在通州。"②

虽然红孩 2001 年创作的散文《阳光是否可以切片》同其他当代通州作家作品一起被收录于"运河文库"《通州作家群》一书，但他写运河文学题材的作品并不是很多。不过他新出版的散文集《运河的桨声》却集中聚焦家乡记忆，作为"乡愁文丛"系列图书之一推出。《运河的桨声》在"百花深处""心若琴弦""不尽乡愁""老街旧坊"四辑 41 篇散文中，选择了第三辑"不尽乡愁"里的一篇散文《运河的桨声》的标题作为书名，可以看出作家内心斩不断的运河情思。正如他在自己的后记里所说，"从文学的血液里，我还是很愿意融入大运河文学这支队伍里的"③。这也说明，无论环境如何变迁，作家境遇如何变化，不能更改的是一代人的故乡记忆。

作品字里行间流淌着乡愁，而回到现实中来，记忆中的故乡已经不在："我在农场生活了二十几年，在那里有我的亲人，也有许多的乡情、同学、工友，虽然我离开农场二十几年了，可我的心始终与那块土地紧密相连，尽管农场后来所发生的种种变化并不是我所能接受的。"④ 这并不妨碍他用审视的目光观察故乡、书写故乡之余，还对故

① 红孩：《运河的桨声》，大象出版社，2017，第 76 页。
② 红孩：《运河的桨声》，大象出版社，2017，第 152 页。
③ 红孩：《运河的桨声》，大象出版社，2017，第 226 页。
④ 红孩：《运河的桨声》，大象出版社，2017，第 227 页。

乡怀有热爱，以及将这份热爱和情感化为对历史责任的担当。“前几年，我曾将北京郊区的作家召集到一起，提议大家团结起来，尽快创作出一批反映我们北京郊区的文学作品，这既是我们的情感需要，也是我们的历史责任。”① 红孩呼吁一批有志于此的作家，聚焦北京郊区创作出一批优秀的精品力作来，他的散文集《运河的桨声》就是对记忆中故乡的人和事，以及温暖而苍凉的乡愁的书写。

二 张凤军、刘正刚、梦阳、张果珍、李东等作家

时代在变，当代通州作家对文学的坚守没有变。每一代作家都努力接过上一代的接力棒，把通州的文脉传递下去。“通州是已故著名作家刘绍棠的发迹之地，他和浩然都曾不遗余力地在通州扶掖文学新人，并取得了成绩。现在，张宝玺、刘洋、红孩他们又接过绍棠和浩然手中的接力棒，继续发扬这个传统，与地方的领导同志一道，花费心血培养文学新人。他们手中举着《运河文库》这面旗帜。在我的理解中，‘运河’不仅是地理山川的概念，而且也是文学的概念，是指在题材和风格的意义上的乡土文学。他们把一些近年来崭露头角的、有才能、有成绩的文学作者，都吸引和集中到自己麾下来了。”② 张凤军、刘正刚、梦阳、张果珍、李东等当代通州作家都是运河军团的新成员，他们以不同题材、不同风格承继、拓展运河文学题材的表现领域。

张凤军——关注京东农民命运。张凤军是这个时期通州乡土文学青年中新起的比较突出的作家。笔名风潇潇，1964 年生于北京通州小甸村，师范学校毕业后从事过教师职业，后转入教科文委工作。20 世纪 90 年代开始文学创作，从事文学创作时间不长，但是成绩引人瞩目。他出版过中篇小说集《鲫瓜子闹鱼塘》，报告文学《通胡路一期工程长镜头》《来自北运河的新闻》，主编过报告文学集《潮起运河》，

① 红孩：《运河的桨声》，大象出版社，2017，第 227 页。
② 刘祥编《通州作家群》，中国文联出版社，2002，第 276 页。

还发表过诗歌、散文等作品。他的小说《赖人王老五的赖皮赖脸事》收录于"运河文库"《通州作家群》一书。

张凤军的作品主要围绕北运河、通州来写。他擅于敏锐地捕捉和把握现实生活事件和人物，通过艺术化加工，运用京东老百姓的口语，讲述不同历史时期京东农民的故事，从他的作品中可以窥见京东一段历史的面貌，是运河文学的代表作家之一。他的中篇小说《鲫瓜子闹鱼塘》《最后一个看守》等都是运河文学的出色作品。

刘正刚——写出通州"俗"味和精气神儿。刘正刚 1963 年生于北京通州宋庄镇任庄村。20 世纪 80 年代初开始文学创作，他的创作以小说为主，出版有中短篇小说集《惊蛰一犁土》，兼写散文、报告文学、通讯等。他的小说《杠房祖孙》再现了当年通州地区充满地方色彩的传统乡规、民俗流变，以及蕴含其中的精神气节。这篇小说收录于"运河文库"《通州作家群》一书。

通州诗人梦阳（狼孩），1964 年生于北京通州，曾供职于银行。出版爱情诗集《情债》，现代探索诗集《石头身伤》《带血的齿痕》《巨吻》《苍凉世纪》《创世之梦》《生命之旅》等，并多次获奖。中国诗歌学会会员。他的《狂人之歌》收录于"运河文库"《通州作家群》一书里。

张果珍——关注北运河女性的命运。张果珍是通州为数不多的女作家之一，1943 年生于北京通州永乐店镇小海子村。师范学校毕业后，从事教师工作多年。从一名文学爱好者成长为一名作家，她出版有中篇小说集《那一朵白玉兰》，在报刊上发表多篇报告文学、散文、诗歌。张果珍的小说《棒槌》收录于"运河文库"《通州作家群》一书里。她以小说的文学体式书写北运河地区不同时期的女性生活和情感，人生和命运。她以生动感人的语言、对女性人物形象的生动塑造、对农村生活准确把握，探索了女性的命运和价值。在运河文学中，以文化视角探寻农村女性群体、反思女性的价值，是一种可贵的进步。身为张果珍的老师张同吾为张果珍的小说集《那一朵白玉兰》作序，虽有师生之情，张同吾却以文学评论者的视角，给予了小说集非常中肯、客观的评价。他认为，“果珍对农村生活十分熟悉，对农民的生活习俗、人情世故、心理形态、行为方式，都有准确的把握和细腻生动的描绘，她的小说可视为北运河地区乡间民俗的集萃”[①]。同时也指出她在生活视野、文化内涵、精神容量等方面存在不足之处。

李东——运河走笔。李东 1943 年出生于北京通州永乐店镇半截河村。师范学校毕业后，一直从事语文教师工作。他从 1990 年开始文学创作，他的文学作品涉及儿童文学、散文随笔等。2001 年出版的散文集《运河走笔》，收录了《东海子忆旧》《一支塔影认通州》《魂系八里桥》《绿满通州》《老柳树》等作品。这本散文集描绘了绚丽多彩的运河风情画，展现了北运河河畔令人向往的乡土生活，表现了对家乡通州水土的热爱。散文《东海子忆旧》收录于“运河文库”《通州作家群》一书。

这个时候的通州作家的作品，乡土气息稍弱、地域色彩变淡、作家创作风格各异。在对运河的书写中，运河情结不仅仅表现在地域层面，还表现为一种心灵层面的皈依，它已然成为一种精神守望、文化记忆。但这也无须担心，无论是地域层面书写，还是乡愁的文化记忆追溯，都是作家对其根系的凝视。“我们强调保护中国的传统文化，而传统文化当中就有乡愁。乡愁是中国人热爱家乡、牵念故里的独特情结，是一种美好自然的文化观念。社会越是变化、越是浮躁，这种情结就越显珍贵。乡愁也是一种寻根意识，记住乡愁，记住美好的童年，记住美好的向往，也便是铭记我们的根本”。[②]

当代通州作家张同吾说：“我迄今不能准确地给乡土文学以概念界定，是否可以说以乡土为基生长的生命之树？是否可以说是地域文化、乡恋情结和灵魂家园的融汇？如果大体可以认同，那么这是一个宏大的流动的文化之泽，既有深厚的稳定的文化积淀，又是不断发展

① 刘祥编《通州作家群》，中国文联出版社，2002，第 313 页。

② 红孩：《运河的桨声》，大象出版社，2017，第 1 页。

的文化体系。如果叙述语言和描绘语言，既不失个性风韵又容现代色彩，以当代人的鲜活和洒脱，叙述古老的故事，就更能体现时代感。”① 当代通州作家，特别是业余进行创作的当代通州作家，需要更加努力挖掘生活深度，拓展文化视野，开拓精神天地，增强现代意识，在超越中完成对运河书写的回归。

第四节 “网络文学+”时代让运河文学发展迎来新契机

21 世纪是科学发展史上的重要纪元，尤其是第三次科技革命，对人类社会各个领域都产生了深刻而广泛的影响，特别是计算机网络技术作为第三次科技革命中最突出的核心技术，成为信息社会到来的主要标志之一。它为网络社会和信息产业发展奠定了基础。进入 21 世纪，人类社会进入知识经济时代，科学技术成为人类社会发展的主导力量。信息技术、生物技术、纳米技术等新技术的广泛应用，带来了社会的高速发展。2012 年前后，“大数据”成为热词，大数据时代应运而生。人们越来越感受到，信息爆炸时代产生的海量数据不仅对生产生活各个方面产生深远影响，还带来了思维方式的变革和看待世界方式的改变。

在这样一个时代，传统文学在信息时代被裹挟着前进，经历过冲撞和阵痛，还是顽强地占据一席之地。网络文学从锋芒小试到在质疑中成长，从 1998 年中国第一部网络小说《第一次的亲密接触》面世到今天在跌跌撞撞中已然走过二十年，迎来了“网络文学+”时代。人工智能文学创作让人耳目一新，随着自然语言技术的不断突破，人工智能不仅能绘画、作曲，还能写出古色古香的诗句、优美的现代诗，甚至人工智能机器人“微软小冰”出版了原创诗集《阳光失去了玻璃

① 刘祥编《通州作家群》，中国文联出版社，2002，第 314 页。

窗》。人工智能在不同文学题材上都有亮眼的表现，日本研发的人工智能机器人所创作的科幻小说《电脑写小说的那一天》成功“骗”了评委，入选了日本“微小说”文学奖。人工智能还在新闻稿件撰写上成绩惊人。资料显示，2014年美联社使用人工智能软件技术，每季度为美国和加拿大上市公司撰写营收报告近3700篇。2014年人工智能自动写作程序“Automated insights”已撰写超出10亿篇的新闻稿件。传统文学“风韵犹存”，网络文学“青春勃发”，人工智能写作“耳目一新”。在这个多元的时代，有多元的文学需求，必然有多元的文学存在方式。作家从创作观念、创作方式、读者接受方式上都要接受新技术革命的“洗礼”。拥抱变革，让文学创作与新技术结合起来，“人机协同”才能适应社会变革。

一 当代通州作家的新时代

新时代的运河文学随着大运河文化带建设，迎来新的发展契机。从大的社会环境而言，中国大运河与万里长城一直被视作中华文明的伟大标志性工程。它是世界上开凿最早、至今仍在延续使用的活态遗产，被列入《国际运河古迹名录》，被视作世界水利工程史上的里程碑。进入21世纪，中国大运河在2014年6月22日被正式列入《世界遗产名录》，中国大运河拥有世界文化遗产的身份，成为中国遗产“走出去”的标志性品牌。2017年6月4日，习近平总书记做出批示，要把大运河“保护好、利用好、传承好”，标志着大运河文化带建设拉开序幕，建设大运河文化带有望成为国家发展战略。这两个标志性事件，使大运河文化带建设进入了新的阶段，迎来新契机，从官方到民间都兴起关注大运河文化带建设的热潮。运河文学作为大运河文化带的一个组成部分，也迎来了新创作热潮。这种创作热潮，既包括传统文学创作，又包括与新技术结合的网络创作，在“网络文学+”时代呈现出新的亮点。

通州作为北京城市副中心的定位给予当代通州作家新的历史使命。

2012年，在北京市第十一次党代会上，北京市委、市政府明确提出“聚焦通州战略，打造功能完备的城市副中心”。这是北京市围绕中国特色世界城市目标，推动首都科学发展的一个重大战略决策。北京城市副中心建设是为调整北京空间格局、治理大城市病、拓展发展新空间的需要，也是为推动京津冀协同发展、探索人口密集地区优化开发模式的需要而提出的。2017年2月，习近平总书记考察北京城市副中心时指出：“站在当前这个时间节点建设北京城市副中心，要有21世纪的眼光。规划、建设、管理都要坚持高起点、高标准、高水平，落实世界眼光、国际标准、中国特色、高点定位的要求。不但要搞好总体规划，还要加强主要功能区块、主要景观、主要建筑物的设计，体现城市精神、展现城市特色、提升城市魅力。”

北京城市副中心不仅高度重视城市外在形态的建设，也注重文化精神内涵的培育。通州有着古老的历史和丰富的文化遗产，深入挖掘以大运河为核心的历史文化资源，古为今用，丰富通州作为北京城市副中心的文化品位，擦亮通州的文化名片，是北京城市副中心文化建设的重要部分。大运河文化，是“运河城市群域性文化”，是中国古代农业创造出来的城市群文化，也是独一无二的“活”的文化遗产，与中华民族精神同根同脉。大运河文化有物质文化和非物质文化之分，文学作为大运河非物质文化的组成部分，属于隐性文化，蕴藏着丰富的文化资源、文化信息、文化灵魂，是研究大运河文化的精神路标和打开大运河文化宝库的钥匙。通过文学文本书写表现大运河文化精神的实质，是每一位当代通州作家肩负的新使命和新责任。

很多作家敏锐地捕捉现实生活，关注大运河文化建设，并身体力行进行创作。相比较而言，当代通州作家具有得天独厚的优势。国家战略层面的倡导、通州的发展新机遇、科学技术带来的新变革，都为当代通州作家创造了优越的外部环境。当代通州作家从来就有专职作家和业余作家“会聚成群”的文学向心力，有创作的热情和积极回应现实生活的写作传统，也积累了一个老中青作家会聚的创作资源库。

现实生活的多样性、丰富性，为作家创作提供了新鲜的生活素材，换句话说，在多彩的现实生活面前，每一位立志于写作的人，都不仅是见证者，还是参与者，更应该是大有可为的时代书写者。写通州、写运河，写浸润在童年记忆的一抹乡愁，是每一位当代通州作家对家乡的诚挚关切。通州政府和相关部门，一直注重培养、培育、扶持当代通州作家的成长，在当代文学不同历史阶段，都用各种形式关心、关注和支持通州的写作力量，这一点甚为可贵。

二 当代通州作家传统书写热情不减

天时地利人和，当代通州作家已经在路上。老一代作家创作热情不减，以“老骥伏枥壮心不已”的精神推出反映通州变革的作品，如20 世纪 70 年代代表作家王梓夫最新出版的长篇小说《梨花渡》就是写运河、写通州改革 30 年的变迁。20 世纪 90 年代代表作家红孩的《运河的桨声》，书写了无处安放的乡愁记忆。与之前的作家单纯地讴歌家乡不同，这个时期当代通州作家对运河文学的书写，在讴歌、回忆之余，多了审视、批判的角度，多了冷静、客观的思考，这恰巧说明他们“责之深爱之切”的故乡情思。他们呼吁，在时代洪流中，让故乡家园保持青山绿水的自然本色，保持纯正淳朴、家国天下的民风，能够在物欲横流的世界找到精神的归宿和不变的初心。

当代通州作家多以传统文学的方式进行创作，在小小的文学天地里，守着运河望着通州，默默耕耘。如 20 世纪 50 年代生人、通州籍作家刘维嘉，笔名“运河雄鹰”，他是北京市残疾人写作学会副会长，中国大众文学学会、中国散文学会、中国报告文学学会、北京作家协会、河北省采风学会会员，华夏文化传媒网特约记者。他的作品散见于《时代报告·中国报告文学》《散文家》《北京作家》《散文百家》《当代人》《中国作家网》等百家报刊网站，其作品入选《中国散文大系》等 20 多部文集。刘维嘉所著的散文集《永年花糕》《运河畔抒怀》《水墨隘江村》，分别被中国国家图书馆、“运河文库”和浩然文学纪念馆永久收藏。至今，已在全国60多家报刊上发表散文、随笔、文学评论、报告文学、纪实文学作品达150多万字，并获得首届“林非散文奖”等各种散文奖、新闻奖20多项。近期，当代通州作家刘维嘉的散文《大茅山，绿色的山》获得由中国文联、黑龙江省作家协会、青海省文联所属文学期刊联合主办的2017年第五届全国人文地理散文大赛一等奖，大赛组委会和中国大众文学学会还授予刘维嘉“中国旅游散文创作金牌作家”称号并颁发了荣誉证书。刘维嘉的文化随笔《记忆里的万通酱园》发表在北京市通州区文学艺术界联合会主办的文学季刊《运河》2018年第4期上。发表于这期文学杂志的作品还有王梓夫的长篇小说《梨花渡》（连载），刘洋的散文《潞水三章》，郑建山关于“文化通州”主题的评论文章《张宝玺与张宝玺现象》、王梓夫的为《百年潞河》所作的序，等等。2018年第4期的《运河》杂志有20余篇作品，分布在“小说画廊”“散文之页”“征文诗选”“文化通州”“文联简讯”五个版块。通过《运河》期刊可以看出，在经济唱戏、文学边缘化的今天，通州还为《运河》这样一份写通州、写运河的纯文学刊物保有一席之地，不愧为“文学之乡”；在多样化的人生选择和诱惑面前，当代通州老中青三代作家们还在砥砺前行，保持低调而昂扬的文学书写姿态，这让每一位为通州书写、为弘扬运河文化书写过的前辈感到欣慰，也让每一位心系通州、情系运河的后辈深感敬佩。

在保持传统文学创作的同时，当代通州作家也在写作方式上与时俱进。有些作家通过博客、微博等新媒体方式在网络平台开垦另一片文学天地，线下线上“两条腿”走路，让运河文学的传播更加便捷，让不同的读者群体都能感受运河文学的魅力，体悟运河文化的风采。如刘维嘉以“运河雄鹰”为名开通了新浪博客，在发表的近两千篇博文里，关于文学作品、生活记忆、通州记忆、文学活动的内容占了很大的比例，大多围绕通州、运河而写。通过通州生活记忆的记录、文学作品创作、文学活动交流，记录通州，书写运河，弘扬运河文化。

三 “网络文学+”时代，运河文学迎来新契机

网络文学从1998年第一部网络小说《第一次的亲密的接触》面世，至今已经走过了二十年。网络文学从蹒跚学步到与传统文学并肩而行，它正在迎来发展的最好时代。网络文学的触角深入网络时代每一个角落，其书写反映着现实与虚拟世界，培育了一批年轻读者，也出现了一批网络文学佳作。一批熟悉网络、善于借助网络载体进行文学创作的作家，在国家大力倡导大运河文化研究的背景下，在有关政府部门积极引导下，积极投入以运河为主题的文学创作中来。

网络文学作家们积极挖掘运河文化的资源，以此展开运河文学的集中书写。在短时间内，从选题论证、选题确定到重点项目孵化，运河题材的文学作品取得了可圈可点的成绩。北京市新闻出版广电局组织专家召开了以“大运河文化”为主题的网络文学选题论证工作会。来自中国作家协会、出版单位和高校的8名专家、学者与文艺评论家，从主题性、思想性、文学性、创新性、可行性5个维度，对18家网络文学出版服务单位（文学网站）报送的105部作品选题进行论证。在经过严格的论证后，遴选出17家单位选送的32部作品选题，并将其确定为重点孵化项目（见表2-1）。被遴选出的32部作品无论是在选题立意、构思、人物刻画、情节设计上，还是在弘扬“大运河文化”主题等方面都表现优秀。不仅具备明显的网络文学特征，还有一定的文学创作水平，而且具有改编成影视、游戏等作品的潜质和可行性。北京市新闻出版广电局组织专家、学者和资深文学编辑，对入选的重点选题孵化项目作品的作者，进行了“一对一”式专门辅导与培训。对完结的作品进行专项评审，精选20部左右的优秀作品予以一定资金资助，并在第二届中国“网络文学+”大会上发布评选名单。开展以“大运河文化”为主题的网络文学作品征集活动，是北京市新闻出版广电局为深入学习宣传贯彻党的十九大精神和习近平总书记视察北京通州时做出的重要指示精神，落实北京市委、市政府建设全国文化中

心工作部署，切实引导网络文学单位“加强现实题材创作”的一次有益尝试，有效地促进了网络文学质量效益的提升，引导网络文学健康发展。

表 2-1 “大运河文化”主题网络文学重点选题孵化项目名单

序号	网站	项目
1	铁血网	《漕运天下》
2	天下书盟	《通惠河工》
3	铁血网	《长河左岸》
4	掌阅科技	《运河传奇》
5	掌阅科技	《转九门》
6	凤凰网	《京杭之恋》
7	大麦中金	《运河青云梦》
8	点众科技	《策马春风堤上行》
9	点众科技	《运河天地之大明第一北漂》
10	掌阅科技	《大河运》
11	中文在线	《香河老人》
12	阿里文学	《烟远水长》
13	阿里文学	《运河码头》
14	凤凰网	《运河逐梦》
15	凤凰网	《千古传奇郭守敬》
16	晋江文学城	《天才基本法》
17	晋江文学城	《又是青春年少》
18	磨铁文学	《运河造船记》
19	纵横文学	《运河武工队》
20	大麦中金	《运河魂》
21	地质出版社	《大运河会馆传奇》
22	点众科技	《运河天地之武运天河》
23	点众科技	《运河天地之问荆》
24	中文在线	《穿越大运河》
25	中毓文化	《运河上的家》
26	爱奇艺文学	《大运河传奇：河运图》
27	百科在线	《龙凤传奇》

续表

序号	网站	项目
28	大佳网	《静静的运河》
29	晋江文学城	《每天上班都在穿越》
30	黑岩网	《大运河之蓝色通天路》
31	纵横文学	《激流勇进》
32	磨铁文学	《通波行》

注：按专家评分高低排序。

资料来源：http：//www. chinaxwcb. com/2017-11/22/content_ 364053. htm。

北京市新闻出版广电局自2015年开展推荐优秀网络文学原创作品活动以来，已向广大读者推荐了72部优秀作品，多部作品获得了国家多个奖项。2018年4月，北京市新闻出版广电局印发了《关于开展2018年向读者推荐优秀网络文学原创作品活动的通知》，共有25家网络文学出版服务单位和有关文学网站申报作品135部。经过专家初评、复评、终评和向社会公示等程序，最终遴选确定向读者推荐《运河造船记》《一路走过：改革开放40年纪实》《大明长城风云》等21部优秀作品（见表2-2）。这些作品聚焦改革开放40周年和全国文化中心建设现实主题，以高质量网络文学作品满足广大网民的精神文化新期待。2018年9月16日下午，第二届中国“网络文学+”大会闭幕式在北京亦创国际会展中心举行。2018年度向读者推荐的21部优秀网络文学原创作品在大会闭幕式上公布。

表2-2 2018年北京市新闻出版广电局推荐优秀网络文学原创作品活动拟入选名单

序号	申报单位（网站）	作品	题材类型
1	北京磨铁数盟信息技术有限公司	《运河造船记》	大运河
2	北京天下书盟文化传媒股份有限公司	《通惠河工》	大运河
3	北京晋江原创网络科技有限公司	《他站在时光深处》	现实题材
4	北京幻想工场文化传媒有限公司	《犯罪画师》	悬疑
5	广州阿里巴巴文学信息技术有限公司北京分公司	《运河码头》	大运河

续表

序号	申报单位（网站）	作品	题材类型
6	中文在线数字出版集团股份有限公司	《武林大爆炸》	现实题材
7	北京幻想纵横网络技术有限公司	《剑王朝》	玄幻
8	北京磨铁数盟信息技术有限公司	《双骄》	言情
9	北京豆网科技有限公司	《盘锦豹子》	现实题材
10	北京天盈九州网络技术有限公司	《京杭之恋》	大运河 现实题材
11	北京大麦中金科技有限公司	《北洋秘闻》	大运河
12	掌阅科技股份有限公司	《临清风云》	大运河
13	广州阿里巴巴文学信息技术有限公司北京分公司	《搏击霸主》	现实题材
14	北京智达三江网络教育科技有限公司	《大明长城风云》	长城
15	北京点众科技股份有限公司	《运河天地之运河武工队》	大运河
16	北京天盈九州网络技术有限公司	《一路走过：改革开放40年纪实》	现实题材
17	北京爱奇艺科技有限公司	《二胎驾到》	现实题材
18	北京铁血科技股份公司	《漕运天下》	大运河
19	掌阅科技股份有限公司	《运河传奇》	大运河
20	北京大麦中金科技有限公司	《运河青云梦》	大运河
21	中版集团数字传媒有限公司	《静静的运河》	大运河 现实题材

资料来源：http：//wemedia. ifeng. com/77031782/wemedia. shtml。

这21部作品具体信息如下。

1. 北京磨铁数盟信息技术有限公司选送的《运河造船记》（作者：苏娜。笔名：苏家大小姐）。

2. 北京天下书盟文化传媒股份有限公司选送的《通惠河工》（作者：翟鹏延。笔名：翟鹏延）。

3. 北京晋江原创网络科技有限公司选送的《他站在时光深处》（作者：陶洛潇琪。笔名：北倾）。

4. 北京幻想工场文化传媒有限公司选送的《犯罪画师》（作者：葛圣洁。笔名：葛圣洁）。

5. 广州阿里巴巴文学信息技术有限公司北京分公司选送的《运河码头》（作者：房静。笔名：房忆雪）。

6. 中文在线数字出版集团股份有限公司选送的《武林大爆炸》（作者：郭海峰。笔名：傻小四）。

7. 北京幻想纵横网络技术有限公司选送的《剑王朝》（作者：王辉。笔名：无罪）。

8. 北京磨铁数盟信息技术有限公司选送的《双骄》（作者：汪奕垟。笔名：尼罗）。

9. 北京豆网科技有限公司选送的《盘锦豹子》（作者：班宇。笔名：坦克手贝吉塔）。

10. 北京天盈九州网络技术有限公司选送的《京杭之恋》（作者：周艳乔。笔名：苏曼凌）。

11. 北京大麦中金科技有限公司选送的《北洋秘闻》（作者：陈亮。笔名：燕赵散人）。

12. 掌阅科技股份有限公司选送的《临清风云》（作者：唐国松。笔名：隔壁小王）。

13. 广州阿里巴巴文学信息技术有限公司北京分公司选送的《搏击霸主》（作者：作者李伟。笔名：屠苏）。

14. 北京智达三江网络教育科技有限公司选送的《大明长城风云》（作者：蔡白玉。笔名：蔡白玉）。

15. 北京点众科技股份有限公司选送的《运河天地之运河武工队》（作者：王宏。笔名：最后一名）。

16. 北京天盈九州网络技术有限公司选送的《一路走过：改革开放40年纪实》（作者：官亚兵。笔名：路远）。

17. 北京爱奇艺科技有限公司选送的《二胎驾到》（作者：艾静一。笔名：猗兰霓裳）。

18. 北京铁血科技股份公司选送的《漕运天下》（作者：赵华。笔名：沙场点兵）。

19. 掌阅科技股份有限公司选送的《运河传奇》（作者：周健。笔名：花尾龙）。

20. 北京大麦中金科技有限公司选送的《运河青云梦》（作者：梁怿炜。笔名：卫易）。

21. 中版集团数字传媒有限公司选送的《静静的运河》（作者：李季彬。笔名：李季彬）。

如上所述，在2018年度向读者推荐的21部优秀网络文学原创作品名单中，以运河为题材的作品有11部，占入选作品总数的52%，是运河网络原创文学的优秀代表。这些作品展现了以运河为主题的网络文学近期创作的全貌。具体内容简要介绍如下。

《通惠河工》全景展现了一幅新中国当代河工的浓情画卷，弘扬了爱国主义精神。作品讲述了一个河工世家出身的青年学生陈盼，毕业以后不顾父亲和女友的反对，进入北京朝阳区河湖管理处工作的故事。在故事的推进中，运河河工家庭老中青三代人的观念冲突逐渐展开。随着通惠河清淤工程的展开，在爷爷陈镜河的影响下，父亲和女友渐渐转变了观念，对陈盼开始变得理解和支持。《通惠河工》围绕一个普通人从事大运河河工工作进行叙述，以生活在河边的一家三代人对大运河的情怀和情感羁绊为线索，以通惠河清淤工程为背景，以平凡的劳动者做小说的主角，描写普通人的敬业精神，讲述普通人对家乡、对祖国的最质朴可贵的热爱之情。作品传达了震撼人心的民族精神力量，作品主角认为，只有每个人都踏踏实实，做好自己的本职工作，才会有真正的大国工匠，才能有真正的工匠精神。在艺术手法上，《通惠河工》以贴近现实的写作手法，细腻自然的情节描写，爱情、亲情的感情纠葛，接地气的人物形象，受到了大量读者的追捧与喜爱，是近年来爱国主义小说中难得的精品佳作。

《运河造船记》由“荔枝救父”“江南恶钱”“疏通运河”“平定

水盗”“大唐中兴”5个卷本组成。通过主人公“苏韵”这一情系运河、有勇有谋、有责任担当、具有工匠精神和家国情怀的女造船人的故事，讲述京杭大运河儿女情系天下苍生，见证家国荣耀的故事。作品以历史人物“俞大娘”为原型，以安史之乱那段特定的历史为叙事的时间维度，以唐代京杭大运河沿岸城市为空间维度，以造船事件推动情节发展，碰撞出了一段关于家国情怀、工匠精神、民族复兴多重主题意义的传奇故事。作品将虚构的人物和故事嵌入真实的历史时间和历史人物，自然流畅，“穿越”千年再次回望和重塑这段历史和传奇，展现了独特的历史文化风貌、历史人物的精神风骨、大国精神气象。作品通过一个个故事激活了历史片段，完成了一个穿越时空的文化语境对话。

《运河传奇》的故事背景设在大明王朝隆庆年间。大明帝国国家机器病入膏肓，国运衰退。贪官横行，外敌入侵，漕运停滞，运河堵塞，水患严重，民不聊生。主人公李秋明生下来就与水结缘，生在黄河边，长在黄河边，被老道士誉为“西天观世音菩萨莲花池中的金鳞锦鲤下凡转世投胎为人”，人称“金鳞游鱼儿”。李秋明从躲避水患闯荡京城的少年，因缘际会，成长为一名治理河患、情系运河、心系百姓的官员。他整治贪官污吏和地方乡绅、清除匪患、开仓赈灾，被小人欺压，仍然不忘治理河患，探查河患根源，在狱中研究冲沙法，念念不忘绘制运河水系图，整顿运河，恢复运河的通畅。在他的努力下，黄河河道再一次恢复了安宁，京杭大运河恢复了往昔的繁荣。作品结构完整、叙事流畅，人物塑造完整立体，带有淳朴的民间气息和民间情怀。将一个小人物的命运融入时代变迁，让其以亲历者、见证者、参与者的身份进入一段历史、一段关于运河的传奇，立意新颖，视角独特。写出了大时代背景下的小人物，小人物眼里的大时代。从小人物的奋斗历程，反射特定的时代和运河治理的变迁。跌宕起伏的人物命运和心理路程，魂牵梦绕的运河情结，造福百姓的信念，远离故土的乡愁，都是推进故事情节的内在情感力量。

《京杭之恋》以都市爱情为题材，以一个在景泰蓝工艺厂工作四十多年退休的老人谢京福与养子傅华两代人之间细腻、曲折的情感故事为主线，展现了大运河畔都市人的生活变迁和情感历程以及柔中有刚的运河文化内涵。

《北洋秘闻》立足于真实的民国社会现实，以主人公凤鸣岐从纨绔子弟成长为爱国人士的经历为主线，介绍了大运河上影响全国的漕运行业中一些不为大众所知的规矩及神秘文化，弘扬了运河文化精神，彰显了每个人身上的民族使命感，奏响了时代旋律。

《临清风云》讲述了明朝嘉靖年间运河沿岸临清一个百年望族兴衰荣辱的传奇故事。这种历史叙事，既真实还原了明中后期政治上的风云变幻，反映出运河岸上繁荣经济民生，又虚构了这一特定时空背景下，一个家族百年的兴衰和贯穿其中的爱恨情仇、家国情怀，将历史的真实和艺术的真实完美地融为一体。既有宏大叙事的波澜壮阔，又有用心勾勒的细腻柔美，有很强的思想性、审美性、可读性。故事内容雅俗共享，生动有趣，富有传奇色彩。人物栩栩如生，跃然纸上。情节跌宕起伏，高低流转。有才子佳人的恩怨情仇、朝野的残酷倾轧，有抗击倭寇的英雄气概、革新弊政的改革勇气，有落第秀才的才华横溢、青楼女子的深明大义，也有帝王深沉的心术、民间的疾苦。在故事和人物背后，荡涤出理想主义的光辉、家国天下的热忱、中华民族儿女赤胆忠心的浩然正气。

《运河码头》在尊重历史的基础上，以小见大，用写实笔法讲述了民国年间运河边苏北古镇两大家族的经商故事。作品将商战、世情、家族史与运河史融为一体，表现了重信义、识大体的中国传统商业伦理，弘扬了中华传统文化，传递了积极向上的精神力量。《运河码头》展示了大运河留给世人的，不仅是宝贵的物质财富，更是中华民族智慧的结晶和精神的图腾，让读者油然而生身为炎黄子孙的自豪感和荣誉感。正如作者房忆雪所说，《运河码头》能够获得行业内外的认可，最让她高兴的不仅是获奖本身，而且通过这部作品所传递出来的中国文化得到了人们的认同。

《运河天地之运河武工队》写 1942 年，苏运昌奉冀东军分区之命，回到日伪严密防范的通县、香河和武清等地组建敌后武工队的故事，在通县，与日伪集团进行了严酷而激烈的交锋，最终建起了纵横三县的运河武工队。

《漕运天下》刻画了明代贤臣于谦的忠勇品质，再现了于谦治理漕运的历史，并讲述了大运河贯通中国南北数千公里，为南粮北运，为国家统一、抵御外辱、文化交流做出的巨大贡献，以及与之息息相关的国家命运、民族大义。

《运河青云梦》讲述了明嘉靖初中国正式进入白银时代，国家自身经济蓬勃发展，需要一条连接南北（江南至北京）的运输动脉，这时有人提出修缮大运河（通州港）方案，围绕着修缮大运河的目的和过程，江南新老商业格局也开始发生变化……以经营粮食为主的传统商业的巨商西门氏家族受到冲击，而原本只是小商人的孙氏家族抓住机遇试图崛起，而经营海盐的官商成氏家族同样在这场变革中遭遇种种矛盾。小说在个体命运的诠释中，弘扬了中华民族传统文化、民族精神、价值追求，以及人文情怀。

《静静的运河》通过“雨夜抢妾”“地主保镖”“土匪老窝”“联手剿匪”“上了贼船”等篇章，讲述了民国年间大运河河边上的刘村发生的故事。百余户人家的刘村世代以大运河为生。这个村庄以刘、王、张、倪四大姓为主，还有零散的小姓人家。地主刘少堂从南京买回貌美的吴盈月做其二房，却不料引来对岸土匪朱成国的垂涎，故事由此展开。作为反映运河流域社会历史的大运河文化作品，这部小说在 2018 年 5 月获得第三届海峡两岸新媒体原创文学大赛银奖。这部作品富有文学表现力，故事跌宕起伏，引人入胜，可读性很强。

此外，参选的“百世经纶”的作品《运河天地之武运天河》、王宇飞的作品《运河天地之问荆》、“源子夫本尊”的《运河天地之大明第一北漂》、“十里锦”的《运河天地之锦绣山河》、“锦沐”的作品

《运河天地之策马春风堤上行》虽然没有入选优秀网络文学原创作品推荐名单，但是也在运河文学方面进行了多种维度的探索。

值得一提的是，以运河文化为主题的 IP 上线，在中国传统文化与网络文学深度结合上进行了有益的创新和探索。如“运河天地网”正式上线，为挖掘运河故事、弘扬运河文化提供了良好的平台。2017 年 10 月 12 日，第二届北京十月文学月开幕。10 月 13 日，作为北京十月文学月网络文学版块活动之一的运河天地网在千龙网·中国首都网举行了启动仪式，并推出了千龙网与点众科技共同制作的系列访谈《文学大运河》首期节目。《文学大运河》系列访谈节目共十期，将会邀请许多文学名家带来他们创作的与大运河相关的文学作品。

“运河天地网”（http：//yunhetiandi. cn/）所阐释的世界观和核心理念：《滕王阁序》中有云“星分翼轸，地接衡庐”。神星在天，明灭变化，对应大地某处山川河湖变化，这是中华民族自古以来的先进天人观念，更是被近世万有引力间接证明的科学道理。“运河天地”超级 IP 便是以此为基础，一方面它以天马行空的想象力，推陈出新，古为今用，弘扬了我国源远流长的优秀传统文化；另一方面它又深耕我国雄厚的大运河文化历史，抚今追昔，继往开来，为现实服务。既基于“百世经纶”的经典作品《缥缈神之旅》和《犬神传》中的经典世界观，及大运河沿岸各地的神话传说，如《缥缈神之旅》《犬神传》《大运河传说》，也基于中国历史上真实的大运河发展史，及世界各个历史时期的真实历史文物、文献资料，如《廿五史》中的《河渠志》相关部分、《中国通史》、《中国科学技术史》等。“运河天地网”的推出，不仅为大运河文化研究和创作提供了各种文献资料，还可以供各种文学类型的作者来这里进行创作、交流、分享。

2017 年 10 月，“运河天地网”举办了荣耀征文活动。大运河是我国三项伟大的工程之一，在防洪、灌溉、供水等多方面发挥着重要作用，是我们祖先留下来的宝贵财富，是中华民族文化身份的象征。因此在文化传承征文中，运河文化成为重要的一项。为讲好运河故事，弘扬运河文化精神，“运河天地网”举办征文活动。活动时间为2017年10月1日至2018年8月30日。征文类型是以“天”为核心，将大运河融入古神话，谱写出一篇色彩斑斓、丰富多彩的故事；以“地”为核心，结合有关大运河的历史人物、故事、名胜古迹等，创作出具有历史性、文学性、艺术性、故事性的文学作品。要求征文是以大运河为背景的原创作品，且作者拥有全部版权；作品内容积极向上，不得违反国家政策法规，违者取消资格并承担相应后果。

针对此次征文活动，“运河天地网”开设多种征文参与渠道，进行丰厚的奖项设置，以及拥有多元作者推广机制，吸引更多的写作爱好者参与。参与方式有网站发表：在松鼠阅读网注册并发表作品参与征文。有微信参与：可关注“大运河天地”公众号，并在“大运河天地”微信对话框中发送征文内容参与征文、邮件投稿。奖项设置：一等奖1名，奖金20万元，以及运河天地之大运河征文一等奖专属奖杯及证书；二等奖2名，奖金各10万元，以及运河天地之大运河征文二等奖专属奖杯及证书；三等奖3名，奖金各3万元，以及运河天地之大运河征文三等奖专属奖杯及证书。本次征文活动中，最终奖金将在征文结束后，以稿费的形式发放，奖品则是在评奖结束之后进行发放。在征文后期，还设置了作者推广机制。前三名获奖作品中，将选出一部或多部作品与影视、动漫公司合作进行相关改编；参与此次征文的优质作品，会优先推荐给影视方、出版方、动漫方进行相关改编；网站将重点包装获奖作者，为作者写作保驾护航。

“网络文学+”时代的运河文学创作，无论是对当代通州作家，还是对致力于运河文学创作的其他作家，都是一个千载难逢的机遇，也是一个巨大的挑战。我们无法准确地描述这个“网络文学+”时代所带给我们的丰富内涵，带给我们的巨大变革，但是我们可以把握体现这个时代特征的关键词，如“多元”“产业链”“一体”“IP”“整合”“跨界”等。这是个多元的时代：作家身份多元，对运河书写的角度多元，创作方式多元，作品的接受方式多元、呈现方式多元、传播方式多元。这就要求作家转换思维方式，以多元的眼光来看待运河文学的创作，也以多元的思维方式进行创作实践。对运河的书写不应单单停留在文学文本上，而是应该拓展到跨行业、跨领域、线上线下的文化资源深度整合、以运河为主题的文化创意产业链条建设上来，既凸显鲜明特色又兼顾文脉统一性的区域文化架构，甚至由此带来城市文化产业的更新。

第三章 “浸润”与“书写”

——当代通州作家作品对运河文化的文学表达

当代通州作家对运河的书写，有无意识的书写，也有“刻意为之”的主动自觉的书写。前者多为在通州有阶段性的生活和工作经历的作家，积累了较多的通州生活经验，深受通州地域文化和文风的影响，通州阶段性的生活经验作为作家整体生活经验的一部分，自然而然进入他们的写作视野。后者多为通州“土著”作家，祖祖辈辈在通州土地上生活，人生的起点和成长之路、文学的启蒙与历练都源于此。丰富的运河文化资源，鲜明的通州地域特色，是上天赋予作家的独特而丰富的文学宝藏，且他们作为故乡儿女有表达和吐纳的自豪感、反哺和报恩的赤子之心、责任和担当的使命感。他们有意识地在创作实践中不断反省自己的创作风格，扬长避短，利用自我生活经验的独特性进行创作，形成自己独特的创作风格。虽然有一部分当代通州作家也尝试了不同题材的创作，但毋庸置疑的是，他们对运河题材把握的独特性更容易引起文坛的关注。尝到这一“甜头”后，他们也在自觉地修正自我的创作方向。

以刘绍棠为例，他说：“我一辈子致力乡土文学，就因为我跟四十年代和五十年代写农村题材的作家对比，比出了我的全部劣势，却又不肯甘拜下风，只有回乡‘割据称雄’，也可谓‘关起门当皇上’……宁为鸡头，不为凤尾。在九百六十万平方公里的国土上，我退而经营九点六万平方公里的乡土。”① 以王梓夫为例，虽然王梓夫没

① 刘绍棠：《四类手记》，北京十月文艺出版社，2018，第123~124页。

有旗帜鲜明地“割据称雄”，而是尝试了多种题材的文学创作，但是在他所有的文学作品中，关于运河的书写体现出更高的艺术水准，不但赢得业内人士的认可，还让很多读者记住了这位通州本土作家。如他的作品《漕运码头》是研究运河文学和运河文化不能绕过的一部作品。他最近出版的长篇小说《梨花渡》，也是近期书写运河题材的一部佳作。因此，当代通州作家自觉立足通州，充分挖掘运河文化的宝藏，集中了一大批优秀运河文学作品。当代通州作家把这种对故乡喷薄而出的表达欲望，体现在对故乡水土的永久眷恋，与不吝笔墨的细致描写上。因为“浸润”太久，他们对通州风土人情了如指掌，如数家珍，这些风土人情在潜移默化中融入了他们的精神血脉。当代通州作家通过作品展示家乡的自然环境、日常生活、民风民俗、礼节习惯等，可谓深入浅出，生动丰富。

当代通州作家对运河的书写，体裁多样，包括小说、散文、随笔、诗歌、报告文学、剧本、传记、评论等，以小说居多。从题材上来划分的话，主要有以下几个方面：通州的风土人情，浓郁的运河情怀；通州人民风云激荡的革命斗争史；时代变迁下通州人民的社会现实生活；多面立体、厚重的漕运历史文化画卷；感恩与反哺，抹不去的乡愁。

第一节　通州的风土人情，浓郁的运河情怀

“百里不同风，千里不同俗。”人们往往把因为自然条件的不同而造成的行为规范差异，称为“风”，把因社会文化的差异所形成的行为规则差异，称为“俗”。“风土”是指山川风俗、气候等的总称；人情是指在特定地域上长期形成的性情、习惯。风土人情反映了一个地方特有的自然环境和风俗、礼节、习惯。不同地域有不同的风土人情，风土人情是地域文化的重要组成部分和集中反映。

地域文化是不同地域上物质财富和精神财富的总和，它与自然环境相融合，与当地的风土人情相融合，在一个长期的历史过程中形成，具有相对的稳定性，有不断发展变化的独特文化传统和文化形式。

通州有着独特的自然风貌，悠久的历史，并且作为京畿要地和大运河的起点，对历史上中国的政治、经济、文化发展繁荣产生了重要影响。当代通州作家“喝着运河水长大”，既有与生俱来的京城要地出身的优越感，又有浸润在千年运河风情和运河文化里的自豪感。这种优越感和自豪感，使得他们对家乡怀有一片赤子之心，还有一份独有的强烈“表达欲望”。当身为“土著”的豪气、作家的天赋与表达的欲望相互碰撞时，描写通州风土人情、充满浓郁运河风情的文学作品就产生了。正如阿来所说，“我用审美的、思辨的文学之光，把我书写的那片地域照亮”①。文学书写唤醒了当代通州作家曾经浸润在这篇独特的地域文化下的“原初性”经验。这种来自童年、成长于青少年或者更长的人生阶段的原初性体验，对一个作家来说非常重要。“少年时代那些原初性的经验是多么重要，后来的行走、阅读与书写，也不过是把那些初始的来自身体的、来自情感的，而不是来自理念的感触与情绪唤醒。”② 这种深潜在当代通州作家身体里的“原初性”体验一旦被文学唤醒，他们对这片土地的书写欲望就如洪流一样不可阻挡、不能遏制。

一 谱写一曲清新优美的田园牧歌

当代通州作家作品用细致的笔触记录了通州作为京门脸子的地理特征、前世今生，描摹了运河滩秀丽多姿的自然风光，展现了“蒲柳人家”充满野味的田园生活。在当代通州作家里，对通州历史如数家珍、最擅长描摹运河自然风光和“蒲柳人家”生活的作家非刘绍棠莫

---

① 阿来：《用文学照亮那片土地》，《红旗文摘》2018年第10期。

② 阿来：《用文学照亮那片土地》，《红旗文摘》2018年第10期。

属。刘绍棠的《京门脸子》《蒲柳人家》《瓜棚柳巷》《花街》《草莽》《荇水荷风》等作品集中展现了家乡的风土人情。没有一个当代通州作家像刘绍棠一样熟悉通州，像刘绍棠一样熟悉运河农家的日常生活。因为，他生于此长于此，大难返乡受恩于此，平反后又常驻于此写作，去世后他魂归于此。他生于运河，又为运河而生，他的文学创作为运河而作，他的毕生致力于用文学为 21 世纪的北运河儿女后代留下一幅家乡 20 世纪的历史、景观、民俗和社会学的多彩画卷。怀着这样赤子之心的刘绍棠，把故乡画成了一幅京东运河田园风情画，写成了人人向往的“世外桃源”。

刘绍棠的文学作品地域特色鲜明，对故乡的书写倾注了强烈的情感，他对家乡充满自豪感、归属感和认同感，这也奠定了他的文学作品情感基调和叙述模式。他的不少作品富有自传色彩，常以第一人称“我”展开叙述，娓娓道来，以简洁、典雅、清丽的文风，饱含深情的回忆笔触，呈现了北运河河边的自然环境、日常生活、风俗习惯、历史传说、人性人情，以及这片土地上发生的故事。家乡是刘绍棠文学创作的抓手。在《京门脸子》中，他以主人公的口吻表达出自己的心声：“我出生在京东北运河边的鱼菱村，衣胞子埋在村外的柳棵子地里。二百八十里的北运河上，有一片方圆左右十几里的扇子面河滩。河这边的鱼菱村、莲房村、柳伞村，河那边的绿杨堤，三十多年我写来写去，老是围着这几个村转。瞧不见家乡的烟囱和树梢，我就没了拿手，是个骑锅夹灶蹲炕头子的角色。”① 他的祖先开拓了这片土地，他生长在这片土地上，他也把文学的根基深埋在这片土地上，他满眼满心都是故乡的风景、父老乡亲。他用强烈的情感和细腻的书写表达对家乡的热爱。

在刘绍棠的作品里，他常常以主人的姿态对通州地区“前世今生”进行详细交代。他的小说《京门脸子》中提到的“京门脸子”可

① 刘绍棠：《京门脸子》，北京十月文艺出版社，2018，第 1 页。

以说是他的出生地，也是他所有文学故事的发生地。京门脸子，是北京通州地区的俗称。刘绍棠以第一人称，以半自传的方式，饱蘸对故乡和岁月的追怀之情，以出生地通州为书写对象，创作了《京门脸子》这篇小说。小说讲述的是“京门脸子”也就是现在北京通州地区几十年前的往事，以“回忆”的视角，对一个地区独特的地理位置、历史变迁、风土人情、民间故事、文化精神、日常生活进行叙述，打开了北京通州带有独特记忆的一段历史的窗口。《京门脸子》对故事发生地——“鱼菱村”的地理位置、自然风光、土物特产、村名来历、别名代号、在不同历史阶段的变迁、风习、生活习惯、流传的故事传说、传奇人物、运河人的生活状态、婚丧嫁娶、节庆礼节、人的性情，甚至落后的旧风陋俗都有详细交代。《京门脸子》虚构了“鱼菱村”村名，对当年北运河河滩村庄进行了真实的写照。在他的自传《我是刘绍棠》里，他用近乎“得意”的口吻，“作家学者化”地引经据典，做足了文献考证，介绍通州的前世今生、漕运盛景、北运河的变迁，以及自己出生地“儒林村”的村史。“鱼菱村”就是刘绍棠艺术提炼后的“儒林村”。

刘绍棠的小说还有大量关于运河自然风光的描摹，呈现出了一幅幅京东大运河田园风景画。《京门脸子》讲述了京东北运河一个少年的成长故事，比起简单的故事情节，除了故事发生地独特的地理位置，更让人记忆深刻的是充满运河风情的自然景色。换句话说，这部小说呈现的就是一幅京东大运河田园风情画。在自传《我是刘绍棠》里，从通州的地理位置写到“儒林村”的自然风光时，刘绍棠笔触瞬间生动明亮起来，开始了如诗如画的自然风光描写：“从阳春三月到中秋八月，这里的风景是一幅水彩画，花、草、树、水、土，都色彩鲜明，充满野味儿，令人心野。有个风吹草动，惊起沙滩上柳棵子地里成百上千只鸟儿，一窝蜂纷飞上天，白云中一片啼鸣，像笙、管、笛、箫的合奏，阳光下的花翎熠熠闪光，像一大幅五颜六色的织锦。鸟影遮住了天，地上一片幽暗，盐碱地草丛里的绿蚂蚱和红蜻蜓也慌乱起来，飞的飞蹦的蹦，绿的绿红的红。”[①] 这些珍藏在作家记忆中的迷人风景，充满生机，是作家内心情感的自然流淌。

在刘绍棠的作品中，多次描写运河滩的风光。如《蒲柳人家》里的主人公走出村口，便是一片河滩：“这片河滩方圆七八里，一条条河汊纵横交错，一片片水洼星罗棋布，一道道沙冈连绵起伏。河汊里流水潺潺，春天只有脚面深，一进雨季，水深也只过膝，宽窄三五尺，也不搭桥，可以一跃而过；河汊两岸生长着浓荫蔽日的大树，枝枝丫丫搭满大大小小的鸟窝。水洼里丛生着芦苇、野麻和蒲草，三三五五的红翅膀蜻蜓，在苇尖、麻叶和草片上歇脚；而隐藏深处的红脖水鸡儿，只有蝴蝶大小，啼唱得婉转迷人，它的窝搭在擦着水皮儿的芦苇半腰上，一听见声响，就从窝里钻进水里，十分难捉。沙冈上散布着郁郁葱葱的柳棵子地，柳荫下沙白如雪，大热天躺在白沙上，身心都感到清凉。”[②] 这些运河滩的昔日盛景，令人向往。

刘绍棠在不同的文学作品中，通过对北运河不同季节、不同天气下的风景描写，展现北运河的不同风姿。如运河夏日歇晌图：“夏天，杜梨树林弥漫着发酸的甜蜜的香气，布谷鸟最爱在这里停留歌唱，情人们最爱在这里聚会倾谈……正晌午，太阳照着浅蓝色的河面，一只破旧的小渔船，拴在岸边的一棵老龙腰河柳上。几只贪馋的水鸟，在河面上低飞嬉闹，想偷吃船舱里的鲜鱼；而在白云下，一只雄劲的苍鹰在盘旋，追逐着愉快轻捷的水鸟，想要伺机捕捉它们。”[③] 到了秋天，运河沿岸，又是一片丰收的景象，作家又为我们描绘了一个秋收前夕风景图：“粗壮的棒子秸上，长着两三个回了线的大棒子，下面，绿茸茸的豆丛，挤塞住垄间空地，高大的高粱秆儿，头顶着扑簌簌的穗子，迎着南风摇摆，尺来长的谷穗儿，把谷棵压得弯弯下垂了。在这些庄稼的两夹间，种着大块大块的棉花，馒头大的棉桃，从油绿的

① 刘绍棠：《我是刘绍棠：刘绍棠自白》，团结出版社，1996，第 6 页。

② 刘绍棠，《蒲柳人家》，北京十月文艺出版社，2018，第 19 页。

③ 刘绍棠：《青枝绿叶》，北京十月文艺出版社，2018，第 189 页。

棉叶下面，探出头来，咧开了嘴儿……”① 又如七月运河平原落雨图：“急雨像饿狼似的吼叫起来，运河滩上是一片白茫茫的世界；穿过一道刺眼的闪电，跟着便在半空中响起山崩似的雷声，一阵狂风夹着豆大的雨点，骤然间哗哗地倾倒下来，雨更大了。”② 从春日百花到秋日丰收，从夏日繁茂到寒风猎猎，从疾风骤雨到风和日丽，刘绍棠把运河风光的千姿百态定格在文字里。

二 “蒲柳人家”的世俗日常

刘绍棠小说中的一地一物，一村一铺，一草一木，一人一事，都融入他描摹的自然风景画。在《京门脸子》里他这样来描述北运河、北运河边的村庄、物产，以及运河人家的生活。“北运河三环四绕十六公里，一出莲房乡便进入外县境内，到天津海河口跟南运河挂钩。莲房村被北运河一分为二……境内，还有十二道河汊子，二十口池塘。河汊子有长有短，最长的五六公里，最短的三四百丈。河塘有大有小，最大的百八十亩，最小的不够六十平方丈。河里有鱼、鳖、虾、蟹，池塘里有鱼、虾、藕、苇。莲房乡的鲇鱼是一大特产，通州城内小楼饭馆的烧鲇鱼久享盛名。河西九村以稻田为主，五谷杂粮之外出产水果；河东八村以小麦为主，五谷杂粮之外盛产西瓜。此地上京下卫，眼界宽广，民风开通，识字的人也多。农民不只是土里刨食，而且有不少能工巧匠，其中更有车、船、店、脚、牙，五行八作，各色人等。”③ 从地势地貌到村庄结构布局，从运河物产、运河人家生存技能到运河人的精神气质，都在作品中得到详尽表现。

刘绍棠不仅详细交代通州的前世今生，细致描写运河滩的田园风光，还展现了一幅蒲柳人家日常生活图景。在刘绍棠自传里他自认是“蒲柳人家子弟”，他说自己的出生地充满了“野味”，这也正是他要

① 刘绍棠：《青枝绿叶》，北京十月文艺出版社，2018，第 71 页。
② 刘绍棠：《青枝绿叶》，北京十月文艺出版社，2018，第 155 页。
③ 刘绍棠：《京门脸子》，北京十月文艺出版社，2018，第 98~99 页。

展现给读者的蒲柳人家自由闲适的农家生活情趣。如鱼菱村运河农家风情："柳篱柴门，泥棚茅舍，村风民俗野腔无调，古道热场。"[①] 简单的几句话，写出了"鱼菱村"的依京城之繁华、傍运河之滋养、身处要地但又地势隐蔽、闹中取静、风景秀丽、民风淳朴，俨然一处人人向往的"世外桃源"。旧日运河滩的蒲柳人家的格局标配，如具有运河风情的柳香居："低矮的泥棚，爬满豆角秧子的篱笆，荆条编扎的柴门。门前便是三岔路口，从鱼菱村渡口过河的行人，都要一直走到柳香居门前，才分道扬镳，各奔东西。出远门跑长途的贩夫走卒，便在柳香居门外的大伞柳下歇脚，横躺竖卧歇个晌。"[②] 这样具有运河人家标志的居住格局，已经成为历史的记忆，只有在刘绍棠的文学作品里，才能"一睹芳容"，再次感受蒲柳人家浓郁的农家田园风。

《蒲柳人家》是刘绍棠的代表作之一，小说的前两节目前已被选入初中语文教科书。它继承了中国古典小说的许多表现技巧和艺术手法，通过几户普通农家的故事，表现了京东北运河农民的日常生活，洋溢着浓郁的乡土气息，充满了浓郁的民族风格、自然风情。它就像一幅风俗画，将 20 世纪 30 年代京东北运河一带农村的风景习俗、世态人情展现在读者面前。《蒲柳人家》对 20 世纪 30 年代京郊大运河边的乡村生活进行了细致的描绘：何家那个杨、柳、榆、槐围绕着，篱笆上爬满豆角秧、房顶上长满大南瓜的小院；开着五颜六色花朵，长满芦苇、柳棵子的运河滩：七夕之夜的乞巧；周檎、望日莲、郑整儿、荷妞童年时代的"拜花堂"游戏；柳罐斗为了养活姐姐和外甥终身不娶；何大学问夫妇不怕刁难、不惜财产慷慨救助孤女望日莲……这些自然生动的细致描写，展示了北方农村的人文地理风貌和古朴善良的民性。

在作家用心描绘的京东田园风景画里，自然少不了一个个活生生的人。如在《蒲柳人家》里，他用浓墨重彩描写了三个主要人物：机

① 刘绍棠：《京门脸子》，北京十月文艺出版社，2018，第 1 页。

② 刘绍棠：《京门脸子》，北京十月文艺出版社，2018，第 49 页。

灵顽皮、充满稚气的六岁男孩何满子是小说的主要线索人物，奶奶一丈青大娘和爷爷何大学问是小说的两个主要描写对象。无论是何满子的光葫芦头、木梳背儿，还是一丈青大娘专门为他准备的大红肚兜、长命锁，无论是吉老秤的抗日壮举，还是何大学问的走西口，都体现了运河人的风采，别具魅力。尤其是作家寥寥数笔勾勒出了何满子的人物特征：“何满子六岁，剃个光葫芦头，天灵盖上留着个木梳背儿；一到立夏就光屁股，晒得两道眉毛只剩下淡淡的痕影，鼻梁子裂了皮，全身上下就像刚从烟囱里爬出来，连眼珠都比立夏之前乌黑。”① 一个整天在运河滩上野跑、典型的“运河娃娃”形象跃然纸上。何满子有很多故事场景，取自刘绍棠童年琐事，作者因为熟悉而动情才能写得如此传神。刘绍棠谈及自己写作《蒲柳人家》，几个人物为什么写得很活时，他说：“这是因为我对这些人物极熟悉，为这些人物所感动。写人物，熟悉而不感动写不出神似，感动而不熟悉写不出形似。”② 小说中的人物，都取材于刘绍棠熟悉的乡亲父老、兄弟姐妹，他带着感恩戴德、回报乡土之情来写身边可爱的人，才能做到形神兼具、感情充沛、爱憎分明。

蒲柳人家的农耕生活也是刘绍棠描写的重要内容之一。在刘绍棠的笔下，描写了运河男女辛苦劳作的场景。从春种、夏锄到秋收、冬藏，运河男人和运河女人分工协作，奏响了一曲和谐的运河人家的劳动赞歌。看似艰辛的体力劳作场景在刘绍棠的笔下就是一出让人如痴如醉的好戏。他形容《京门脸子》长工艾景桂的砍高粱、掰玉米就像“野台子戏的大武生，唱一出杀四门，八大锤；又像赵子龙大战长坂坡，八十三万人马左冲右突，如入一片无人之境”。艾景桂的媳妇“一线红”也是女劳力中的多面手，他们的女儿旱莲“可算门里出身，早有家传。芝麻间苗，玉米授粉，棉花剪杈……难学的农活儿，她一点就透，一看就会；锄、镰、筛、簸、杈、耙……十八般农具，她沾

① 刘绍棠：《蒲柳人家》，北京十月文艺出版社，2018，第3页。

② 刘绍棠：《我是刘绍棠：刘绍棠自白》，团结出版社，1996，第169页。

手就熟，无所不能”[①]。这些体力劳动彰显的是运河男人的力量和顶天立地的豪气，彰显的是运河女人的心灵手巧、柔婉坚韧，这与运河男人的阳刚之美、侠肝义胆和运河女人的温柔清丽、柔中带刚的气质是吻合的。在刚与柔、力与美、阳与阴、动与静中体现了运河人遵循的传统农耕观念。

不仅是刘绍棠，当代通州作家都是描绘京东运河风情画卷的高手，如当代通州作家李东。李东在通州运河中学工作，有很多作品书写通州、运河。如2001年出版的散文集《运河走笔》，收录了多篇描写绚丽多彩的北运河风情的散文随笔，包括《东海子忆旧》《一支塔影认通州》《魂系八里桥》《绿满通州》《老柳树》等，文章充满对故乡生活的热爱。北运河畔的红枣、蔬菜、野花、柳树、公园、校园、吃食都因为作者倾注热情的描写而让人对这片土地心生向往。当然，还有很多擅长描写运河风情的作家，在此不再一一展开论述。如此看来，书写家乡的风土人情，描绘运河的秀丽风姿，是当代通州作家进行创作的“标配”，是每位通州儿女对故乡发出的来自内心的赞美。

二　讲述了运河人的风习

当代通州作家熟悉运河人家的生活习惯、民风民俗，熟悉通州人、运河人家的语言。京东北运河丰富多彩又独具特色的风习也是他们书写的重要题材，他们通过运河人的日常风俗、着装习惯、民谚俗语、故事传说表现通州独有的地域文化。

《京门脸子》展现了运河人家的风习。这些风习，渗透在运河人家的日常生活里，反映出运河村民的内心关切和精神寄托。风习事关生死。如生下儿子，满月要请算命先生相面、打卦、批八字儿。娇贵的要取女孩子的名字，迷惑判官，保佑平安，命硬的要认干娘。最有身份的干娘是大全福人（父母兄弟儿女等齐全、男人身强力壮、顶天

---

① 刘绍棠：《京门脸子》，北京十月文艺出版社，2018，第259页。

立地的人），认干娘有着一套固定的繁文缛节，具有严肃的仪式感。当然，不乏一些陈规陋习，如办“鬼婚”。大多数风习表达的是人们对于生命的关切、敬畏和崇拜，以及对生死无常的恐惧。遇到好的年景，村民要举办庆祝仪式，如全民轰动的小车会。庙会上有莲房村的高跷，柳伞村的霸王鞭和打花鼓、绿杨堤的跑旱船。这些富有地域色彩的传统节庆仪式，表达的是人们对风调雨顺、五谷丰登、生活富足的期盼。善男信女跟着“香头”听劝善的小曲、去京西妙峰山和京东髻子山进香，祈求平安，反映出人们的向善之心，以及遵循的善恶有报的信仰追求。鱼菱村挂锄时节，在京城做买卖的、在天津耍手艺的、在外打工的都回到村里歇伏。听评书，看大戏，是鱼菱村的娱乐休闲方式。唱戏是“京、评、梆烩成一锅”，因陋就简，自由组合，自导自演，为鱼菱村的村民带来欢乐。

春节虽然有很多繁文缛节，令人辛苦劳累，但还是每家每户心中最盛大的节日。运河人家把春节营造得欢乐而隆重，在每一个细节里都融入了当地的风习。《京门脸子》里写到运河人家柳香居过年的情景。运河人家的年味从腊八开始浓郁起来。卖糖葫芦的、卖呱啦枣儿的涿州小贩，卖糖瓜和关东糖的小贩，卖谷草把子和卖绒花的小贩，走街串巷，吆喝声一片。全村上下杀猪宰羊，蒸馒头、桃饼、豆馅团子，冻豆腐，渍酸菜，忙得不亦乐乎。腊月二十三小年，灶王爷上天，门神爷换岗，祈求平安。腊月三十把年味推向高潮，合家团圆包饺子，吃到制钱饺子的人最有福；小孩大人在听故事、猜谜语、讲笑话中守岁；打更人的梆声响起，家家户户下饺子，放鞭炮，贴对联，给老人磕头辞岁，老人给孩子们压岁钱；天刚亮，左邻右舍互相拜年。运河人家的小饭店柳香居是为运河上的贩夫走卒开设的，它的春联据说是一位过路高人留下的：“南通州北通州南北通州通南北，金运河银运河金银运河运金银”，用字准确生动，意义深远。

运河人有自己风格的服装，例如漕运留下的“挽腰裤”成了人们习惯穿的服装。小说《梨花渡》《漕运码头》多次提到大运河祖祖辈辈流传下来的男女老少都常穿的服装——挽腰裤。这种“挽腰裤”又称“挽裆裤”。这种装束虽然不是梨花渡独有，却是深受当地人喜欢的日常服装。据说，这种服装跟运河上的漕运有关，根据《漕运码头》里描写，漕运码头上“缝穷”的女人们，在缝缝补补之余，要用挽裆裤装漕运粮食，贴补家用。因为挽裆裤宽大肥硕，便于穿脱，也能容纳很多粮食，且不易被发现，因此在漕运码头“偷”粮食成为一种风气。在小说《梨花渡》里，这种“挽裆裤”再次被提及。“腰宽裆大裤腿肥，穿脱都非常方便。更为奇绝的是穿在身上不用腰带，将肥大的裤腰贴紧肚皮，吸一口气，左折一下，右折一下，再从上面翻卷一下，呼气放松，裤腰便紧紧地绷在肚皮上了。脱裤子的时候只需要吸气收腹，裤腰自动地松开，裤子便哗啦掉下来。”① 到了夏天，这种服装是梨花渡已婚男女的唯一装束，而且在小说里这种装束还引发许多笑话，惹了许多麻烦，甚至酿成了命案，成为小说情节推进的线索。

在小说《漕运码头》里提到漕运码头上的扛夫喜欢的日常着装方式：一条裤子，一个汗褟儿。这个被称作“汗褟儿”的服饰与大运河有着密切的联系。“汗褟儿”是大运河边一种很流行的男人服装。“由三块儿白布拼凑起来的，后背一大块儿，前胸两小块儿。大块儿和小块儿之间用襻子连接着，胸前的纽扣则是一排算盘疙瘩。这种衣服一是省布，二是凉快，三是脱穿方便，很适合于劳作之用。”② 漕运码头上的扛夫凭借着一身力气养活自己，除了自身一无所有，“汗褟儿”是他们的唯一财产。既为他们遮羞还可以拿来抵押出铜板，买吃食充饥或者用作他用。等挣了铜板可以再赎回来遮羞。这些描写从侧面反映出卖苦力为生的扛夫生活的艰难。运河人喜爱的日常着装，是漕运文化在服务文化上的投射。

运河人的语言和名字都带有地域色彩。这在熟悉运河农家生活和

---

① 王梓夫：《梨花渡》，北京十月文艺出版社，2017，第2页。

② 王梓夫：《梨花渡》，北京十月文艺出版社，2017，第98页。

语言的刘绍棠的作品里最为常见。有民间俗语、谚语，有歇后语，有在长久的农耕生活中积累的凝练短句，这些语言表达的是运河农村人对生活的希冀，也是他们的生存智慧和生命经验的高度浓缩。例如过年炒瓜子、花生、玉米花儿的老奶奶的念词：“腊月初一蹦一蹦，孩子大人不得病”“人多乱，龙多旱，鸡多不下蛋”“秋核桃，满仁（人）儿了”“旱瓜味儿，另个味儿！”“吃柳条拉鸡笼——肚里编”“四只眼（戴眼镜）只看三指远”“没给灶膛里填一把柴，揭开锅伸手就抓热馒头”“黄瓜茄子一锅煮”“两口子打架不用劝，放下桌子就吃饭”“吃凉萝卜喝热茶，气得郎中满地爬”“肉不能埋在饭里，有粉要搽在脸上”。小说中人物的名字，都是俗中带雅，富有古典意境的田园风情和运河情致，如“艾窝窝儿”“一丈青”“田桔子”“田饽饽儿”“一线红”“金锭儿”“谷玉桃”“望日莲”“何满子”“谷老茬子”“旱莲”等。

当代通州作家作品穿插了大量关于京东北运河和通州世代流传的故事传说。如《京门脸子》记载了京东北运河河畔的故事传说，如关于萧妃井的来历：“相传，辽国的萧太后，带兵进攻北宋的三关口，驻跸通州境内，要喝甜水。方圆百里，凿得大窟窿小眼，才得到四眼甘泉井。一眼井供她喝水，一眼井供她沐浴，一眼井供她酿酒，一眼井供她煎汤熬药。后来，这四眼井的井水浇灌瓜园，西瓜个儿大，口甜，色、味、香在全县独一无二，名叫鞑子蜜。”① 萧妃井与鱼菱村的特产鞑子蜜西瓜，以及外祖父以种西瓜而闻名的营生联系在了一起，给鱼菱村的故事抹上一层神秘的色彩。在刘绍棠具有自传色彩的小说里，穿插了很多关于北运河的故事、神话传说，这些故事传说在生活在北运河边上的人们那里世代流传，饱含了对故乡的钟情礼赞和由衷的热爱，对北运河哺育之情的感怀，以及对美好生活的朴素追求。

楚学晶的小说充满着浓郁的乡土色彩，是描写通州地区民风民俗

① 刘绍棠：《京门脸子》，北京十月文艺出版社，2018，第 8 页。

的代表，如《七月放河灯》《正月走花会》。《七月放河灯》里有通州的凉水河、运河等真实地名，还有特产、龙灯会、传唱的歌谣，尤其是细致描绘了通州民俗灯会，多侧面地表现了通州地区的农村生活，是一幅色彩鲜艳的小型通州历史画卷。刘正刚的小说《杠房祖孙》用通州农民的语言淋漓尽致地描述了通州杠房行业的变迁，从历史、器具、从业人员到流程、礼节、规矩再现了通州昔日的民风民俗，以及内在的传统文化精神。

三 "粗手大脚的乡亲父老"的精神气质

当代通州作家因为熟悉生活、熟悉塑造的人物，既了解他们要书写的生活和人物的过去、现在与未来，了解他们的身世来历、相貌个性、思维方式、语言风格，又了解他们所生活的环境、风土习俗、人情世态，才能写出一个个个性鲜明的典型人物。因为共同的地域文化影响，当代通州作家作品在塑造人物时反映出这一地域文化所赋予人物的独有性格特征、精神气质。

以当代通州作家代表刘绍棠为例，他的乡土就是大运河本土本乡。从创作之路起步时，刘绍棠以运河畔上的人和事为小说原型和素材进行创作，也有很多是以自己为原型进行的创作，塑造了运河人物群像谱系。"《桅顶》这篇小说，里面的故事情节，我还是很喜欢的，很贴近我的生活。飘香的原型就是我，叶菏就是他。我的小名叫做桂香，平时他都叫我'三秋桂子，十里飘香'，他把我的名字藏在词里，我读他的这篇小说，就像看见运河滩里发生的故事。"① 杨广芹在《心安是归处》一书里，详细地讲述了她和刘绍棠之间的一段特殊的记忆。她的母亲丫姑是《蒲柳人家》女主角望日莲的原型。丫姑与刘绍棠情谊深厚，特别是在刘绍棠落难时，给予刘绍棠最多的救助和照顾。她的女儿桂香（杨广芹）当时20多岁，淳朴善良、天真无邪，有知识

① 杨广芹：《心安是归处：我和刘绍棠》，当代中国出版社，2013，第49页。

有文化，政治上根正苗红，也给予刘绍棠精神安慰和写作鼓励。刘绍棠也以她为原型创作了多部作品。“我的短篇小说《含羞草》里的合欢、《燕子声声里》的雨前，中篇小说《芳年》里的黄莲儿，《两草一心》里的春雪，《绿杨堤》中的水芹，《乡风》中的桂香，都有她的影子；尤其是《二度梅》中的青凤，更是她的画像。”① 生产队看瓜老头季聋子，有着传奇的人生经历，还有一肚子的故事，刘绍棠常常去听他讲故事。季聋子也是刘绍棠小说里的人物原型。他是杨广芹的大爷，非常有个性，刘绍棠以他为原型，把他写进了小说《花天锦地》里。

刘绍棠把儒林村的父老乡亲、亲朋好友的故事经过艺术化加工和提炼后，融入他的小说，因此他的小说里塑造的人物和讲述的故事片段，都能在现实生活中找到原型。杨广芹说：“刘绍棠在一九七九年小说《碧桃》中写的就是那段时间发生在我身上的事。”② 他的短篇小说《十步香草》中的妇女主任戴黑翠的原型是儒林村的妇女主任。《地火》中的金哥、《碧桃》中的文秀两个人物合起来的原型是儒林村的一个男青年。《蒲柳人家》里的主人公望日莲有杨广芹母亲的影子。小说《芳年》的名字“芳年”就是积累芳香的意思，出自《红楼梦》里的诗句，既说明了刘绍棠对《红楼梦》的热爱，也体现了他对曹雪芹这位同乡的特殊情感。小说《二度梅》里的故事情节来源于现实中刘绍棠在大乱还乡避难时，在大运河畔儒林村发生的一段刻骨铭心的邂逅。《水边人家的哀乐故事》里，就有以当时儒林村刘绍棠的一个小学同学为原型塑造的人物形象。刘绍棠的另一篇小说《绿杨堤》里的人物和故事来自现实中的杨广芹夫妻。小说《乡风》里的鹃妹子的原型是杨广芹，小说里的故事来自现实中杨广芹和丈夫的生活常态。小说《孤村》的寓意与刘绍棠在儒林村的情感故事有关。“村子里发生什么事，听到什么事，就会放在心里琢磨，然后开始有许多新的想

---

① 刘绍棠：《我是刘绍棠：刘绍棠自白》，团结出版社，1996，第 204 页。

② 杨广芹：《心安是归处：我和刘绍棠》，当代中国出版社，2013，第 83 页。

法，许多新的联想，在他脑子里、他的笔下就又会出现许多新的故事。”[①] 刘绍棠用心观察生活，并善于发现生活中的亮点，提取素材，积累素材，无意间的故事和谈笑间的人物，都能转化为小说的丰富养分。

刘绍棠有很深的古典文学功底，也有很深的农村生活积累，他将二者融合起来，以运河文化为背景，创造了既具有古典文学的韵味又具有乡土文学的质朴、既具有北方文学的粗犷又具有运河风情的柔媚的美学风格。他的小说题目《鹧鸪天》《两草一心》《鱼菱风景》《瓜棚柳巷》《青枝绿叶》《蛾眉》《蒲柳人家》《荇水荷风》《小荷才露尖尖角》《十步香草》《豆棚瓜架雨如丝》等作品的题名，带着浓郁的通州运河人家的风情特色，透露出农村庄户人家诗意悠闲的生活格调和人生理想。

《京门脸子》讲述了运河人的日常生活、传奇人生，以及运河人的个性、精神气质。因为生活在京城东郊、运河河畔的缘故，鱼菱村的男女都是有故事的人，充满传奇色彩。男人技艺傍身、见多识广、善恶分明、侠肝义胆、古道热肠；女人恪守传统女性角色、勤劳能干、多情仁义、柔中带刚、洒脱豪爽。小说塑造的男女主人公“谷老茬子大伯”和“艾窝窝儿”就是运河人美好人性人情的代表。见微知著，这些运河人物形象具有典型化的特征。虽然在不同作品里都有不同的类型，但他们的语言行为、性格特征、精神气质都始终如一。如《京门脸子》里的“我”和《蒲柳人家》里的周檎都是运河边上追求进步的青少年形象，《京门脸子》里的谷玉桃与《蒲柳人家》里的望日莲是两位身世、性格、命运相似的运河青年女性，《京门脸子》里的艾窝窝儿和《蒲柳人家》里的一丈青大娘都是爱憎分明、慈悲为怀的运河老年女性形象。从这个意义上来说，当代通州作家作品集中塑造了带有通州地域文化气质的运河人物形象群体，并通过他们的命运遭际

① 杨广芹：《心安是归处：我和刘绍棠》，当代中国出版社，2013，第 174 页。

和人生故事，反映了运河人的行为方式、性格特征、精神气质，以及道德规范、精神寄托。

谷老茬子大伯原是运河大船上的舵手，搭一条南下大船，南下三个月，北返整半年，过着一走八年下落不明的水上生活。他从拉纤熬到撑篙，从撑篙熬到掌舵，后来不吃“水上饭”后，跳到旱地上打工为生。他会走船、种瓜、唱戏，武艺傍身；见多识广，生活自由随性、骨子里恪守传统文化礼仪道德规范，古道热肠，常常救人于危难之中，不图回报。如救下了从京城顶着日伪军逃难的谷玉桃母女俩，并收留了她们。谷玉桃母亲死后，他对谷玉桃视如己出。他在土匪进村之际，用他一身的好武艺，救下了“我”和干娘艾窝窝儿。在“我”进程读书的路上，暗中保护我，嘱托我“善有善报，你不管喝下多少瓶墨水，心不可改色”。艾窝窝儿是也是一位性格鲜明的人物形象。她是佃户女儿，被财主家的狗腿子霸占，在家里还戴着脚镣，受尽虐待。狗腿子死后，她便拿起斧头，把脚镣砸开了，煮了一个大萝卜扔给大黑狗，烫死了看守她的大黑狗，把狗肉分给各家各户，获得人身自由。她顶着家族的压力、四面八方的冷嘲热讽，勇敢改嫁给心上人谷老茬子大伯。谷老茬子大伯收留谷玉桃母女后，她毫无怨言，照顾生病的谷玉桃母亲，与谷老茬子一起抚养谷玉桃和干儿子艾老虎。

正如刘绍棠所言，“满怀感恩戴德的孝敬之心，为我的粗手大脚的乡亲父老画像”①，他和其他当代通州作家用文字塑造了北运河人物群体，通过细致刻画，不仅画出了他们的面貌神采，也画出了灵魂和精神气质。

四 运河风味的通州老味道、老字号

当代通州作家作品记录老通州的味道。“民以食为天”，通州饮食

① 刘绍棠：《我是刘绍棠：刘绍棠自白》，团结出版社，1996，第171页。

文化独特的味道，是大运河文化的独特符号。当代通州作家在对运河的书写中，由于创作需要或者本身就以通州有关的美食作为题材进行创作，往往会记录带有通州地方特色的饮食以及与饮食相关的记忆。他们挖掘通州饮食背后的运河情缘，展现通州饮食制作者们的独特匠心，讴歌通州本土餐饮行业创业者的奋斗精神、不改本色的初心、为国为民的大情怀，以及隐藏在饮食背后的历史往事、文化内涵、精神气质。在对这些老通州人饮食的书写中，回味时间的味道，抒发浓浓的乡愁，品味运河文化独有的情怀。刘维嘉的通州饮食文化随笔《记忆里的万通酱园》发表于《运河》的“文化通州”版块。作家通过老通州人都知道的通州三宝——万通的酱豆腐、大顺斋的糖火烧和小楼的烧鲶鱼的故事，记录了深藏在老通州人记忆深处的熟悉味道。

这些老味道曾经是老通州人日常生活里再普通不过的吃食儿，散落在房前屋后，路边街道。“过去，我家住在回民胡同西头的 38 号大杂院儿，和通州三宝是近邻，彼此最远的相距五六十米，最近的相距六七米。大杂院儿对面是大顺斋糕点厂，门市部在回民胡同西口斜对面儿（西大街东口北拐角处）；回民胡同西口南拐角处是小楼饭馆，小楼烧鲶鱼是小楼饭馆的招牌菜；说起万通的酱豆腐，当然离不开万通酱园，门市就在大顺斋糕点厂门市部的斜对面儿。”[①] 这些看似普通的老吃食儿，有着扎根老通州的时间档案：“据记载，1918 年（“民国”七年），祖居通州的回族人马兆丰先生独资创办了清真万通酱园，实行前店后厂的经营方法，自产自销。三间门脸儿在通州旧城南大街北口儿、回民胡同西口北拐角处路东。加工厂曾经在原回民胡同 47 号。”[②] 这些吃食儿在通州发端，在发展壮大过程中，不仅经过岁月洗礼，还浸润了运河的风情。“当年，万通酱园生产的酱豆腐原料来自绍兴，从万通酱园开办初期到 1928 年，运输酱豆腐原料仍然走运河水路。那会儿虽说漕运已经废止，但是运河还在畅通，沿河一带仍有很

---

① 刘维嘉：《记忆里的万通酱园》，《运河》2018 年第 4 期。

② 刘维嘉：《记忆里的万通酱园》，《运河》2018 年第 4 期。

多船户靠使船谋生。后来曾用火车运送酱豆腐原料。”[1] 正是因为万通酱园从浙江绍兴运回原材料，一路颠簸来到通州，经过万通酱园制作手艺，才有了让通州人念念不忘的酱豆腐、酱油、黄酱、酱菜、醋等，为通州人的餐桌增味添色。在时代变迁中，小作坊清真万通酱园已然成为大公司，不变的是其产品的传统风味和纯正口感。2011 年 5 月，公司被国家商务部认定为“中华老字号”企业，并颁发了牌匾和证书，成为大运河文化的又一个独特符号。

当代通州作家作品记录下老通州本土企业老字号的精神理念。清真万通酱园经营者的理念和思想，深受老通州人感念，也是通州人创业者精神的写照。《记忆里的万通酱园》说到万通酱园创办人马兆丰先生和杨善卿、从寿臣、高振声三位大掌柜的故事。马兆丰先生是世居通州的回族人。他虽然在通州开有多家商铺，但他崇尚节俭，精打细算，为人厚道，扶危济困，乐善好施，常帮助生活困难的回族同胞。通县民族小学，原名“穆光小学”，就是由中国回教联合会通县分会委员金吉堂发起，向京津冀鲁晋等地回民募集资金，由马兆丰先生个人捐献房产创办的。马兆丰在通州回族居民中德高望重，曾被推选为通县政协委员和县人大代表，担任通州清真寺的乡老，为清真寺出资并义务管账 50 年。马兆丰先生有着独特的经营方式，如他重金聘请懂经营、会管理的大掌柜替他经营。万通酱园自 1918 年创办至 1956 年公私合营期间，先后由杨善卿、从寿臣、高振声三位大掌柜执掌，马兆丰先生自己从不出面。到了年终分配是“东三伙七”，这种分配比例在当时的私营企业中是很罕见的。对于这些真实的创业者和守业者的故事，作家刘维嘉都在作品中给予呈现，甚至作家本人就读过通县民族小学，是这批创业者回报乡里的受益者之一，而且还和故事的当事人“高振声”很熟悉，是他“看着长大的”，也就是说作家本人不仅是受益者，也是亲历者、见证者，因此，他才怀着赤诚的心情为清

① 刘维嘉：《记忆里的万通酱园》，《运河》2018 年第 4 期。

真万通酱园的当家人写出酱园背后的故事。

作为亲历者和见证者，刘维嘉在作品《记忆里的万通酱园》里还原了清真万通酱园的店内场景，让我们穿越时空再次感受地道的通州味道背后的仪式感、朴素匠心、以人为本的服务理念。首先表现为开门关门的仪式感："万通酱园每天早八点'开板'，天黑了才'关板'。'关板'用的是许多块覆盖门窗的长方形木板儿，在木板儿的上边儿有对称的两个孔洞，下边儿中间位置也有一个孔洞，与其对称的门框、窗户框上安有固定的铁钩子，下方中间位置也有窟窿眼儿。在'关板'时，依次把木板儿挂在框子上方的两个铁钩子上，下方用特制的粗铁钉从孔洞中穿过去，铁钉另一头有窟窿眼儿，木板儿上好后，售货员回到店内，把销钉依次穿进粗铁钉的窟窿眼儿中，木板儿就被固定好了，'关板'也就完成，这样能起到防盗的作用。第二天开门儿，再把这些木板儿卸下来，叫做'开板'。"[①] 开门迎客和关门的琐细流程，体现了一种拙朴、严肃、神圣的仪式感。这种职业神圣感，让人肃然起敬。

其次，表现为在细节上对顾客的体贴入微的关怀。"每次'关板'后，高振声和同事还要忙乎一阵子，用碱水和刷子使劲刷两寸多厚的木质柜台台面儿，然后用清水再刷几遍擦干，把柜台台面刷得干干净净。冬季，还要把店内1米多高的煤球儿炉子用和好的煤泥封火，第二天上班前再打开炉子，用火筷子和火钩子撴炉子，添上新煤。炉子昼夜不灭，店里总是暖烘烘的，顾客来买东西会感觉很温暖。"[②] 这种以顾客为中心，设身处地为顾客着想的服务意识，体现了老字号以人为本的经营理念。

在产品线上，产品种类丰富多样，满足老百姓多种口味需求。"进入店内，映入眼帘的有水粉广告画、货架子、木质柜台、杆秤、台秤、算盘、鸡蛋检验灯箱、地秤、大油桶、酱篓子等……东墙的货

① 刘维嘉：《记忆里的万通酱园》，《运河》2018年第4期。

② 刘维嘉：《记忆里的万通酱园》，《运河》2018年第4期。

架子上放着粉丝、粉条、干海带、瓶装北京熏醋什么的。货架子下边有大缸小缸，分别装着酱油、米醋、黄酱、豆瓣酱、芝麻酱散装出售。柜台上放着好几个青花瓷盆，里面放着咸菜疙瘩、酱黄瓜、酱八宝菜，还有香辣萝卜干、五香萝卜干等。”① 这些细节还原，不仅体现了一个饮食品牌的经营之道和服务理念，还体现了隐藏其中的利他之心、温暖美好的人性。

极富匠心的制作流程，以人为本的服务理念，思利及人的经营之道，让清真万通酱园美名远播。“特别是名扬四海的万通酱豆腐，质地细腻，芳香扑鼻，不仅享誉北京，畅销京东八县，就连走大运河水路转道通州的官民商旅也喜欢……我的老祖儿、爷爷和四爷都喜欢吃万通的酱豆腐。我四爷曾告诉我，他年轻的时候，常从京城来通州给我老祖儿买万通酱豆腐、酱菜，他也好这口儿。酱豆腐买回家里用于炖肉、涮羊肉和吃早点。京剧大师谭鑫培的孙子、京剧名家、我的舅爷谭世英来通州的时候，也爱吃万通酱豆腐和酱菜。我姥娘在通县那些年，也常吃万通酱豆腐或臭豆腐。我初中毕业后待业的那年去邯郸永年县的姥娘家，带了一大纸箱从万通酱园买的酱豆腐、臭豆腐、酱菜和酱油。”② 这种吃食儿的食材原料从运河走水路而来，在通州本土制作成酱菜后，又通过运河走向四面八方，给从南到北的餐桌增色添彩，成为餐桌上具有运河风情的味道记忆。

当代通州作家作品对具有通州地域文化色彩的风土人情进行了详尽描写，通过文学形式让读者认识通州地域文化，感受通州地域文化的风采。与此同时，在描述通州地理特征、名胜古迹等有形的地域文化的同时，还注重展示民间艺术、风俗习惯、精神气质、人性人情、思想观念等无形的地域文化。通州特定地域文化所呈现的文化底蕴、文化氛围、文化素质，是一个区域发展的重要软环境，为城市发展提供深厚的文化底蕴，也是城市文明建设的灵魂。当代通州作家作品作

① 刘维嘉：《记忆里的万通酱园》，《运河》2018 年第 4 期。
② 刘维嘉：《记忆里的万通酱园》，《运河》2018 年第 4 期。

为通州区域文化的重要载体，将对提升通州作为北京城市副中心的文化氛围、打造城市文化品牌以及将文化资源转化为经济社会发展的动力发挥更大的作用。

第二节　通州人民风云激荡的革命斗争史

当代通州作家以家乡斗争历史为题材，记录家乡人民群众可歌可泣的保家卫国斗争史，书写家乡人民慷慨悲壮的英雄精神，展现深厚的家国情怀和激荡人心的爱国主义精神。如刘绍棠的《地火》《春草》《狼烟》《渔火》《蒲剑》《鹊桥儿》等作品；又如楚学晶的小说《“广林寺”轶事》写的是通州解放前国民党政府抽丁当兵的事，表现当时的阶级矛盾；还有红孩的散文《西皮流水》《告慰一多》，孟宪良的诗歌《清晨，在运河之滨》等，也是写这一类题材的作品。

刘绍棠的乡土小说，注重在乡土叙事中对抗日救国题材进行挖掘，他的小说或者写抗日战争时期京东的历史真实，或者以抗日救国为背景将“乡土”与“爱国”融为一体。刘绍棠在出版了四本短篇小说集和两本中篇小说以后，开始尝试长篇小说创作，他把书写区域限定在北京东南郊、北运河两岸方圆百里的区域。描写的内容“主要是普通劳动人民群众的觉醒和斗争”。①

刘绍棠因为个人的成长经历，对京东地区这些人物的战斗历程和革命故事耳熟能详。因此，1971 年 10 月，他开始了第一部长篇小说《地火》的创作尝试。作品“只写一个小小的地区和这个小小地区的斗争生活，以小见大，反映解放战争时期的历史风貌”②，最后以 30 万字完稿。1975 年到 1977 年，刘绍棠写出了长篇小说《春草》。这篇小说的创作素材来源于两个部分：一是作者本人对京东的革命斗争回忆；二是从敌人的旧报纸和旧杂志上看到的描写共产党员慷慨就义的

① 刘绍棠：《我是刘绍棠：刘绍棠自白》，团结出版社，1996，第 158 页。
② 刘绍棠：《我是刘绍棠：刘绍棠自白》，团结出版社，1996，第 160 页。

场景。其中最让他深受触动的是通州最早的共产党人金氏三兄弟和著名的抗日英雄——节振国的故事。他以历史唯物主义的观点，忠实地写出革命历史题材的历史真实，反映革命知识分子的在革命历史中的先锋者和桥梁的地位，以及在革命早期接受马列主义的思想，点燃革命火种的巨大意义。长篇小说《狼烟》是一部抗日战争题材的小说，写的是抗日战争时期京东的历史真实。在卢沟桥事变中，北京大学毕业生在党的领导下，在家乡开办抗日学校，收编民间自发抗日武装。他写大学生和江湖儿女同仇敌忾、共赴国难的英雄事迹和爱国主义情怀，是对抗日战争题材的拓展。

无论是《地火》，还是《春草》《狼烟》，他以“武戏文唱”的方式写出了烽火连天的京东人民的革命故事。虽然与其他抗日题材作品相比，缺少宏大的战争场面描写，但是他写出了革命年代那些隐藏在历史中的珍贵的乡情、人情和人性，让人感怀和回味。从这个层面来讲，他践行的是另一种抗日题材的创作实践模式。尽管他涉猎抗日题材的小说、随笔、传记的章节不少，但是他认为“抗日战争，写得不足，写得不够，还应从多方位、多层次、多角度大写特写”①。

作为当代通州作家后辈代表作家的红孩，也不吝笔墨回忆家乡的革命斗争史。他的散文集《运河的桨声》里的散文《西皮流水》就记叙了1940年随着伪冀东反动政府的建立，驻扎在通州县城的汉奸、特务、伪军以及地痞流氓、土匪横行的景象。赶马车的“吴二哥”因为反抗日兵被刺刀挑死，临死前对“爷爷”喊道：“兄弟，想着到我家捎个话，就说我死得不孬。”在京城做厨子的“爷爷”带领后生们高呼：“我们再也不当亡国奴了!”他们把菜刀别进腰里，不惜用生命保护自己的土地、亲人和同胞。老百姓对日本侵略家乡充满仇恨，虽然手无寸铁，但不惜牺牲生命，誓死保家卫国，表现了他们的民族气节、英勇而悲壮的爱国豪情。

---

① 刘绍棠.《我是刘绍棠：刘绍棠自白》，团结出版社，1996，第22页。

红孩的诗作题材关注重大的历史事件，在历史事件与当代诗情之间激荡出昂扬宏大的爱国主义情怀。他为澳门回归写的散文诗《告慰一多》，在字里行间融入了爱恨交织的情感。“恨”的是葡萄牙人的坚船利炮让澳门远离了祖国的怀抱，“爱”的是澳门终于回到祖国母亲的怀抱，终于可以告慰无数像闻一多一样的爱国先人。他把炽热的诗心与澎湃的激情融为一体，在对重大事件关注中奏出爱国的强音。正如他所说：“一个作家应该永远做到，在重大的历史事件中，为大众发言。”①

通州诗人孟宪良诗歌《清晨，在运河之滨》追忆了运河人民的“昔日”悲怆，融入了运河子孙的家国故园情：“清晨，运河的波浪/冲击着我记忆的堤防/我的心，涌出昨夜/大娘用眼泪/泡开的浓重的追想/那挑着‘太阳旗’的木船/将一腔渔民的血/……溅起一注血红的悲怆。”② 在抚今追昔中，诗人从今日之辉煌想起昨日战斗的悲壮，涌起浓郁的家国故园情。

当代通州作家用“铭记历史”的初心，书写故乡人民为保家卫国英勇斗争的历史，谱写出一曲有血性的英雄之歌，激励后人珍惜今天来之不易的生活，更加热爱脚下的土地、热爱自己的家乡。

第三节　时代变迁下通州人民的社会现实生活

当代通州作家是一个有时代感的作家群体。关注现实生活、思考现实生活、反映现实生活是他们作为作家的使命和责任。他们主动聚焦时代、社会大环境变化，回应社会关切，捕捉普通人的生活变化，反映时代变迁下通州人民的社会现实生活，在现实题材领域进行了多方位的开拓。面临不同时期出现的新事物、新变化、新生活，他们有记录、有反映、有赞扬，也有批评、有思考、有反省，更有新寄托、

---

① 刘祥编《通州作家群》，中国文联出版社，2002，第206页。

② 刘祥编《通州作家群》，中国文联出版社，2002，第248页。

新期望、新畅想。这些对新事物、新变化、新生活的跟踪和记录，都保留在他们的文学故事里。当代通州作家作品就是一部用文学记录的时代变迁下通州人民的当代生活史。

一 反映新社会新风俗、新风尚、新追求

新中国刚成立，全国人民迎来了新社会。新社会带来新面貌，通州人民逐渐改变封建传统习惯、思维方式，追求新风俗、新风尚。尤其是年轻人，对新事物大胆尝试，对新知识、新技能积极接受。20世纪50年代，当代通州作家刘绍棠就集中写了一批反映新社会新面貌的作品。

刘绍棠原载于1950年9月15日《光明日报》的小说《一顶轿子》讲述了张家庄的周万喜老头，在土改时候分财产时，执拗地挑了一顶轿子，但是新社会年轻姑娘结婚都不愿意坐封建轿子了，所以没有人预订他的轿子，周万喜无比懊恼。他的女儿金枝是村里的妇女会干部，追求思想进步，最后让周万喜明白了，什么是新社会新风俗、新风尚。刘绍棠原载于1951年1月1日《河北文艺》上的《新式犁杖》，讲述了发生在刚刚解放的蓟运河西岸土桥村里的故事。张大奎是村里一个远近闻名的木匠，手艺高超。他徒弟五谷跟随他学手艺，还认他为父亲。五谷努力学习木工新技术，经过他钻研改进的新犁杖比张大奎制作的旧犁杖轻省、好用，这让师傅张大奎很没有面子。张大奎因循守旧，不愿接受新方法，师傅二人分道扬镳。五谷的真诚，最终让张大奎明白了五谷的良苦用心，接受了新犁杖，也认同了新技术新方法。同期同类作品还有反映青年结婚新事新办的《过帖》、反映新女性追求平等独立的《蔡桂枝》等。

二 反映农村改革运动现实

20世纪50年代和60年代，农村题材小说获得大发展。因为现当代文学留下许多关于乡土小说创作的良好经验，并且来自农村的作家

有丰富的农村生活经历，再加上新中国成立后党和政府对农村进行了一系列改革，为小说创作提供了丰富的素材，促进了农村题材小说的创作。当代通州作家刘绍棠在这个时期创作了反映农村改革的小说，如以农业合作化运动为背景创作的小说《运河的桨声》，浩然以此为背景创作的引起全国文学界强烈反响的长篇小说《艳阳天》。

农业合作化运动高潮时，农村正在经历着巨大的变动。《运河的桨声》讲述了运河岸上的小村子山楂村，在合作社扩大发展的时候，反革命分子王六潜藏到这个村庄里来了。王六与村里的反动富农田贵勾结在一起，就此往日平静的村里，暗流涌动，展开了一场激烈的斗争。反革命分子王六和反动富农田贵，对山楂村的农业生产合作社进行了一系列的破坏。如拉拢摇摆不定的中农，散播谣言动摇人心，毁坏农业生产合作社的实验田，破坏合作社的生产计划等。山楂村的村民在党支部书记和合作社社长的领导下，在区委书记的指示下，看穿了敌人的阴谋和计划，对敌人的破坏给予狠狠的反击，终于获得了最后的胜利。这个故事告诉人们，农业合作化运动正在蓬勃发展，不会一帆风顺，也不会轻易取得成功，激烈的战斗正在打响，只有保持战斗的精神和警惕，才能取得最后的胜利。

《艳阳天》是浩然的代表作之一。小说由三个卷本组成，因其人物丰富生动，结构完整紧凑，富有浓郁乡土气息和很强的艺术表现力，广受读者欢迎，还被改编为电影。这部小说通过京东郊区东山坞农业生产合作社发生的一系列矛盾斗争，讲述了农业合作化运动中纷繁复杂的阶级关系，展现了农业合作化运动波澜壮阔的历程、给农村带来的蓬勃生命力，表达了“社会主义永远是艳阳天”的坚定信念。据说，浩然为了更好地创作，多次到冀东和北京郊区农村体验生活。这部宏伟巨著，塑造了众多性格鲜明的农村人物形象，贴近农村生活，一经出版，引起重大反响。

无论是刘绍棠的《运河的桨声》还是浩然的《艳阳天》，在今天看来都带有“左倾”思潮的痕迹和政治色彩，但是在当时特定的历史条件下，这是不可避免的。从文学性来看，这两部小说都体现出了很高的艺术水准。作者深入农村、关注农村系列变革，直面农村现实生活的创作精神值得肯定。

三 反映改革开放下的新生活

当代通州作家作品记录了改革开放下的农村新生活、城市工业的新发展、思想观念的新变化，赞美幸福的新生活，反映了涌动在改革浪潮中的奋发有为的精神。

楚学晶的小说关注通州农村地区现实生活，表现农村生活的新变化。《周二林请客》《大姑爷借粮》表现改革开放前后通州地区的农村生活：改革开放前，极“左”的路线给农村、农民的生活蒙上了一层阴影，改革开放后，解放了生产力，大大提高了农民的积极性，农村的面貌发生了翻天覆地的变化。《运动健将》表现了频繁的政治运动给农村干部带来的伤害，以及政治运动对人性的扭曲。《彩云追月》表现农村青年的爱情故事。

刘绍棠的中篇小说《小荷才露尖尖角》是刘绍棠重回文坛后创作的作品之一。这篇小说讲述了一起长大的三个青年男女的人生。他们是新时期京郊运河乡村的新青年，有运河青年的善良质朴，又有积极向上的人生追求。他们敢于挣脱束缚，打破固有樊篱，勇于学习知识、进行生产变革，愿意拥抱新时代、新事物，最终在奋斗中收获美好的爱情和生活。刘绍棠的这篇小说反映了改革开放初期运河青年们新的精神面貌。

孙宝琦的小说《师傅偷艺》是一篇通俗、有趣的描写通州人和事新变化的小说。小说以轻松的笔调讲述了落后守旧的工匠于老三，面临新时代新的技艺理念、新的生活习俗从百般抗拒到好奇，从暗中观察到偷偷学手艺以适应社会变迁的故事，反映了运河平原农村带有新鲜感的新人、新故事、新事物。改革开放初期，实行了包产责任制，工匠于老三的徒弟海生，盖了新房，娶了媳妇，还适应市场要求，从制作传统木制家具改变为制作时兴沙发，大受欢迎，日子越来越红火。

于老三观望、拒绝、犹豫、羡慕，最后竟然偷偷去徒弟家学艺。

刘祥作品也沿袭了刘绍棠的创作风格，大部分作品以北方运河小城为背景，反映运河人家的日常生活。他的小说《渔谣》写了新时期以打鱼为生的白庙村崔茂老汉的渔家新生活和他眼里人们的幸福生活：让全通州人罕见的橡胶大坝落成，潮白河“活”了，鱼儿欢腾，草木滋润，田地得到灌溉，打鱼人乐了，庄稼人笑了；水上乐园商品屋开张，方便了游人；村里的带头人张树奉带领全村一改种植了多年的老三样（玉米、小麦、水稻），动员大家在沙荒上栽上桃树，村子成了远近闻名的桃花村；满子妈在农业调整中获得好收成，60多岁也戴上了金戒指；“芒头”老兄从台湾回到村里，把一笔可观的资金投入家乡建设；崔茂老汉的孙女灵子在研究如何利用荒地发展池塘养鱼……每户人家都在靠劳动致富，合理合法致富，让过去出“打鱼郎”的村庄，焕发出新的生机。《渔谣》“唱”出了一曲运河渔家拥抱新生活的希望之歌。刘亦索的纪实作品《绿林好汉》是为通州沙荒治理和做绿化工作的英雄人物立传。

孟宪良20世纪90年代写于通州的诗作《运河的桨声》书写了北运河两岸农民在农村土地承包政策下，让古老的运河奏响了时代奋进的号角，满怀新希望和畅想：“呵，我的船/启泊于/承包合同末尾的句点/与妻欣喜的珠泪/蕴蓄的凯旋的祝愿/我的桅/扬起我的昂奋/将一面青春的旗/升进壮阔的幽蓝/——呵，我豪放的帆/系动水风/宣泄着我的强悍……呵，秋阳——/辐射遒劲的金线/拉起我的腾飞/岸边——/妻的纱巾/为我凯旋的风帆/扬起艳红的祝辞。”[①] 他的《写在乡村工业的地平线》组诗，写出了对新型乡镇企业的寄托和厚望：“以我们创造的神圣/去启动乡村的变革/永恒的向往/连同本世纪末，那轮/血汗濯亮的秋阳……”[②] 诗作《田野里的车间》跳跃着“宏伟的厂房”“大地的芬芳”“变革的畅想”这样的诗句，昂扬健朗的诗情充

① 刘祥编《通州作家群》，中国文联出版社，2002，第242~245页。
② 刘祥编《通州作家群》，中国文联出版社，2002，第248页。

满对农村变革的期盼。当代通州作家刘康达出版的戏剧集《运河人》，歌颂了新时期一代运河人开拓、进取、自强不息的奋斗精神。

三 对当下生活的审视与反思

从20世纪70年代末改革开放开始，中国至今已经走过了四十年的光辉历程。在这四十年的征途中，当代通州作家也被现实生活鼓舞，激发出创作的欲望。“家乡那变化多端的现实生活激荡着我的创作欲望，忍不住要写一写改革开放中的乡土和乡亲。”① 在改革中裹挟着蜕变的阵痛，也带来新的问题。当代通州作家作品在大力书写改革开放的巨大成就时，也关注改革中的阵痛、纠结，也反映改革中亟待解决的现实问题，如环境污染、精神迷茫、信仰缺失等，还写出了城镇化进程中的乡愁等。

刘绍棠把乡土文学的触角伸展到改革开放中的家乡和家乡的父老乡亲身上。刘绍棠对改革开放的题材并不是特别熟悉，但是他认为要写好改革，还是离不开他的风土人情，离不开改革的主体“人”，因此，他把目光投入改革开放中“人”的变化中来。他既关注家乡在改革开放中出现的新面貌新气象，如高楼平地起、兴建新村镇、生活得到巨大改善，也关注在商品经济中改变的人情世态、人际关系，如人情变得淡薄、“一切向钱看”、重利轻义等。他的长篇小说《这个年月》就是写改革开放初期一位地方志学者担任实验县的书记，引发的矛盾斗争、进取与挫折、欢乐与苦恼交织的故事。《这个年月》既有改革开放带来巨大变化的惊喜，又反映出在社会现实中存在的问题。

郑建山1990年创作的小说《夜》讲述的是在凉水河整治工程中，凉水河边居民老奶奶面临搬迁依依不舍、复杂纠结的心情，以及最终从大局出发心甘情愿随全村搬迁的故事，也是一篇关注特殊时期特殊地区社会现实的作品。张凤军的小说集《鲫瓜子闹鱼塘》收录了《鲫

① 刘绍棠：《我是刘绍棠：刘绍棠自白》，团结出版社，1996，第189页。

瓜子闹鱼塘》《最后一个看守》等4部中篇小说，用京东通俗、幽默的农村口语，反映不同历史背景如“文革”、改革开放下的社会侧面、农民的命运。

王梓夫的长篇小说《梨花渡》书写了改革开放年代运河的传奇。如果说王梓夫的《漕运码头》把触角伸向通州作为漕运码头那段风云激荡的历史的话，那么《梨花渡》则通过改革开放后梨花渡的30多年的变迁故事落脚到了当下之思。梨花渡从20世纪70年代后期至当代，这个运河沿岸的村庄经过了一次次时代变迁，也经历了改革的大潮，但是碧波荡漾、秀丽多姿的梨花渡，淳朴自由的民风民心、野性洒脱的运河人，百舸争流的繁荣、千年古镇的昔日盛景似乎已经远去，故乡人心已变，归家的游子寻不到乡愁。在新的现实面前，梨花渡的运河儿女们开始回归故乡，重新思考家乡的未来，发起了《梨花渡宣言》：“我们需要金山银山，更需要绿水青山，绿水青山就是金山银山。首先一条，就是要把大运河的水还清，让大运河流淌着能喝的水，能浇灌庄稼的水，能捕鱼的水，能航船的水……”[①] 一场新的变革在梨花渡拉开。

第四节　多面立体、厚重的漕运历史文化画卷

当代通州作家作品关注现实题材的同时，不断拓展题材领域，挖掘通州历史，聚焦通州漕运文化，把写作的触角纵向伸展。与侧重描写大运河风土人情画卷的书写不同，以运河历史为创作题材的作家把目光投向了历史，投向了有着深厚底蕴的运河文化。在波澜壮阔的运河文化里寻找创作的源头和土壤，以绵密、宏大的运河历史为背景，将历史真实与艺术真实融为一体，艺术地再现风云变幻时代的运河故事，为运河文学书写拓宽了维度和视角。当代通州作家虽然都对家乡

① 王梓夫：《梨花渡》，北京十月文艺出版社，2017，第430页。

前世今生耳熟能详，对家乡的风土人情的书写可谓驾轻就熟，但是要打破“历史”的天窗，以宏大的历史叙事，在历史真实中构建艺术真实的时空，对很多作家而言是一个考验。毕竟，写自己体验过的现实生活容易，写他人体验过的历史生活难。值得注意的是，当代通州作家王梓夫的《漕运码头》让我们看到了当代通州作家在运河文学创作探索上所做出的努力和取得的成绩。王梓夫是继刘绍棠之后通州土地上成长起来的引人瞩目的一位作家，也是当代通州作家代表之一。虽然他不拘泥于乡土文学，不拘泥于流派，但他一直心系通州，心系运河。从家喻户晓的《漕运码头》到最新出版的《梨花渡》，他在不同历史时期对运河的书写和关注都能让人眼前一亮，为运河书写输入了新鲜的血液，注入了新的活力。

一 艺术地再现通州的漕运历史

如今，“漕运”是个陌生的词语，但在中国的历史上，特别是明清两代，京杭大运河之上的“漕运”是维持国家正常运转的一根命脉。著名的京杭大运河北起点通州，是北京通往天津、河北、东北地区的枢纽要道，堪称北京的东大门。通州之名本身就与漕运有关，取运河漕运通畅周济之意。800 多年来，通州地区一直是漕运及仓储重地，素有“一京、二卫、三通州”之美誉。京杭大运河近千年的漕运历史为通州区留下了众多的文物古迹和美景佳谈。昔日的通州八景“古塔凌云”“长桥映月”“柳荫龙舟”等依稀可见，“一枝塔影认通州”“倒影山河月影摇”等赞美诗句一直流传至今，它们都是漕运历史的见证者。

王梓夫的《漕运码头》是当代通州作家中写家乡历史题材的代表作品之一。这部作品是中国第一部描写漕运文化的长篇小说，于 2007 年获得第二届姚雪垠长篇历史小说奖，并被改编为电视连续剧《漕运码头》播出。小说以清朝道光年间为背景，对影响国家兴衰的漕运历史进行了详细的描写，再现了大清王朝由盛而衰之际，从王室到臣子、从官场到民间的忧患、挣扎、纷争的乱象。这部作品文化底蕴深厚，塑造人物形象传神，从中可以看出作家的功底，也可以看出他为创作所进行的大量、长期的研究和积累。“王梓夫研究运河文化、研究漕运历史总有二十多年了。据说他拥有的资料是很全的，摞起来差不多有他等身高。可以想象，他钻进这纸堆里需要何等的功夫，何等的毅力，还要耐得住寂寞。”①

这部作品之所以在众多运河文学作品中脱颖而出，除了恢宏的历史视角、性格鲜明的人物形象、跌宕起伏的故事情节等要素之外，最重要的是通州地域文化的独特感、运河千年积淀的文化感、漕运兴衰的历史感，以及在王朝大船将倾之时的宿命感，在不同维度中编织出了运河文学在特定时空下所呈现出的另一种风格。它的出彩之处是，它对通州地域、漕运历史和文化极尽描写和陈述，它不仅仅是一部文学作品，还是一部关于通州地区的地方志，更是一部关于漕运的历史书、关于运河的文化图鉴。

《漕运码头》以爱新觉罗·铁麟对女人乳房的依恋癖好写起，伴随着通州城北的鼓楼悠扬的钟声，拉开了以革除漕弊为主线的历史故事的序幕。爱新觉罗·铁麟，与林则徐、陶澍作为道光皇帝的三大臂膀分别被委以重任，切除大清江山的三个毒瘤——“漕弊、烟毒、盐政”。铁麟临危受命，被任命为仓场总督，负责查办漕弊，找出仓场蠹虫的确凿罪证，力图还漕运一个风清气正的新气象。

资料显示，仓场总督是明清两朝专设的、由户部官员管理全国粮仓的职位，又称总督仓场、总督仓场侍郎，全称为总督仓场户部侍郎。清朝设置总督仓场侍郎，由满、汉两人组成，分别驻守通州、新城。在作品中也详细地介绍了漕运的机构：“仓场总督，由户部侍郎充任，钦简二品，一满一汉，满正汉副；坐粮厅厅丞，钦简五品，一满一汉，满正汉副；大运中西仓监督，一满一汉，满正汉副。”②

① 王梓夫：《漕运码头》，中国文史出版社，2009，第2页。

② 王梓夫：《漕运码头》，中国文史出版社，2009，第18页。

作品再现了当时通州的旧貌旧址，作为人物活动和故事发生的背景，如古漕运码头张家湾、通州大街、通州古城。张家湾是漕运古城、客货码头重地，聚集了不少先贤遗址，也是小说主人公铁麟视察运河解冻通航之地。在写到通州大街时，作家在历史客观事实的基础上，对通州大街在道光年间的位置、地貌、特征、功能进行了详细的说明，记录了通州的变迁、漕运景象，以及社会现状。“所谓的通州大街，实际上是一条穿街而过的河流。这是通惠河的故道，亦称之为穿心河。通州是大运河的北端，漕船把粮食卸在土石两坝上之后，便通过通惠河源源不断地运进北京的粮仓。现在通惠河已经改道城北了，可这条穿城而过的河流依然不舍昼夜地流淌着。河两岸是鳞次栉比的铺面和住宅，开漕时节将至，家家张灯，户户结彩，已经热闹非凡了。通州一句民谣：绿水街中流，通州无高楼，人无三年富，清官不到头。”①

《漕运码头》对通州古城的描述一半基于真实，一半基于想象。真实来源于通州古城真实的历史记载。如通州古城也就是潞县故城，是通州的旧址。它的建城历史有详细的史书记载：西汉初年设县，为路县，东汉时期改为“潞县”，渔阳郡也曾设置在此。“先是编篱为城，后又筑土为城。元至正二十八年，朱元璋在应天府即南京建立了大明王朝之后，大将徐达、常遇春统帅诸军北上，占据了通州，直逼元大都。据说，后来的通州城便是徐达、常遇春修建的。”② 这些通州建城资料应该是史实，关于通州古城街道、商贩、客店、杂货铺等的描写是根据史实进行艺术想象创作出来的。在历史真实与艺术真实之间，还原了一个古香古色、富有运河风情的京东古城，让通州古城不仅具有历史的厚重感，还拥有独具特色的文化质感。

通州古城里的官厅衙署林立，可谓“城依红云下，门临绿水滨。宝鞍驰骏马，都是帝京人”。明代著名文人、华盖殿大学士、兵部尚书杨士奇的诗《通州》就很形象地反映了来通州的衙门多、办事的官

---

① 王梓夫：《漕运码头》，中国文史出版社，2009，第5页。

② 王梓夫：《漕运码头》，中国文史出版社，2009，第100页。

员多的情况。之所以呈现如此之景，在于通州有便利的水陆交通，是京畿要道、漕运重地。据研究文章记载："清代仓场总督衙门位于新城南门东，为明总兵府改建；通永道衙门在州城内天恩胡同偏东；户部坐粮厅署在新城内西察院，为原明总督粮场太监居住的忠瑞馆；大运西仓监督署在坐粮厅后，即明代忠敬馆；大运中仓监督署在州旧城南门内；东路厅署在州新城内草厂；理事厅与漕运厅署在张家湾城内；通话知州署、州同署、州判署均在通州城内；土坝掣斛厅在土坝，为州同督漕公廨，每年南运漕粮抵达通州时均驻扎于此；石坝掣斛厅在石坝，明时称督储馆，有大官厅一座，为判督漕处所；驿丞署与巡检署在张家湾城内；左营都司署与张家湾营都司署均在张家湾城，右营守备署在通州州治西南。从这些衙署的级别来看，几乎涉及明清所有行政建制的品级，其中关于仓储与漕运的占绝大部分，即便作为地方行政人员的知州、州同、州判，除料理地方事务外，也必须承担大量的漕运事务。"① 《漕运码头》在通州如林的官厅衙署中重点描写了建筑规模最大的坐粮厅的结构布局。坐粮厅按照户部的规模建造，房间多、功能齐全、布局合理，结构上充分体现了处理漕运事务的作用。

《漕运码头》还写到专门为女性开设的妃子楼。在州府衙门后面的妃子楼，传说是崇祯皇帝一个逃到通州的妃子开设，以制作为女性享用的糕点闻名。创始人的经营原则是，用餐群体是贵族女眷和良家妇女。到了她的侄孙一代，从经营糕点的店铺拓展为餐厅、休息之所，充斥着红粉佳人和青楼佳丽，以及放荡风流的男子，有了风月场所的味道。

小说还描写了通州城的"夜生活"。虽然在道光年间，漕运有所衰落，但是通州城还保留着昔日漕运重地的"夜生活"。对通州城"夜生活"的描写，穿插在人物铁麟的活动场景中。"从小茶馆出来，街道两旁的铺面已经是灯火辉煌了，幌旗飞舞，金匾高悬。行人缕缕

① 韩国生：《为京杭大运河服务的漕运衙门总部在哪？坐粮厅堪称"小户部"》，http://www.takefoto.cn/viewnews-1364490.html，2017 年 12 月 27 日。

行行，吆喝声此起彼伏。酒楼饭馆里飘出来的是诱人的香气和悦耳的锅勺声响，还有丝竹伴着歌伎的靡靡之音。想不到通州城的夜市，竟然比北京的鼓楼大街还热闹一些。”① 从新任仓场总督铁麟的视角，通过与北京鼓楼大街相比，展现通州城夜市的热闹非凡。《漕运码头》还把笔触伸向漕运码头的阴暗之处。漕运码头的街巷深处，赌场和妓院云集，如六六顺宝局赌场、妓院。在鼓楼后面的北大街上，州府衙门的前门东侧的六六顺宝局赌场、校书巷的妓院，都是藏污纳垢之地。这些纸醉金迷的地方供人娱乐消遣，也让人沉迷其中不能自拔。有人一掷千金豪赌，有人一夜之间流落街头，有人铤而走险丢了性命。

二 反映漕运流弊下的民生疾苦

作品描写了当时通州城市的众生相。漕运兴盛时，通州作为商业要地，也曾声名远扬。随着漕弊的日益严重，漕运与大清王朝一样露出了衰败之相。即便曾被万人瞩目的开漕节也有了萧索之感。作家艺术地再现了开漕节前夕的通州城一幕：“南来漕船的运丁，北来驼队的商旅，更多的则是像候鸟一样前来觅食的扛夫、车夫、纤夫和砸冰的、缝穷的、扫街的，当然也有卖艺的、讨饭的、做小买卖的等等。人虽不少，却步履匆匆，影影绰绰，无声无息，像一群梦游者，又像是在另一个陌生的世界里的游魂。”② 通过对通州城的开漕节前夕街头众生的勾勒，可以看出这些因漕运而生的人们已经首先感受到寒冬来临的侵袭，他们因为漕运的凋敝生存情况愈加恶劣，陷入生计无着之困。

作品反映了漕运码头背后的生存链条。历代王朝因漕运而受益，也因漕运的痼疾而伤身。经过朝代更迭，到了清朝，漕运在漫长的历史演进中形成了一个强大利益链条，这个链条涉及层面从上到下，从内到外，严丝合缝，盘根错节，俨然成了一个需要切除的肿瘤，危及

① 王梓夫：《漕运码头》，中国文史出版社，2009，第10页。
② 王梓夫：《漕运码头》，中国文史出版社，2009，第7页。

漕运的正常循环运转。作品的深刻性在于，它通过漕运码头的军粮经纪陈日修与通州知州夏雨轩的对话，揭示出漕运码头背后惊人的利益王国："漕运码头是什么？这不是一个地盘，这是一个王国。可是这个王国又不是有君有臣权力集中的朝廷，而是一个国中有国，王下有王的大大小小的部落。上有坐粮厅、中西两仓、土石两坝、五闸河道，中有监督书办、巡查经承、经纪斛头、车户花户，下有扛大个的、起驳拉纤的、缝穷的、扫街的。这是里面，属于直接吃漕粮的。还有外面，商贾会馆、茶楼饭店、花船妓院、卖艺的、赌钱的、耍胳膊根的、玩三只手的，可以说是五行八作、三教九流，这些人都在吃漕运，都在靠漕运活着。可是各有各的吃法，各有各的活路。不管怎么吃怎么活，先得在这漕运上站住脚，抢一个地盘。经过金、元、明到了今天的大清，漕运上的地盘已经被占得严严实实、满满当当。每一个山头上都有王，每一个地盘上都称霸，每一个犄角旮旯里都藏龙卧虎，盘根错节，利害相关，这真正是一个插针难进、水泼难湿的森严壁垒。"[①] 这些利益链条如果不加以斩断，漕弊就不能真正得到治理。然而想真正打破漕弊的壁垒，"挽大厦于将倾"非仓场总督一己之力所能做到。漕运从某种意义上来说，是一个朝代兴亡的一面镜子。漕弊只是大清王朝走向腐朽、衰亡的迹象在漕运上的映射而已。

小说暴露了漕运码头的行规内幕、陈规陋习、生存潜规则。《漕运码头》从多个角度揭露了到清朝末期漕运码头的利益固化现象，以漕运为生的各行各业、各个阶层的生存潜规则。漕运码头在一片繁荣盛景下，逐渐显露出衰落的迹象。"从仓场总督到坐粮厅大小官吏，到两坝两仓，再到书办、监督、经纪，人人都有权，各自独霸一方，直到斛头、督管、把头，都不是等闲之辈。"[②] 在收粮的环节，每一个关卡都能做手脚，得罪了谁，漕粮都要遭殃。不只是大小官吏蚕食漕运之利，漕运码头的"缝穷"，即自带针线来码头找活计的妇女，都

① 王梓夫：《漕运码头》，中国文史出版社，2009，第 54 页。

② 王梓夫：《漕运码头》，中国文史出版社，2009，第 111 页。

穿着大裤裆的裤子，方便从码头“拿”粮，这成为一种“规矩”。以女性为主的“缝穷”有偷粮食这种勾当，码头上的“扛夫”有自己的组织。有把头垄断了漕运码头上的搬运工作，“扛夫”如果不拜山头，就找不到活计。拜了山头，找到了搬运工作，每天还要将自己辛苦挣来的血汗钱，分四到五成给山头。正如仓场总督铁麟所说：“一条大运河，自山东河南第一批漕船抵通之日起，到湖广江西最后一批漕粮收兑之日止，数月之中没有一天不在营私舞弊，没有一个人不在贪索私肥，没有一个地方不在藏污纳垢。”①《漕运码头》仓场总督铁麟一手提拔的“盈”字号的军粮经纪陈天伦，不得不在漕运码头与这些“缝穷”“山头”斗智斗勇。

徐嘉传因为在漕粮上掺糠造假，并雇人顶替逃避惩罚，被铁麟判处戴枷示众，发配宁古塔为奴，后被青帮的周三爷送到仓场总督铁麟面前，徐嘉传的一番哭诉让铁麟从怒火中烧到感慨唏嘘。徐嘉传虽然是奉朝廷之命运送漕粮，但是一路上风吹雨淋，流汗洒泪，一路上撒下的银子与运河水一样长。“河道粮道要钱，沿途衙门要钱，漕务委员要钱，巡查税务要钱，治安缉盗要钱，呈单报到要钱，抽签等候要钱，书吏要钱，门房要钱，斛头要钱，经纪要钱，三班六役八科六十四巡社七十二行当都要钱……”②临清帮自抵通州之日起，光岸上打点就花掉十八万两银子。徐嘉传哭诉的漕运中的黑暗，让仓场总督铁麟触目惊心，对漕弊的严重性又有了深刻的认识，大运河已经“变天”了：“大运河流淌的还是水吗？不再是了。那运载着漕船、商船、民船的大运河，是乌黑的血，是污浊的泪，是欺天灭族的罪恶。”③

《漕运码头》反映了通州老百姓的疾苦。小说塑造了众多小人物的形象，通过小人物的语言反映通州城老百姓的生活状况。如以逍遥居饭店的小伙计视角来反观当时普通民众的生活状况。小伙计在饭店

① 王梓夫：《漕运码头》，中国文史出版社，2009，第135页。
② 王梓夫：《漕运码头》，中国文史出版社，2009，第142页。
③ 王梓夫：《漕运码头》，中国文史出版社，2009，第143页。

迎来送往中对通州城老百姓的生活状况了如指掌，目睹了通州普通百姓的生活疾苦。小说的主人公新任仓场总督铁麟和通州知州韩克镛在街头“偶遇”，铁麟便主动邀约韩克镛在逍遥居小饭馆喝酒，实际上是想考察通州百姓生活状况和通州知州的为官之道。对二人身份毫不知情的小伙计，在闲谈对话中，就通州百姓的民生疾苦大谈特谈，使得知州脸面尽失，也使得铁麟大为光火。小伙计告诉二人压在通州百姓头上的“九层天”：“一朝廷，二漕运，三直隶，四顺天，五东路，六知州，七青帮，八魔头，九盗贼。”他还告诉二人，通州老百姓对通州知州充满痛恨，通州地面上流行的一句话是“蓝呢轿，两头翘，吃了原告吃被告”，说的就是通州知州韩老爷买官卖官，鱼肉百姓。此外“八魔头”是通州地面上的八大害，分别为“一大天，二麻十，猫三狗四猪五牛六马七羊八”，他们是通州知州豢养的走狗，官匪勾结，在通州一带欺男霸女，明抢暗夺，人们深受其害。小伙计的叙述，从一个侧面反映出当时通州老百姓生活的艰难。

三 多面立体的漕运文化图鉴

《漕运码头》从漕运文化活动写到漕运留下的名胜古迹、地标建筑、故事佳话，以及从商为官做人之道，绘制了一本立体的漕运文化图鉴。

小说描写了通州特有的漕运传统文化活动。《漕运码头》记录了开漕节、祭祀仓神等围绕漕运而举办的通州城隆重而盛大的节日，这祖祖辈辈传承的漕运文化民俗活动，流程烦琐却充满了仪式感。举办开漕节、祭祀仓神等节日，让普通百姓有理由暂时放下生活的劳苦充分享受节日的喜悦和热闹，还寄托了他们祈求神明保佑漕运繁盛、国泰民安的美好祝愿。开漕节于通州人们而言，是一个盛大的节日。它持续时间长、流程烦琐、参与人员广，热闹非凡。小说《漕运码头》用很长的篇幅记录了这一漕运盛景。这些早已成为过去的仪式，再现在小说里，让读者得以一睹漕运码头昔日风采，体会到昔日的文化风韵。开漕仪式开始，仓廒下鹤发童颜、精神矍铄的执事，向着大运河喊一声“开漕喽”，就拉开了节日的序幕，接着是“请坝神”，在锣鼓喧天、人声鼎沸中，“坝神”出场表演，逐渐进入开漕仪式的高潮，然后是“拜坝神”的环节，大小官吏、船帮领运、漕运经纪督管等在大光楼下向“坝神”跪拜，最后是赏“坝神”。其实，“坝神”表演结束，仪式高潮已开始退去，进入“打样验粮”环节，漕运码头的仓场总督铁麟在大光楼前开关打样。至此，开漕仪式才算结束。

就祭祀仓神的活动而言，《漕运码头》花了大量篇幅对祭祀仓神的节日热闹场面进行铺陈：“通州六镇十八乡和京东八县的各档花会，天亮之前或头天晚上就进了城门。家家户户接闺女，请亲戚，约朋友，一时间，通州城热闹得像炸了营，吵得像开了锅。”① 每年开春，大运河解冻之后，漕船北上抵通之前，通州仓场的大运中西二仓要举办一次祭祀仓神的活动，又叫“开仓”和“打仓”。在当代通州作家作品里常常提及的花会，在这部作品里也被提及：“花会一档接着一档地扭过来，陆辛庄的少林，马驹桥的高跷，张家湾的旱船，草寺的中幡，小潞邑的狮子，乔庄的秧歌……争奇斗艳，气象非凡。每当一档花会过去，人们就哄地散开，占满了街道；另一档花会过来，人们又潮水似的推向街道两边，把老人、妇女和孩子挤得趔趔歪歪，欲站不稳，欲倒不能。”② 这些活动也是因为漕运而生，因漕运而兴，是通州地区特有的文化民俗活动之一。

通州先贤遗迹、名人故事，都一一穿插在了小说叙述中，与小说的人物、情节融为一体。例如，古漕运码头张家湾的一代忠良李三才的故居、一代宗师李卓吾与马经纶吟诗论道的柳亭，一代才子曹雪芹家的庄园、当铺和染坊等。在名人故事里，通过作品中的人物讲述了汤显祖和他的《牡丹亭》与通州的渊源。汤显祖在万历二十六年来到北京，上奏皇帝要求惩处贪官污吏，结果万历皇帝无动于衷。汤显祖

① 王梓夫：《漕运码头》，中国文史出版社，2009，第16页。
② 王梓夫：《漕运码头》，中国文史出版社，2009，第17页。

一气之下摔了乌纱帽，辞官后到了通州，写完了《牡丹亭》。关于汤显祖与通州的渊源是否属实不得而知，但是他的故事一直在通州流传。

通州地名的来源，通州地方的变迁，以及通州地界上发生的故事，留下的名胜古迹，都在《漕运码头》中有详细的记载，而且与漕运有着历史渊源。千年运河改变着通州的世俗生活、建筑风格、城市变迁，也重塑和沉淀了通州的文化。通州作为漕运重镇，它的一砖一瓦，一街一巷，都写满与漕运有关的故事，流淌着大运河赋予的文化气息。《漕运码头》重点描写与漕运有关的历史遗迹，这些遗迹本身就是漕运码头的一个重要组成部分。它们见证了大运河的生命历程，见证了漕运兴衰之路，也见证了通州城市的发展轨迹。如大光楼、吴仲祠、燃灯塔。“大光楼俗称楼坝子，在石坝的收粮场上，面向大运河，背靠通州古城墙。两层楼阁，飞檐翘脊，吻兽雕龙。上层窗开东西南北，八面来风。下面一层前方临河开放，尽收万艘千帆。这个大光楼还有一个特殊之处，就是前面的对联。前面敞开，却有左右两根门柱，左边的门柱上雕刻着一副楹联：南通州北通州南北通州通南北。而右边的门柱上却是空的，什么也没有。据说明嘉靖年间修建好大光楼之后，巡仓御史吴仲题写了这么一副上联。下联空着，为的是让后人续对的。”[①] 大光楼把古朴的通州古城和秀丽的大运河交融在一起，成为漕运码头的地标建筑之一。昔日，人们会集此处欢庆有关漕运的盛大节日，今日它以它的雄姿和气魄，开放和大气，成为漕运文化的遗迹，也成为运河文化的一部分。

小说还写了通惠祠、著名的燃灯塔的前世今生。《漕运码头》不吝笔墨介绍了通惠祠、著名的燃灯塔的历史故事。通惠祠又称为吴仲祠，是为了纪念吴仲而修建。吴仲曾为巡仓御史，明代嘉靖年间，河道废弃，他重修通惠河，将漕运码头移至通州，人们修建祠堂以纪念他做出的贡献。关于通惠河的来历，《漕运码头》又做了详细的交代：

① 王梓夫：《漕运码头》，中国文史出版社，2009，第 73 页。

“原来的漕运码头在张家湾，元代郭守敬引昌平白浮泉入瓮山泊，再沿长河入积水潭，引一条闸河直通张家湾。南来的漕船可以直接驶进积水潭，舳舻相继，万艘朝宗。元世祖忽必烈欢喜异常，遂将这条闸河命名为通惠河。”[①]《漕运码头》详细介绍了另外一个通州城的标志性建筑燃灯塔的历史，以及它对通州城的特殊意义。吴仲祠后面就是著名的燃灯塔。“书载宝塔建于北周宇文氏年代，至大清道光已经一千二百余年。宝塔共分十三层，塔上连珠直指蓝天白云。传说漕船过了沙古堆，便可‘三望燃灯塔’。先有燃灯塔，后有通州城。”[②] 至今已有1400多年历史的燃灯塔，全名燃灯佛舍利塔，不仅是通州的标志，也是大运河北端的标志。据资料证实，燃灯塔位于通州旧城北门内，是镇河之塔。全高56米，是八角形十三层砖木结构实心塔，塔底呈现莲花座花瓣三叠，各层飞檐斗拱，且这个塔悬挂了两千多枚铜铃，悬挂铜铃的数量可谓世界之最。通州知州王维珍也曾写诗来描述通州的燃灯塔：“云光水色潞河秋，满径槐花感旧游。无恙蒲帆新雨后，一支塔影认通州。”燃灯塔见证了“天下第一通漕之处”的繁盛景象。如今，大运河没有了漕运功能，作为北京城市副中心的通州将从“京东粮仓”、漕运码头的历史中焕发新生机，承担新功能和使命，燃灯塔也将作为北京城市副中心的文化地标，见证通州的新发展和文化的复兴、繁荣。

四 漕运赋予通州人的精神气质

通州人的性情。《漕运码头》在塑造人物的性格时，不注重人物外貌、表情、衣着等外在的描写，而侧重详细交代人物生长环境、职业、爱好、习惯等细节，以及与漕运码头的千丝万缕的联系，从而使得人物在漕运码头的历史场景中能够对号入座，在众多人物中有各自的定位。另外，作者善于通过人物的独特语言表现人物的性情，而这

① 王梓夫：《漕运码头》，中国文史出版社，2009，第77页。
② 王梓夫：《漕运码头》，中国文史出版社，2009，第77~78页。

种性情在不同人物形象上都有体现，有着典型性特征，体现出大运河赋予通州人的独特心性、脾气和气质。漕运码头的漕粮经纪陈天伦，在运河滩上寻找漕船，被一蒙面人劫持，钢剑搁在了脖子上。“陈天伦还算沉着，毕竟是喝大运河水长大的，大场面没经历过，也听说过。此时此刻，慌是没有用的，没有人来救你，只有凭自己的智慧和冷静了。”[①] 这段陈述，反映出通州人因为常年生活在漕运码头，走船运货，见多识广，练就了沉着的品质和胆魄。

通州这个“地方”在天子脚下，通州人什么样的官员都见过，什么样的大事都经过，他们眼界开阔，对很多事儿和人见怪不怪，遇事不怕。在潜移默化中，这种见识沉淀到脾性中，成为通州人独有的文化气质。王梓夫在《漕运码头》中，对通州人因地域文化赋予的独特精神气质进行了剖析：“通州这个‘地方’不同于其他的地方，这个‘地方’就在天子脚下。皇帝打个喷嚏，通州就得患感冒；哪位王爷或六部首领打起了呼噜，整个通州城就别想睡觉。上有顺天府管辖着，旁边还有东路亭看管着，这都是直接的顶头上司。仓场总督、坐粮厅往通州城这么一蹲，连燃灯塔都显得矮半截。别的地方的百姓，见个七品芝麻官都难，可是通州人出门上趟茅房兴许就能见到几个顶戴花翎。大地方人小地方狗，都是不怕生不怵阵的主儿。通州百姓见多识广，敢到衙门门口吆喝王致和的臭豆腐，敢拿朝廷的命官开涮。要不怎么说京官难当呢?”[②]

通州人有“侃”文化，有“入世”的参与感。通州城内大运河贯穿而过，通州在京城边儿上，得天独厚的地理位置，使得通州人不仅见多识广，沉着胆大，还有一种对政治的天然敏感和关注。无论是官居要职还是平头百姓，谈论的离不开朝廷、官场等与政治有关的话题。久而久之，形成一种独有的“侃”文化，这种“侃”文化，体现了一种心理上的优越感和“入世”的参与感。在《漕运码头》里，夏雨轩

---

① 王梓夫：《漕运码头》，中国文史出版社，2009，第55页。

② 王梓夫：《漕运码头》，中国文史出版社，2009，第95页。

来到京城的第一堂课，是一个小店伙计给他上的。这个小店伙计虽然一身寒酸，一脸菜色，一出口就是一本生意经：“先生，您别客气，别看您穿着随便，又没带书童下人，可我这眼里不揉沙子，包子有肉不在摺儿上。您别开口，听我的，我要是看错了您，您把我这眼珠子挖出来当泡踩。您不凡，您是读书人，文曲星。进京赶考不是？您肯定是个举人对不对？您别笑，我在这儿一天迎八方，什么人没见过。”[①] 小伙子的眼力和见识让初来乍到的夏雨轩甚是惊奇，更为惊奇的是，这位伙计将汤显祖的京城遭遇、《牡丹亭》创作故事与小店、通州联系起来，小店以“牡丹亭”为名并以独有的文化气息为荣。一个贫穷的小伙计把小店的文化气息看成值得骄傲的门面，让夏雨轩暗暗佩服：“夏雨轩算是对这个小伙计心服口服了。原来只听说京城人大气，京城人见多识广，京城人喜欢谈论官场并且对官场如数家珍，却没有想到京城人还如此博学多才。”[②] 通州知州夏雨轩初来通州时的心理感受代表了一个外乡人来京城的初体验，反映了普通通州人的生活侧面和精神面貌。

有“礼”有“面”，就是讲究。漕运码头是商贸人员的集聚地，南来北往的商贸人员带火了漕运码头的酒楼饭庄。这些酒楼饭馆大小不一，傍着大运河带来的人气，屹立在通州繁华地界。《漕运码头》里多次讲述了漕运码头上有名的高档饭庄天河楼。天河楼饭庄外形气派，三层砖木结构的小楼，飞檐翘脊，雕梁画栋。且根据水域丰沛的运河地形而建，带有运河风情，楼的基座一半跨着堤岸，一半悬在水上。这里有身怀绝技的皇宫高厨，人人都有拿手菜。能做出“通州四绝”鲤鱼血丝羹、两吃里脊、驼峰、鹅掌的饭庄只有天河楼。“天河楼”三个镏金大字是乾隆皇帝的御笔所写。乾隆皇帝六下江南，在大运河登舟之际，都要品尝天河楼饭庄准备的精美菜肴。作为漕运码头首屈一指的大饭馆，它既有周到的服务理念，又深受京城文化影响，

---

① 王梓夫：《漕运码头》，中国文史出版社，2009，第47页。

② 王梓夫：《漕运码头》，中国文史出版社，2009，第48页。

遵循京城饭店的规矩，在顾客体验上讲究有礼有面儿。满店伙计，手脚勤快，聪明伶俐，客人一到，招呼声此起彼伏，热闹非凡。饭店的红火场景，热情周到的礼仪，让食客感到身份尊贵，有面儿。这种有礼有面儿体现了饭店经营者对北京文化心理的熟悉和迎合。“北京人好摆谱，把吃饭当成乐子，当成交际，当成身份。到这样的饭店里，这么多人前呼后拥，左右伺候着，听着顺耳，吃着舒坦，花钱不冤，特别的有‘爷份儿’。所以饭吃完了，都扔下几个赏钱，玩的就是这个派。这时候，堂头一声高喊：‘刘四爷赏钱两吊……’堂头的话音未落，满堂伙计，伙房厨师，洗菜的，刷碗的，打杂的，包括账房先生，甚至饭店的东家都一齐高喊：‘谢谢啦……’就这满堂欢实劲儿，让赏了钱的客人觉得脸上特别有光彩，心满意足地出了大门，下次吃饭肯定还到这里扔钱。”①

“礼”字投射出京官与外官不同的官场文化。有礼有面儿不仅体现在通州普通百姓的世俗生活、漕运码头的餐饮经营中，还体现在官场文化中。《漕运码头》里多次通过通州新任知州夏雨轩对“京官”与“外官”的观察和体会，反映京城官场文化与外官的不同：“京官与外官不同，京官清贵而外官鄙俗，京官贫瘠而外官富肥，京官是金马玉堂、水木清华，外官则是风尘俗吏、手板脚靴。总而言之，京官占尽了一个‘礼’字，外官则吞足了一个‘钱’字。”② 虽然这种体悟未必客观全面，但是也反映出不同地域为官者的不同价值追求。

第五节　感恩与反哺，抹不去的乡愁

礼赞故乡、思念故乡、感恩故乡、回报故乡是文学艺术表现的一个重要题材领域。无论是李白的“仍怜故乡水，万里送舟行”，还是杜甫的“露从今夜白，月是故乡明”；无论是王维的“君自故乡来，

① 王梓夫：《漕运码头》，中国文史出版社，2009，第59页。

② 王梓夫：《漕运码头》，中国文史出版社，2009，第61页。

应知故乡事”，还是宋之问的“近乡情更怯，不敢问来人”；无论是韦庄的“未老莫还乡，还乡须断肠”，还是陶渊明的“羁鸟恋旧林，池鱼思故渊”；无论是马戴的“落叶他乡树，寒灯独夜人”，还是于谦的“书卷多情是故人，晨昏忧乐每相亲”，都凝结了千般思绪，万般惆怅。这种乡愁凝结的心绪从古至今没有变过。每一代人有每一代人的乡愁记忆，每一代人有每一代人的故乡文化书写。古人如此，今人也是如此。席慕蓉现代诗《乡愁》：“故乡的歌是一支清远的笛/总在有月亮的晚上响起/故乡的面貌/却是一种模糊的怅惘/仿佛雾里的挥手离别/离别后/乡愁是一棵没有年轮的树/永不老去。”抒发了乡情的怅惘，乡愁的永恒。余光中的《乡愁》：“小时候/乡愁是一枚小小的邮票/我在这头/母亲在那头/长大后/乡愁是一张窄窄的船票/我在这头/新娘在那头/后来啊/乡愁是一方矮矮的坟墓/我在外头/母亲在里头/而现在/乡愁是一湾浅浅的海峡/我在这头/大陆在那头。”在具象化的语句里，浓缩了个人乡愁，升华了深厚的家国情怀。乡愁是一种生命初心的探寻，是一种生命体验的反刍，是一种故乡情结的浓缩，是一种精神家园的寻找，是一种文化意识的觉醒，是一种感恩反哺之心的唤起。当代通州作家作品以“反哺”之情、“报恩”之心讴歌和礼赞家乡人民，用文学之笔为通州留下多彩的文化历史画卷。

一 感恩反哺之心

如果把当代通州作家当作一个群体来研究的话，共同的地域文化滋养应该是他们共同的成长和写作烙印。他们的作品以通州地域文化为底色，铺陈开来，创造了一个个独立的艺术天地。20 世纪 50 年代、70 年代，对当代通州作家而言，“乡愁”还是一个陌生的词语，因为当代通州作家大多生活在故乡，立足于故乡本身进行创作。因为没有空间上的距离，也没有情感上的分离，所以乡愁情绪并不浓郁，最多是望乡感怀的情思而已。这个时期，当代通州作家书写故乡风景、身边人身边事，以及新生活新变化，情感表现相对单一，礼赞、讴歌、感恩、反哺之情更为浓烈。如在当代通州作家中，刘绍棠旗帜鲜明地提出为故乡写作、为故乡人民立传，为故乡人后代留下20世纪家乡的历史、景观、民俗和社会学的多彩画卷。其他当代通州作家也秉持这种创作理念和创作实践，为通州书写，为运河代言。

他们感恩故乡的哺育滋养，感恩故乡给予写作的土壤。当代通州作家的童年生活是他们最初的人生记忆，而这些记忆生发了他们整个人生和文学世界。就成长而言，家乡的水土哺育了生命本身、滋养了成长过程，家乡的风习生成了对社会人生的体认。就文学之路而言，这些“原初性”体验，乡野奇人怪事，口头流传的民间故事、演说评书、民歌民谣、民间音乐、民间绘画、民间戏曲等，这些作为民风民俗都在潜移默化中滋养人的心灵，给予文学书写取之不尽用之不竭的无穷宝藏，甚至在悄无声息中参与了作家艺术追求和审美品质的养成。

当代通州作家与家乡有母子般的深沉情感，这种母子之情既是成长的哺育和生命的滋养，也是文化教化和文学之路的启蒙。1953年，刘绍棠在第一本短篇小说集《青枝绿叶》的前言里提到，这个小说集里的5篇小说都写他的家乡——北运河平原上的故事。他说：“我出生在这个平原上紧紧靠着河边的一个小村庄里。运河的河水和平原的土地，哺育我成长为一个充满青春活力的17岁的青年。我和我的家乡，有着一缕深深的，就像母子连心那样的情感。”[①] 当代通州作家作品的根深埋在故乡的土壤里。故乡的风情、故乡的故事，以及故乡的记忆，都是他们编织文学世界的藤条。正如刘绍棠所说：“不少年轻的同志写信或口头向我提问，我是受谁的影响而走上文学创作道路的？我回答说，是人民，家乡的人民。”[②] 刘绍棠在四十多年的创作生涯中，他的作品没有一篇不是写运河，没有一篇不写通州，坚持“从一而终”，牵挂着自己的故土和乡亲。“一方水土养一方人，没有我的家乡，没

① 刘绍棠：《我是刘绍棠：刘绍棠自白》，团结出版社，1996，第217页。

② 刘绍棠：《我是刘绍棠：刘绍棠自白》，团结出版社，1996，第218页。

有我的乡亲，哪来我的乡土小说?”① 感念故乡的哺育和滋养、教养和启蒙，是每一位当代通州作家最真实而质朴的情感表达，因此，他们带着反哺之心书写家乡，感恩乡亲，回报乡恩。

二 名人文库捐献，造福桑梓

当代通州作家珍惜传承下来的好文脉好文风，薪火相传，续写新篇章。他们不仅对家乡进行书写，以文学的方式向家乡致敬，还身体力行感恩前辈作家的开拓，扶持晚辈作家，鼓励同辈作家创作，并把自己毕生创作的资料，无偿捐献给故乡。“我无比眷恋我的故乡，热爱我的乡亲。因此，我决定将我过去、现在和将来发表出版的作品的各种报刊、单行本、外文译本，我的手稿、书信、日记、奖状、奖品、荣誉证书，以及国内外研究我的创作的书刊和凡是与我有关的一切资料，全部无偿地捐献通县档案馆。”② 刘绍棠以这种方式为造福家乡发最后一分光、最后一分热。1992 年 5 月 27 日，通县为刘绍棠建立的刘绍棠文学艺术档案库正式揭幕启用，并授予刘绍棠“人民作家，荣耀乡土”的纪念牌。这一荣誉代表了家乡人民对刘绍棠的认可和爱戴，刘绍棠也异常珍惜家乡人民的厚爱。获奖无数，并不注意珍存奖励奖杯的他，却把来自故乡的这个纪念牌高悬于客厅，意在向每位访客展示、“炫耀”。正如他所说的，文学创作上他经营的是“土特产”，所以好与坏的评判标准不是专家、评论家，而是“田夫野老”和“乡女村妇”，以他们的“脸色行事”。所以家乡人民才是他文学作品里永恒的主角，家乡人民授予的荣誉才是至高的荣誉和奖赏。

当代通州作家浩然、刘绍棠、王梓夫一直提及通县占地好、风水好、文脉好，所以才人才辈出，产作家。这固然不错，与此同时，通州出作家还离不开地方政府对知识、人才、文化的尊重。通县档案馆

① 刘绍棠：《我是刘绍棠：刘绍棠自白》，团结出版社，1996，第 249 页。

② 刘绍棠：《我是刘绍棠：刘绍棠自白》，团结出版社，1996，第 249 页。

的名人文库的建立，就是一个很好的例子。对此，刘绍棠就非常感动，并为之鼓掌称赞。“一个县为一个活着的作家建立文库，在全国2000多个县中，通县可称首创。这充分表明，素有历史文化名城之称的通县，是何等尊重知识，尊重人才!”① 高占祥在揭幕式上指出：“今天这个文库（指刘绍棠文学艺术档案库）的落成，我觉得它的意义超出了通县，超出了北京，在全国都有意义。保存名人档案，对于后代来讲，将是一笔难以买到的，非常宝贵的财富。”②

除了刘绍棠之外，当代通州作家刘白羽、高占祥、王梓夫等作家都有自己的文库。名人文库深入挖掘本地历史文化资源，为通州地区风土人情、地方特色研究提供了生动鲜活的一手资料，体现了通州深厚的文化底蕴、与京城历史文化的渊源，以及积淀其中的民族精神的精华。这对促进当代通州作家创作，教化后人，弘扬运河文化，提升通州地区文化事业发展有“利在当今，功在万代”的深远意义。

三　浓郁的乡愁，审视中的关切

记忆中的乡愁。改革开放四十年中，城镇化进程加快，人口流动加速。传统文学和传统作家面临新的写作环境，现实的故乡成为记忆中的一抹乡愁。如红孩的散文集《运河的桨声》就是“乡愁文丛”系列之一。第三辑为“不尽乡愁”，包括《西皮流水》《父辈的生意》《于家围进入了中国文学史》《运河的桨声》《我的祖籍在哪里》《忏悔是否有门》《日日相忆何处忆》等17篇关于故乡往事、家园故人的追忆和感怀。他的散文诗集《太阳真好》，是反映京东农村生活的，但是与刘绍棠反映“农村里的农村生活”不同，红孩的作品是“反映北京的城乡结合部的生活。也就是说，诗中展示给读者的生活无论是物质方面还是精神方面，是城市中的农村生活或农村中的城市生

---

① 刘绍棠：《我是刘绍棠：刘绍棠自白》，团结出版社，1996，第249页。
② 高占祥：《通县档案馆做了一项富有开拓意义的事情》，《北京档案》1992年第4期。

活”[1]。诗集里的《那把银犁》《告别茅草屋》《不要再叫乡巴佬》《拽回遥远的风筝》等作品既包含着浓烈的乡土气息，又凝结着一种淡淡的怀想，“红孩总是给这清纯而朴实的诗句注入一缕现代乡愁，发人沉思，催人遐想”[2]。

王梓夫的《梨花渡》里用大量的篇幅写乡愁。在整个小说35个章节中，“乡愁篇”有7个章节，包括第2章《乡愁篇·魂系归来》、第15章《乡愁篇·我的大运河》、第17章《乡愁篇·海南的潮起潮落》、第23章《乡愁篇·漕运客栈》、第27章《罗淑惠的茅房梦》、第33章《乡愁·真相的噩梦》、第35章《乡愁篇·魂归何处》，“乡党篇”有8个章节，占据了小说接近43%的篇幅。在第2章节《乡愁篇·魂系归来》中写到“我”漂泊十一年回到故乡，乡音未改，故乡却已经不是记忆中的故乡，这个昔日京杭大运河河边的梨花渡，因为在碧波连天、风光秀丽、百舸争流的运河边上，成为人流如织、货物如山的漕运码头，而如今的梨花渡“丑陋无比”，不但雾霾重重，污染严重，恶臭脏乱，千年古镇遭到了严重破坏，还面临着拆迁改造。漂泊了十一年之后的游子，怀着满满的乡愁回到了故乡的怀抱，故乡却没有了他的栖身之地。面对面目全非、被“异族”占领的故乡，“我”的乡音未改，故乡的乡音却变了，“我”只能一声长叹。

《梨花渡》在两个叙述主线——“故乡现实”呈现与“昨日记忆”的回溯中交替进行。“故乡现实”主线主要回顾了运河边上的梨花渡的三十年的变迁，“昨日记忆”写“我”康运桥的生活情感经历，以及无处安放的乡愁。前者，记叙了梨花渡的起源、梨花渡的漕运辉煌、大运河与梨花渡的历史渊源，以及梨花渡从土改到合作化、人民公社、分田到户再到城镇化建设的变迁和村民的生存境遇。在这变迁的背后，梨花渡人也在变革中思考、反省、成长。还故乡以青山绿水，还运河以千里碧波，还运河人以安居乐业，还千年古镇以古朴气质，

---

① 刘祥编《通州作家群》，中国文联出版社，2002，第207页。

② 刘祥编《通州作家群》，中国文联出版社，2002，第208页。

还游子以一抹可安放的乡愁，还运河文化以繁荣发展，还运河文化精神以气脉长存，这应该是当代通州作家共同的心声。

当代通州作家无论是对故乡的深情书写，还是在乡愁凝结和现实无奈中的冷静审视，都表达了一种热爱与责任交加的牵挂；无论是在创作中助力同侪、扶持后人，还是为当代通州文学文化发展呼吁奔走，都是在为回报桑梓发光发热。

第四章 “丰富”与“重塑”

——当代通州作家作品视域下的运河文化精神

“文化”一直是文化研究史上颇具争议的一个词语，古今中外的研究学者，曾尝试从多种角度来界定文化的定义。追根溯源，“文化”一词很早就进入中国的语言系统，较早见于战国末年编辑的《周易》：“观乎天文，以察时变；观乎人文，以化成天下。”意思是通过观察天象变化，来了解时间节序变化的规律；通过观察人类社会现象，用教化感化治理天下。“文化”一词的释义，反映出古人“以文教化”的思想和对文化功用的认识。西汉刘向在《说苑·指武》中说：“圣人之治天下也，先文德而后武力。凡武之兴，为不服也。文化不改，然后加诛。”体现了文化的“以文教化”的含义，包括对人思想的教化、品德的教育、性情的陶冶等方面，属于精神领域的范畴。随着时代的发展，“文化”的内涵在拓展、丰富和完善，如文化又包括观念形态、精神产品、生活方式等。中国现代哲学家、哲学史家张岱年说，“文化是人类在处理人和世界关系中所采取的精神活动与实践活动的方式及其所创造出来的物质和精神成果的总和，是活动方式与活动成果的辩证统一”①。并进一步指出，在人类社会活动所创造的成果的意义上，“文化”是“文”，只有考虑到在创造这些成果过程中人对自身的改造才是“文化”。

文化是个复杂统一的体系，文化内容包括哲学、宗教、科学、技

① 张岱年、程宜山：《中国文化精神》，北京大学出版社，2015，第2页。

术、文学、风俗等。张岱年从三个层次来对文化进行划分："第一层是思想、意识、观念，等等……第二层是文物，即表现文化的实物，它既包括哲学家的著作、文学家的文学艺术作品一类的'物'，也包括科学技术物化形态的'物'，即人工改造过的物质。第三层是制度、风俗，是思想观点凝结而成的条例、规矩等。"① 中国文化源远流长，丰富多彩，博大精深。张岱年在《中国文化精神》一书中，阐释了中国文化思想是一个包括诸多要素的统一体系，并提炼出了这个体系的四点主要要素，即"刚健有为，和与中，崇德利用，天人协调"②，并进一步指出："'天人协调'思想主要解决人与自然的关系；'崇德利用'思想主要解决人自身的关系，即精神生活与物质生活的关系；'和与中'的思想主要解决人与人的关系，包括民族关系，君臣、父子、夫妇、兄弟、朋友等人伦关系；而'刚健有为'思想则是处理各种关系的人生总原则。"③

大运河是世界上最早开凿的人工运河，不仅成为贯通南北的漕运要道，为国家统一、政权稳定、经济发展、文化交流、城市繁荣起到了不可替代的作用，也是人类改造自然的文化遗产，孕育了多姿多彩的运河文化。运河文化作为中国文化的重要组成部分，是中华民族勤劳、勇敢、智慧的优秀品质的体现，是生生不息、坚韧不屈、开放包容、家国天下等中华民族精神的写照，是中华民族古老文明的丰富和拓展，也是世界文明历史上的不朽丰碑！没有运河文化的复兴，就没有中华民族文化的复兴。运河文学作为表现运河文化的"文物"，即表现运河文化的"实物"，为我们提供了独特的探究运河文化的视角和维度。

有人说"文化是活着的文明，文明是死了的文化"。运河文化是动态的，在不断发展、积累、融合、沉淀、创造着。在动态发展的过

① 张岱年、程宜山：《中国文化精神》，北京大学出版社，2015，第4页。
② 张岱年、程宜山：《中国文化精神》，北京大学出版社，2015，第14页。
③ 张岱年、程宜山：《中国文化精神》，北京大学出版社，2015，第14页。

程中，它又保持着时代性、地域性、独立性、整体性等特点。这种独立性既是区别于其他文化如长城文化而言的，又是自身在不同历史阶段、不同地域空间呈现的。当代通州作家与北运河血脉相连，生于斯长于斯，受到运河文化的哺育和滋养。他们情系运河，书写运河历史、运河风物人情、运河的时代变迁。当代通州作家是运河的“土特产”，他们从文学维度书写运河文化，挖掘运河文化，丰富运河文化，弘扬运河文化，传承运河文化。他们和他们的作品都是运河文化的一部分，他们和他们的作品所反映出的内在精神也是运河文化精神一部分。他们对运河的集中书写，为我们整理、归纳、研究特定地域文学在表现、拓展当代运河文化及其精神内涵上提供了文本范例和载体。

第一节 “生”：生生不息的生命力

“生生”是中国哲学术语，意为新生事物和变化的发生。“不息”为不断地生长、繁殖，永不停止。正如《周易·系辞上》说“生生之谓易”，宋代周敦颐《太极图说》说：“二气交感，化生万物，万物生生而变化无穷焉。”人们常常用“生生不息”来形容生命力的旺盛。这种生命力既是自然万物旺盛的生命状态、人作为具有创作力的主体所具有的社会生命力，也指人在改造自然和社会过程中所产生的内在精神状态、精神能量、精神追求。

运河文化有着“生生不息”的生命力，是因为运河从人工开凿之日起就是一项体现人类智慧、勇敢无畏的精神追求的工程。在漫长的历史长河中，它以开放的姿态，融通南北，不仅承载着重要的水上交通要道功能，哺育了运河沿岸子孙，牵动着朝代兴衰、百姓苦乐，还促进了政治稳定、经济繁荣、城市发展、文化交流。如今，在时间的沉淀下，流淌不息的运河吸纳、接收、融合了多种文化支流，将它们积淀为璀璨无比的运河文化，成为中华民族精神的象征。从这个意义上来讲，大运河不仅是一条流淌千年的生命之河，还是生生不息的文化之河、中华民族精神之河。从当代通州作家对运河文学的书写来看，无论是对地理空间上运河的生命状态的客观描摹、生命滋养的热情礼赞、运河人繁茂的生命状态呈现，还是对运河儿女的精神世界、生命质量、价值追求的观照，都是从文学维度对运河文化精神的生生不息的生命力的感性阐释。

一　蕴含在北运河风土人情中的生命力量

当代通州代表作家刘绍棠创作的一系列大运河乡土文学作品，以高扬的乡土文学理论旗帜，“割据一方”为故乡创作的坚定决心，影响着当代通州作家的创作。乡土文学创作离不开风土人情，对风土人情的表现，才使得作品具有浓郁的地方特色。当代通州作家与故乡血肉相连的情感，对家乡草木河流、生活环境、历史风貌、人情世态的熟稔于心，以及对故乡母亲的“反哺”之心，让他们的创作动机自然简单、真诚朴素，同时他们又保持着巨大的创作热情和创作能量。当代通州作家对故乡的书写，最能体现独特生存环境赋予人们的独特生命力量。

水是生命之源，给自然万物带来生机。河流不仅孕育生命，也孕育了人类，孕育了人类文明。它不仅孕育生命，也促进人类生产生活，成为交通要道，调节了生态平衡，改变了地理地貌，还形成了河流文化。从文化意义上来说，人类社会文明起源于河流文化，河流文化是人类文明的源泉。河流文化推动社会发展，人类又在社会发展中积淀发展河流文化，也就是说人类文明与河流相互作用，才赋予河流以文化生命。河流与人类社会的发展息息相关，也影响着人类的生活方式、精神信仰、价值追求、心灵形象、文化品格等。

流经通州的北运河给通州带来生命和生机。当代通州作家作品中的风土人情，离不开对自然风景的描写，描写最细腻之处当属对北运河风光的描绘。北运河河畔的自然风光，在当代通州作家笔下，既有千年风姿的遗韵和典雅，又有今日之朝气和活力；既有从南到北带来的清新秀丽，又有自北向南送去的豪迈和粗犷；既有连接京都的雅正之气，又有处于京郊、偏安一隅的含蓄安详。在这摇曳多姿的书写中，北运河是一条跳动的生命之河，它所流经之处草木勃发，四季皆景，鱼粮满仓，船帆飘荡，人流如织，富足安详。当代通州作家作品写出了蕴含在北运河风土人情中的生命力量，这种生生不息的生命力量，来源于北运河丰沛水源的滋养，来源于运河文化对人的心灵哺育。

二 运河女性的生命色彩和生命意识自觉

当代通州作家作品传达的生生不息的生命力量，不仅体现在运河流经地区生机一片上，还体现在运河对人的精神塑造上。这种力量是自由、洒脱的“野性”，不屈不挠生存的“韧性”，也是隐藏在野性和倔强背后的“柔情”和“侠骨”。

当代通州作家作品塑造了众多运河人物形象，而最能体现运河人的生命状态、生命感知方式、生命本真色彩的是女性形象。很多伟大的作家和评论家很早就看到了女性在文学作品中的重要性，她们不仅仅是一种性别意义上的艺术形象，还是能表达更多思想内涵的艺术形象。土地乃生命之根，女性是生命之母。歌德在不朽的诗篇《浮士德》结尾这样写道：“一切过往的，不过是象征，永恒之女性，引导我们上升!”这里的女性不是指具体的某一个人，而是一个女性群体，以及他们身上所散发的生命力量、美德与善意、接纳与包容、真诚与勇敢、美丽与智慧、慈祥与温暖，以及带给我们的更加开阔丰富的世界。周国平在《永恒的女性，引领我们上升》一文中说：“马尔库塞指出，由于妇女和资本主义异化劳动世界相分离，这就使得她们有可能不被行为原则弄得过于残忍，有可能更多地保持自己的感性，也就是说，比男人更人性化。他得出结论：一个自由的社会将是一个女性社会……女性本来就比男性更富于人性的某些原始品质，例如情感、直觉和合群性，而由于她们相对脱离社会的生产过程和政治斗争，使这些品质较少受到污染。因此，在‘女人’身上，恰恰不是抽象的

‘人’，而是作为性别存在的‘女’，更多地保存和体现了人的真正本性。”①

运河河畔的农村女性有着自然生长的旺盛生命力，他们是运河滩上的一道亮丽风景，即便是在恶劣的社会环境下，她们仍然像野花一样顽强而倔强地活了下来，风吹雨打都不怕，哪怕有一点雨水滋润，便尽情地绽放，吐露芬芳，摇曳生姿。她们保持着对生活的热爱和希望，在复杂的险境中能做到胆大心细，在真挚的爱情面前既有小女人的柔情又有侠女的大情怀。如小说《花街》中的蓑嫂、《瓜棚柳巷》中的柳叶眉、《蒲柳人家》里的望日莲等运河河畔农村女性形象。在刘绍棠1980年发表于《十月》的小说《蒲柳人家》里，“望日莲”就堪称这些女性中的代表之一。望日莲奶名儿“可怜儿”，是运河滩摆渡口开小店的花鞋杜四从逃荒的饥民手里买来给自己的傻儿子当童养媳的。杜家夫妇心肠歹毒，望日莲在杜家受尽毒打、屈辱、算计，多次身陷险境。她的勤劳、美丽、善良，让一丈青大娘和何大学问夫妇多次对她出手相救，后来认她做干女儿。暗无天日的生活境遇，都扭挡不住她的生命力：“运河滩上遍地开放着五颜六色的野花，顶属死不了的花朵最小，只有蚕豆粒大，血红血红的，洒满在河边、路旁、柳荫下，不怕风吹雨打，不怕曝晒干旱。一连多少日子不下雨，土地龟裂，禾苗枯黄，可是小小的死不了花却更鲜红，更艳丽，叶子也更翠绿。望日莲就像那死不了花，在饥饿、虐待和劳苦中发育长大，模样儿越来越俊俏，身子越来越秀美。干爹和干娘疼她，一年也给她做一身新衣裳，她穿上新衣裳就更好看。”②

望日莲承受着沉重的劳动负荷，忍饥挨饿，但这些磨难没有打消她对自由的向往。她利用在运河滩上打青柴的间隙，用运河水洗掉劳动的汗水和杂尘，像鸟儿一样在运河滩上放飞自我：“她风卷荷叶一

---

① 周国平：《永恒的女性，引领我们上升》，维啦网，http：//www.dedns.cn/jiaoyu/2038910.shtml，2016年11月22日。

② 刘绍棠：《蒲柳人家》，北京十月文艺出版社，2018，第17页。

般吃下了三个面瓜，心情也欢悦起来，白菜叶子似的脸上泛起了娇艳的颜色，目光也明亮得像月光下的春波，喜气挂上了微蹙的秀眉，红润的嘴唇漾起微笑……”[①] 她不屈不挠，“人大心大”，善用智慧，摆脱了杜家夫妇的阴谋和暗算。与开展抗日救国运动的青年周檎擦出爱情的火花，得知他参加抗日活动的打算后，望日莲刚开始担心拖累他，后来认识到“国家兴亡，匹夫有责”，自己也参与进来，说：“真要拿刀动枪，我比你胆子大，手也狠。”虽然面对“厄运”，她彷徨过，但她最后在一丈青大娘和何大学问等人的帮助下，勇敢追求爱情，主宰了自己的命运，有情人终成眷属。刘绍棠用不少笔墨，刻画了望日莲这一年轻的运河女性形象，她集“野性”“韧性”“柔情”“侠骨”于一身，充满蓬勃向上、原始纯真的生命力，具有勤劳、隐忍的优秀品质。

刘绍棠的中篇小说《花街》里的蓑嫂是与望日莲相似的女性人物形象。《花街》以平实自然、情思细腻的笔触讲述了运河滩上男女主人公叶三车与蓑嫂曲折的爱情故事。蓑嫂也是京郊运河滩上一位农村女性形象，在苦难的岁月，叶三车救蓑嫂母女于困境之中，在同甘共苦的生活中，两人滋生出爱情的种子。在小说描写中，蓑嫂是杨柳青人，水乡画户出身，心灵手巧，不但编织手艺高超，还略通水墨丹青。她长相俊美灵秀：弯弯的眉，春水的眼，鸭蛋圆儿的脸庞，丰满茁实的身子。蓑嫂的形象散发着灵秀之气，似水柔情和原始生命力是刘绍棠笔下运河女性散发出的独特气质。“蓑嫂与叶三车按着地域性与传说性所赋予的方式生活，女主人公在艰苦的劳动与贫穷的环境中，心灵却是安实、旷达与慰藉的。我们从她身上看到了植根于运河之畔的茁壮的生命之花……”[②] 蓑嫂淳朴善良、多情重义、心怀坦荡、勇敢机智，柔中带刚，又有悲悯之心，可谓“铁打的脊梁热豆腐的心”。叶三车从河边捡来的玉姑让她觉得“心如死灰”，很快她又发现叶三

---

① 刘绍棠：《蒲柳人家》，北京十月文艺出版社，2018，第 24 页。

② 刘祥编《通州作家群》，中国文联出版社，2002，第 33 页。

车和体弱多病的玉姑生活艰难，她又“不忍心”，于是“双肩挑两户，龙头凤尾来回忙”。玉姑死后，她又对玉姑的儿子伏天儿视如己出，用心爱护，并利用自己的机智勇敢，促成了伏天儿一桩美好的姻缘。“蓑嫂心怀坦荡有刚有柔的性格特征，在北方劳动妇女当中具有普遍性，而北运河两岸的女性，由于视野宽阔，对于自身命运的把握，便有较强的主体意识。”①

刘绍棠笔下的运河女性形象原型是生活在他身边的乡亲熟人，她们甚至给予过他无微不至的日常照顾。刘绍棠熟悉她们的生活、她们的精神面貌，这为他的运河女性人物形象刻画提供了创作的素材、灵感和热情。他以感恩的心让这些女性原汁原味进入他的小说艺术世界，并不吝笔墨给予她们讴歌和赞美。刘绍棠说：“我在我的作品中，讴歌和赞美了许多心地芳洁、品质高尚的女性，每个人物都有出处。”②换句话说，刘绍棠笔下的女性人物形象都出自他熟悉的运河人家。比如说，大难回乡初期，以受难者身份出现的刘绍棠激发了她们的同情心。为他做饭的堂嫂、管电磨的姑娘、菜园子里的卖菜姑娘等都给予他生活无微不至的照顾，精神安慰，甚至写作上的鼓励。因此，从刘绍棠笔下的运河女性形象身上都能找到她们的影子，以及他们身上独有的特点和气质。“我从 50 年代直到现在进行创作，在描写青年和中年妇女时，常常从不同侧面和不同角度，在我的堂嫂和表姐身上进行语言、性格、形象特色的开掘；至今开掘不深，开掘不尽。”③ 刘绍棠不仅写她们的语言、性格、形象特色，还写出了她们的情感追求、精神气质。

刘绍棠对运河两岸女性形象的精神面貌的呈现，来自现实生活，又寄托了作家美好的人生理想，对家乡的眷恋之情。无论是《蒲柳人家》里的望日莲、《瓜棚柳巷》里的柳叶眉，还是《花街》里的蓑嫂，

① 刘祥编《通州作家群》，中国文联出版社，2002，第 34 页。
② 刘绍棠：《我是刘绍棠：刘绍棠自白》，团结出版社，1996，第 136 页。
③ 刘绍棠：《我是刘绍棠：刘绍棠自白》，团结出版社，1996，第 136 页。

她们作为刘绍棠笔下的运河河畔女性形象，虽然命运不同、情感轨迹不同，但是她们有着共同的特点：“都有着‘富贵不能淫，威武不能屈’的刚烈秉性，又有着柔美的情肠，都很娇健，都很艳美，都很淳朴，都很聪慧，都很贫寒，都有一段不平常的生活命运和感情历程，都有一种强烈的主宰自己命运的意识，都有可以为着自己所爱的人奉献一切的胆魄。”① 这种独有的精神气质，是一种生命力的张扬，是一种对生命价值的体认和自觉追求，以及在实现生命价值中迸发出的奋进、坚韧、不屈不挠、一往无前的精神，乐观向上、积极昂扬、勇于开拓的人生态度，以及热爱、奉献、智慧、勇敢、宽恕、包容、慈悲的力量。“运河对于刘绍棠的家乡是母亲之河，生命之河，祖祖辈辈在这里繁衍生息，家家户户在这里赖以生存，运河给予人的不只是衣食温饱，而且是一种潜在的精神力量。”② 这些潜在的精神力量，是北运河独特的生存环境所赋予的，它们也将作为运河精神的一部分融入运河人的精神血脉，生生不息。

三 运河文化气脉永存

运河兴，漕运兴。当代通州作家王梓夫的《漕运码头》为通州的漕运历史著书立传，展现了立体的漕运画卷，再现历史的风云激荡，书写了永恒的漕运文化。漕运有兴有衰，朝代有更有迭，但运河文化精神一直不灭。漕运一度作为国家命脉，于国于家于民都影响重大。即便是在国运衰落、外敌入侵、弊政顽疾难除、贪腐横行、民不聊生的清末，以龚自珍、林则徐等为代表的仁人志士，为积弱积贫的家国奔走呼号，舍生取义。在小说《漕运码头》里，塑造了以漕运码头的仓场总督铁麟、通州知州夏雨轩、漕粮经纪陈天伦、清莲道长等为代表的仁人志士形象，他们为漕运码头、漕运的繁荣忧心忡忡，为革除漕弊、再现运河繁华盛景，洒尽一腔热血。虽然他们深感清王朝命数

① 刘祥编《通州作家群》，中国文联出版社，2002，第34页。

② 刘祥编《通州作家群》，中国文联出版社，2002，第34页。

已尽，个人仕途渺茫，但是仍然把一缕生生不息的精神气脉留给了大运河。

龚自珍是清代思想家、诗人、文学家和改良主义的先驱者。作为真实存在的历史人物，在小说《漕运码头》里，他不是作为主要人物形象来塑造的，但是他的几次出场都收到画龙点睛的效果，升华了主题思想。龚自珍主张革除弊政，抵制外国侵略，不但全力支持林则徐禁烟，还全力支持小说主人公铁麟革除漕弊。在小说中，龚自珍已经辞官，形容憔悴，众人为他的十年寒窗六次会试，终得报效朝廷，如今落得生活困顿，深感惋惜。但是龚自珍已经清醒认识到了清王朝的腐朽和日薄西山，他批判封建统治者对外来侵略者的妥协和软弱，厌恶官场的贪腐和内讧，痛恨林则徐这样的忠良之臣惨遭陷害，呼唤改革风雷的来临。他的语言虽少，但铿锵有力，激情四射，他虽已辞官，但满怀的爱国豪情、一腔报国之志并未消退。

他与小说中主要人物——漕运码头的仓场总督铁麟、通州知州夏雨轩、清莲道长等志同道合，惺惺相惜，常常在一起谈论时局、吟诗赏文。文中截取了一个片段，即铁麟、夏雨轩、清莲道长等一行人相聚漕运码头的大光楼，为辞官离职的龚自珍送行的场景。临行前，他们从各自境遇谈到为官之道，从为官之道谈到朝廷的腐朽，从朝廷的腐朽谈到英雄救国的豪情。龚自珍为通州知府夏雨轩留下墨宝：“八十日带发效忠，表太祖十七朝人物；十万人同心杀贼，留大明三百里江山。”这一对联是阎应元临尽忠之前用鲜血写在城楼的门道里的，龚自珍以此对联，勉励通州为官者在民族内外交困之际不可丧失英雄的勇猛、英雄的精神、英雄的骨气。大家被龚自珍的爱国热情感染，一时兴起，漕粮经纪陈天伦作为晚辈赋诗一首助兴：“潇潇风雨后，重上大光楼。长城牵西域，大河贯九州。飞虹衔宝塔，驼铃唤远鸥。千帆逐红日，满载一江秋。”龚自珍当场录下此诗，赠予陈天伦，勉励他为朝廷效忠，为百姓效力。在大清朝岌岌可危之际，他们虽敏锐地感知到清朝大势已去，个人前途渺茫，却依然身怀民族大义，心系家国疆土，心系百姓冷暖。

运河文化气脉生生不息。运河文化有着斩不断的文化柔韧性。水利万物而不争，运河文化如运河之水一样有着无限的包容性，不屈不挠的韧劲。与西山文化带和长城文化带的“刚性”和“雄性”相比较，运河文化精神体现“水”的柔性，但是这种柔性不是柔弱无骨、随波逐流的，而是具有战争、运动、厮杀、岁月的利剑乃至朝代更迭、兴衰荣辱都斩不断的文化坚韧性。小说《漕运码头》在最后英雄惜别的环节画龙点睛，深化了主题。大光楼“群贤毕至”的聚会高潮，就是各自对未来的畅想。《左传·襄公二十四年》有言：“太上有立德，其次有立功，其次有立言，虽久不废，此之谓不朽。”胸怀天下、立志兢兢业业造福一方百姓却被排挤辞官的龚自珍，远离尘嚣、求得一方净土却觉得自己“虽生已朽”的清莲道长，为革除漕弊呕心沥血却无力回天的仓场总督铁麟，作为后辈还在为漕船奔波的漕粮经纪陈天伦，恪守读书人的清贫、在夹缝中为官的通州知府夏雨轩，以此为鉴，面对什么才是不朽、什么才是永恒的哲学命题困惑了。清莲道长的话道破天机：百年之后，大清朝已亡，国家还在；漕运繁盛不再，大运河还在；漕运码头上众生会被遗忘，“一种气，一种脉，一种代代相袭的魂魄，一种生生不息的精灵”还在。《漕运码头》通过清莲道长的话语，传达出运河文化顽强的生命力，运河文化精神的生生不息，代代相传。这是《漕运码头》的灵魂所在，是作家传达的殷切期望，也是每一位运河儿女的心声。

第二节 “融”：超越阶层、地域、时代的包容性

“融”的本义是固体受热变软或化为流体之意，又指“炊气上升”，后又引申了多重意义。在现代汉语的基本含义里，既有融化、融解、消融之意，还有和谐、调和、流通、长远等意。它既表现事物

的融化、融解、消融、调和、流通、融通的动感之态，又表现出光明、长远、永久、通达、明亮、昌盛、和谐、快乐的静态之姿。“融”字的丰富性不仅体现在含义表达上，还体现在文化发展上。不同文化经过互相浸润，消融隔阂，整合、融会为一体，才能实现丰富、和谐、繁荣、永久的发展。

每一种文化都在本民族文化的基础上，吸收、消化其他文化，在借鉴中促进自身文化的发展。文化融合的过程，也就是不同种类的文化因为传播发生触碰，在文化触碰中撞击、排斥、选择、吸收的过程，这些被吸收的文化元素重新整合融为一体，形成新的文化体系。有的文化体系是两种文化体系的融合，有的文化体系是在多种文化体系上融合而成。文化融合带给原有文化体系挑战，也带来调整机会和发展机遇。翻开中国文化史，就会发现中国文化经历了多次碰撞、融合。从先秦各国的文化交融到汉唐时对西域和东南亚文化的吸收，从百年前五四新文化运动对西方文化的借鉴到新时代打造的“一带一路”成为多元文化融合的新纽带。文化融合在不同的历史时期发挥着重要作用。文化融合促进了政治稳定、制度改革、经济发展、文化繁荣。同时，对世俗生活层面而言，文化融合也改变着人们的日常生活的衣、食、住、行，改变着人们风俗习惯、礼仪规范、文化生活。中国是一个历史悠久、多民族的国家，古今中外、多民族文化交融才能让中国文化得到全面、健康的发展，才能实现中华民族的伟大复兴。

我国的大运河流淌千年，流经多个城市，经历多个朝代更迭，在经济上曾成为一条贯通南北的生命线，而且在沿岸以及附近地区积淀了特色鲜明的地域文化。璀璨的运河文化，植根于大运河，与社会发展密切关联，以从南到北绵延数千里的人工河道为象征和载体，在空间上展现为一条狭长的带状分布，因此被称作“大运河文化带”。大运河文化带积累和沉淀了无数的文化宝藏，是人类文化的结晶，蕴藏着丰富的精神内涵。当代通州作家“割据一方”，书写了有通州风味的运河文学，通过文学赋予运河文化精神内涵，为大运河文化带的研究积累了实物和精神财富。在当代通州作家的作品里，无不体现出运河文化超越地域、超越时代的巨大包容性、丰富性、多元性。

一 南北货物的集结、流通

通州作为明清时期的漕运终点与南北物资交流的枢纽，更能体现出运河文化的融通天下。这种融合既是商贸、文化、艺术、建筑风格的交融，也是达官贵人到贩夫走卒不同阶层的交融；既有各行各业的交融，又有超越地域、民族，甚至时空的交融。这些在当代通州作家作品里都有非常生动的体现。

通州是南北货物集散地。作为漕运重镇的通州，曾经是京城连接八方之地的交通枢纽、物流中心。南北的货物在这里集聚，虽然如今在现实中再难重现昔日物流繁忙的景象，但是通过小说《漕运码头》还是可以一睹昨日风采。小说对石坝附近南北货物集散地的描述可以看出当年物流的兴盛景象：“货物堆积如山，一座连着一座；货栈星罗棋布，一家挨着一家。最著名的便是十八家骆驼店，譬如复兴店、天庆店、通顺店、聚和店、德隆店、三义店等等……每个骆驼店都有很大的货场和库房，骆驼店的东家既是店主，又是经营交易的掮客。诸如代客存货、承寻货主、交货揽货、报单纳税等等。通州是漕运重地，又是物流中心。”① 在此地，货物又分南货和北货。南货是船通过大运河运来的，北货是骆驼队运来的。南货又有两种，一种是商人运送来的，一种是漕船运送来的。骆驼队又分为两种，分别为大屜、草屜。南货北货源源不断在这里汇集，又从这里走向全国。

漕运码头作为货物流通之地，提供了融通南北商贸的机会，也提供了不同阶层的生存空间和生存机会，体现了对人接纳的包容性。因为漕运兴盛，使得漕运码头接纳富人也包容穷苦之人，不同阶层的人都能在这里找到自己的谋生方式。《漕运码头》里拾粪的老头儿说：

---

① 王梓夫：《漕运码头》，中国文史出版社，2009，第262~263页。

“通州这个地界儿，多富也显不出有钱来，多穷呢也饿不死。为什么呢？就因为活命的路儿多。咱不是说吃官饭吃产业吃买卖的，就说穷人。这穷人里就有吃横水的，有吃竖水的，有吃漕船的，有吃两坝的，有吃街市的，有吃店铺的，还有这吃骆驼队的。”① 通州作为历史上的漕运重镇，不仅体现了货物、商贸文化的融通，还体现了一个城市对人的接纳。

二　南北商业文化的交融

商人与他们的货物一样辗转南北，不光有货物本身的交换，还有商业经济的交流、商贸文化融会贯通、商业思想的碰撞。

漕运码头的酒楼饭馆，无论大小，都秉承了可贵的童叟无欺、诚信经营的商业理念。小说《漕运码头》多次提到天河楼。这家在漕运码头首屈一指的饭庄，其经营者不是通州本地人，而是富甲一方的山西人。按常人理解，天河楼饭庄名扬京城，誉满大运河，是富商达人、名流政要会集之地，一定要做足漕运码头第一饭庄的派头、尽显荣耀尊贵，但是经营者以“得人得财”经营理念，为饭庄立下了严格的店规：“童叟无欺，贫富咸宜”。在这种经营理念下，天河楼饭庄不仅经营招待王公贵族的大餐，也为囊中羞涩的风雅之士、贩夫走卒、流浪艺人准备了家常菜肴。来的都是客，对富贵贫贱之士一样笑脸相迎。在天河楼饭庄老板的眼里，名声信誉大于生意本身，不论贫富，一文钱也是一份人心。《漕运码头》里一个小细节生动地体现了这一点。小说人物甘戎出身官宦人家，女扮男装，路过天河楼饭庄用餐，小伙计热情招呼，及时报上菜名，看到甘戎心情不佳，只点了半斤肉丝炒饼、一碗鸡蛋汤，也不生气，不急不火，热情没有丝毫减弱，服务依旧周到有礼。与之相反的是，另一位出手阔绰的客人要预订一桌酒席，把元宝摆了一桌摆阔，账房先生不为所动，不卑不亢，没有因为客人

---

① 王梓夫：《漕运码头》，中国文史出版社，2009，第264页。

出手阔绰而格外优待，而是按照饭庄的规矩为他预定了一桌酒席。账房先生的不给面儿，让甘戎有点不解：“都说店大欺客，甘戎总算见识到了。可令她奇怪的是，这家大店对她这类小顾客倒是热情有加，对那位送来金山银山的大主顾怎么反倒板起了脸呢？”[①] 在这种开放、包容、平等、诚信的商业意识融入京城人的“礼”“面”讲究，衍生出一种南北文化融合、商业文化与人文气息融合的独特气质。

这种南北文化的碰撞融合，还体现在南北饮食上。以酒为例，酒在人类历史的长河中，不仅是一种食品，一种简单的物质存在，还是一种文化的象征、精神的象征。中国是酒的故乡，酒文化源远流长，在中国传统文化中有着重要而独特的地位。酒在人们的日常生活中，扮演着多种角色，酒是心绪，是灵感，是情趣，是意境，是礼仪，是文化，是情怀。酒与文学有着不解之缘。古今中外，酒与酒文化对文学艺术家以及他们的艺术创作产生了重大的影响。酒与酒文化因产地不同而不同。酒的浓烈、酒的口味、酒的品质都浓缩了一个地方的地域文化特质。在当代通州作家作品里多数酒都体现了通州地域风格和特色。《漕运码头》里的师爷金汝林喜欢的酒是漕运湾酒，并将其推荐给了仓场总督铁麟。漕运湾酒是牛堡屯烧锅出的红高粱酒，味道醇厚而不烈。在南北商旅交融的漕运码头，漕运湾酒在众口难调的口味中独树一帜，获得共同认可。其中缘由，是“漕运湾酒”融合了南北方人的口味特点，规避了南方人嫌弃北方的烧酒烈、北方人嫌弃南方的酒不够味儿的尴尬，用上等高粱酿制而成，“它有南方酒的清冽，又有北方酒的醇厚，柔中带刚，烈而不燥，既是杏花春雨江南，又是骏马秋风骥北”。[②]

漕运码头作为商贸经济繁荣的重地，在南北不同文化碰撞交流中融合，抹平了不同地域、不同阶层的鸿沟和差异，形成了平等、开放、包容的商业经营意识和经营理念、商业文化。

---

① 王梓夫：《漕运码头》，中国文史出版社，2009，第61页。

② 王梓夫：《漕运码头》，中国文史出版社，2009，第101页。

三　跨地域“人”的接纳、融合

通州地区人口流动性大，通州人与外乡人一直在互相融合，甚至有些运河村庄由外乡人开创。在当代通州作家作品中，塑造了不少身世复杂、个性鲜明的小人物形象。虽然在通州地界生活，但是他们来自全国各地，因为变故沿着运河水路来到通州谋生。在长期的生活中，作为通州的外乡人，与通州人融为一体。通州人因为见惯了运河上南来北往的人流迁徙，也以开放、包容的心态对待这些外乡人，把他们当作通州人对待。在交通还不发达的历史时期，这种包容性还是不多见的，也只有像通州这样的运河城市才有这样开放的气度。

小说《漕运码头》里的人物周三爷，是漕运码头青帮的第三号人物，在漕运码头他来头不小。周三爷家在大运河东边的小潞邑村，向仓场总督铁麟介绍他的太太燕儿身世时说，燕儿是山东荣成人，是周三爷从大运河里捞上来的。小说《梨花渡》里的人物“小兔子”是河北衡水人，她和母亲卖土布为生，看到梨花渡村好，她的母亲就让女儿嫁到了梨花渡。她嫁到梨花渡后，很快就成为梨花渡女人们中的一员，融入她们的生活。在小说《梨花渡》中，关于梨花渡的来源和形成历史的描写，就体现了人们开放、融合的思想。根据小说描述，梨花渡是徐家开创的。老进士徐世杰奉行开放政策，接纳了很多来梨花渡的移民，在漕运古镇的对岸，很快形成了人丁兴旺的村庄。康家是河南黄河边上的灾民，移民到梨花渡，徐家在数九寒天收留了他们，还给了他们一亩三分地，并且租给他们十二亩良田。康老槐的儿子，竟然也是在运河发洪水时“捞河漂儿”捞到的一个“活物”。刘绍棠的《蒲柳人家》里的人物望日莲是杜家的童养媳，是在运河摆渡口开小店的花鞋杜四从一个逃荒的饥民手里买来的。

外乡人、京城人、本地人自然融和。当代通州作家的作品中出现的运河村庄人口，有的是迁徙扎根到此的，有的是逃难到此的京城人，还有的是外乡人、京城人、本地人在历史上就自然融为一体的后代。

刘绍棠的小说《京门脸子》里京东北运河边上的村子，没有村史，每个村子的来历都是口耳相传。小说里的“鱼菱村”的村史就呈现出人口组成的多样性。“鱼菱村三分之一是清朝王室跑马圈地的旗地，三分之一原是财主家的锅伙，外来的长工娶妻生子，安身立命，三分之一是大河上的客船、货船和渔船泊岸，船夫、纤夫和打鱼的搭起窝棚遮风避雨，日久天长也就形成了居留地。莲房村是逃荒的灾民聚居一处，年代其说不一。柳伞村传说是明朝燕王扫北带过来的移民，来自山西洪洞县大槐树下。绿杨堤是京西潭柘寺的佃户，潭柘寺有多少年，这个村子也差不多有多少年。”① 这些村名、村史都因“运河”而生，村名都带着运河的风景和色彩。

在当代通州作家作品中，这些形形色色的小人物都迫于生计在运河边的村庄扎根，靠水吃水，运河边的村民都愿意慷慨地接纳他们，依傍运河的天然馈赠，谋得生计，躲避外来的风雨和生活的劫难。在这些作家的笔下，运河就是一位包容天地万物、自然生命的慈母。风雨飘摇的时代、天灾人祸的现实、无常的命运，都让人无处可逃、生无可恋，但是只要得到运河的滋养和庇佑，就能恢复自然生机和生命活力，甚至觅得一片世外桃源；且运河赋予运河人血脉里的“融通天下”的生存智慧，让他们像运河一样慷慨，一样不惧风雨，一样善待生命个体，愿意敞开胸怀，心怀悲悯，毫无戒备地拥抱每一个受苦的生灵。

在不同文化形态交融中，在吸收中扬弃，在传承中发展，达到“和而不同”的精神境界，从而形成了具有通州味的运河文化形态。京城内外的码头、衙门、祠堂、仓场、会馆、官署、漕船、官署、古镇等都是运河文化的重要物质载体，他们是研究运河文化精神、追寻北京文脉的重要线索。此外，四面八方的戏曲、文学、艺术、美食、俚语、民谣、习俗、礼仪等汇集于此，通州作为“龙头凤尾”，京师

① 刘绍棠：《京门脸子》，北京十月文艺出版社，2018，第 2 页。

之地的漕运重镇，又将自己的文化播撒在全国各地，在碰撞、交流、吸收、融合中形成带有京味特色、通州味道的运河文化形态。

第三节 “情”：侠肝义胆里的家国情怀

宗白华在《美学散步》里提及邵元冲先生在他的《如何建设中国文化》一文里的观点：“一个民族在危险困难的时候，如果失去了民族自信力，失了为民族求生存的勇气和努力，这个民族就失了生存的能力，一定得到悲惨不幸的结果。反之，一个民族处在重大压迫危殆的环境中，如何仍能为民族生存而奋斗，来充实自己，来纠正自己，来勉励自己，大家很坚强刻苦的努力，在伟大的牺牲与代价之下，一定可以得到很光荣的成功!”① 所谓的民族自信力，是对民族精神的坚信和坚守、传承和弘扬，而这又离不开文学的熏陶。“因为文学是民族的表征，是一切社会活动留在纸上的影子；无论诗歌、小说、音乐、绘画、雕刻，都可以左右民族思想的。它能激发民族精神，也能使民族精神趋于消沉。”② 中国文学一直有着回应现实和时代关切的担当，它记录民族前进中的挫折和屈辱，也书写光荣与梦想，以及生生不息的坚韧生命力和不屈不挠的奋斗精神。在战争年代，富有民族精神的文学作品铿锵有力，展现着英雄保家卫国的悲壮、流露出强烈的民族意识，激荡出豪迈的家国情怀。在和平年代，富有民族精神的作品深沉客观，有对战争历史的铭记和反思，有对当下社会现象的审视和自省，也有对如何实现民族伟大复兴的探索和展望。当代通州作家也不例外。在他们的文学作品里，有着厚重的中华传统文化精神，有着深沉的家国情怀，有着热烈的乡土眷恋，以及渗透在文学理论建设中的文化坚守精神和身为作家的人文精神担当。尽管作家们的创作风格多变，但家国情怀是当代通州作家作品创作不变的底色和基调。这种家

---

① 宗白华：《美学散步》，上海人民出版社，2003，第 290 页。
② 宗白华：《美学散步》，上海人民出版社，2003，第 291 页。

国情怀渗透在作家成长经历、文学创作理念、创作实践中，又通过作品反映在题材选择、人物形象塑造、主题表现、价值观念传达、精神境界拓展等各个方面。

一 铭记保家卫国的历史

当代通州作家，尤其是亲历过新旧社会交替和人民革命斗争历程的生于20世纪30年代、50年代的作家有意识地在写作中记录家乡、国家斗争历史，以作品来铭记历史真实，弘扬人民热爱家乡、热爱祖国的情感，以及呼吁传承保卫家国的不屈精神。刘绍棠不止一次在传记里提及赵大奶奶口述八国联军攻打儒林村、通州城，义和团奋勇杀敌的往事。希望用作品再次呈现这段被逐渐遗忘的历史，“八国联军对儒林村的进攻和烧杀，失去了物证和人证，年轻人已经毫无所知。我想这段历史是不应该忘记的，应该有一部小说把这段历史形象地写下来”[①]。他也不止一次在作品中呈现北运河日寇、土匪作乱、水患不断、连年水旱、田税加重的“荒年乱月”的运河人民的生活：1937年7月7日卢沟桥事变，日寇飞机轰炸通州城，离卢沟桥只有几十华里的儒林村村民到运河滩避难，不久运河水患频生、连年水旱、土匪兴风作浪。北运河人民生活在水深火热之中的疾苦，刘绍棠在《狼烟》《京门脸子》《野婚》《水边人的哀乐故事》等小说里都有详细的描写。刘绍棠的多卷体长篇小说《村妇》记录了西刘村的一段往事：八路军解放了北运河东岸，因为儒林村地处运河滩死角，成为通县、三河、香河联合县委、民主政府和县支队的堡垒村之一，“儒林村”的代号改为“西刘村”，小说以文学的方式保留了这段往事，纪念这段特殊的历史。

作家本人生长于家国命运多舛的年代，亲历了国难当头、保家卫国的时代，也亲自参与和见证了这段历史，家国情怀可谓“入脑入

① 刘绍棠：《我是刘绍棠：刘绍棠自白》，团结出版社，1996，第13页。

心”。作家刘绍棠6岁参加抗日救国儿童团，12岁在国统区的北平，加入党的外围地下“民联”。他目睹了日寇对北运河东岸每年几次的“大扫荡”恶行，目睹日寇对家乡的蹂躏，对国土的践踏：“1933年，也就是东北沦陷两年之后，日寇又入侵关内。国民党不抵抗，屈膝乞和，签订丧权辱国的《塘沽协定》，允许日寇在北宁铁路沿线驻军。从此，我的家乡便遭受日寇的铁蹄蹂躏。又过两年，1935年11月，大汉奸殷汝耕在日寇卵翼下，以我的出身之地通州为首府，建立了国中之国的伪冀东防共自治政府……今日的年轻人可以设想一下，日寇竟在距离天安门10公里之外，制造了一个‘二满州（洲）’，这是何等的奇耻大辱！我认为，为纪念抗日战争胜利50周年而进行爱国教育，应该凭吊卢沟桥，也不忘通州城。”①

刘绍棠和大运河人民一样，对日寇充满仇恨，为家乡、国家苦难的命运而流泪。正如他在传记里所写：“1945年日本鬼子投降前夕，我这个京东北运河边儒林村的抗日救国儿童团团员，常常站在河堤土坎上，面对着山海关外方向高唱：‘东北四省三千万同胞，好似囚犯坐监牢。忍泣（气）吞声十四年了，思想起来好心焦……’唱着唱着，情不自禁淌下滚滚热泪，声音呜咽，心如刀割。这是因为，我的家乡京东地区，跟东北四省有着相似的苦难命运。”②

童年家国蒙难蒙羞的经历和切肤之痛，成为反思当下的参照，让作家在任何时候都心系家国命运，为振兴民族精神之魂奔走呼告。“我的整个童年，是在烽火连天、兵荒马乱的抗日战争中长大，我对侵略者充满深仇大恨，永远不会宽恕这些毫无人性、杀人如麻的野兽，我也无比痛恨奴颜婢膝、为虎作伥的汉奸卖国贼。因而，我看到某些借改革开放之名而崇洋媚外的人，不但十分反感，而且忧其后患，倘不及早针砭救治，1840年（鸦片战争）后遗症的软骨病，又要传染流行。所以，我主张在纪念抗日战争胜利50周年之时，应该大声疾呼宣

---

① 刘绍棠：《我是刘绍棠：刘绍棠自白》，团结出版社，1996，第21页。

② 刘绍棠：《我是刘绍棠：刘绍棠自白》，团结出版社，1996，第20页。

扬没有丝毫奴颜与媚骨的鲁迅精神，振作鲁迅先生的民族魂。”[①]

二 爱国精神，迷茫中的激励

发扬爱国精神，走出精神迷途。当代通州作家对通州土地上的圣人先贤、革命斗士都或多或少地有过书写。用文字铭记他们为通州的革命事业所流出的血汗、做出的巨大牺牲，用文字铭记他们在通州历史上留下的无限荣光和精神财富，也用他们的精神鼓舞走入迷途的自己，学习他们的气节、风骨、心志，重新燃起昂扬的斗志，在黑暗中等待光明的到来。刘绍棠在传记里提到，在1966年，自己苟全性命于乱世、回乡逃难的那段黑暗无光、痛苦悲哀的岁月，自己的坎坷挫折，比起那些劳苦功高、德高望重的革命前辈都算不了什么。1927年秋京东农民起义的领导者于方舟的“莫因逆境生悲感，且把从前当死看”的诗句，曾给予他无限的力量。

刘绍棠的晚年心境与情感，超越乡土的爱国情怀。刘绍棠病残之后，他研究古今中外名家和他们的作品，汲取精神力量，保持创作的激情和爱国之情，燃尽最后的生命，正所谓“老骥伏枥，志在千里。烈士暮年，壮心不已”，他做到了“坐在轮椅上也要做有脊梁的人”[②]。圣人先贤们的晚年作品，“对理想、事业、人生、社会、祖国满怀热爱的激情；不流俗，不媚俗，在世俗中‘飘然思不群’”[③]，这让他感怀。在中风偏瘫7周年前夕，刘绍棠乡土文学创作展览开幕，刘绍棠乡土文学研究会正式成立，对弘扬运河文化意义深远：“成立刘绍棠乡土文学研究会，是为了对振兴运河文化文明起到呼唤与促进作用。”[④] 他最后写了两年的长篇小说，在两年中换了几次名字，最后确定为《孤村》，不但为了显示乡土文学特色，而且更借陆游的诗以明

---

① 刘绍棠：《我是刘绍棠：刘绍棠自白》，团结出版社，1996，第21页。
② 刘绍棠：《我是刘绍棠：刘绍棠自白》，团结出版社，1996，第274页。
③ 刘绍棠：《我是刘绍棠：刘绍棠自白》，团结出版社，1996，第266页。
④ 刘绍棠：《我是刘绍棠：刘绍棠自白》，团结出版社，1996，第276页。

志。“孤村”取自陆游的诗：“僵卧孤村不自哀，尚思为国戍轮台。夜来卧听风吹雨，铁马冰河入梦来。”这既是刘绍棠病残之后的心境写照，也是他贯穿一生坚守的信念。

三 乡土书写中的家国情怀

当代通州作家作品有一个共性，就是擅长细致描绘运河田园风光、通州历史、漕运盛景、运河人家日常生活。当代通州作家的“家”与“国”是一体的，对家乡强烈的热爱，对祖国强烈的热爱，都寄托在对家乡和祖国的热情讴歌和礼赞上。虽然在新中国成立以来历次政治运动中，京东通州受到影响，但作家创作受“伤痕文学”“反思文学”“改革文学”等当代思潮影响不大。20 世纪 50 年代的作家经过多次运动洗礼，还是保持了文学本色和独立性，没有伤痕的撕裂展示，没有对改革的激情呼喊，没有口诛笔伐式批判，私人化写作更与他们无缘，他们还是用传统的文学方式，一如既往地挖掘这片土地的创作素材，坚守着自己的创作阵地。

以刘绍棠为例，他少年得志，誉满文坛，叱咤风云，不料遭遇政治风暴，大难中死里逃生、回乡避难，“出走”时的志得意满到“回归”时的伤痕累累的命运遭际，反而加深了作家对家乡的依赖、对故乡慈母般胸怀的感恩，对父老乡亲的接纳和庇佑的感念。正如刘绍棠所写，“回到了家乡，双脚踏在生身之地的热土上，我像一个颠沛流离了多年的游子，投入慈母的怀抱”。[①] 在“往事不堪回首”的岁月，反而更加坚定了为故乡写作的决心，激发了更强烈的为故乡写作的激情。他把对家国的情怀融为灵动的文字，笔触所及的一草一木都浸透着由衷的礼赞、满眼的热爱、难以名状的深情。“关于我的家乡的风光，我在 50 年代的作品中，曾做过大段文字的详细描写。当然，文学创作总要感情用事；对于所爱，必然极其热烈地赞美，而带有个人的

① 刘绍棠：《我是刘绍棠：刘绍棠自白》，团结出版社，1996，第 131 页。

主观色彩。记得1956年，天津作家协会的一些同志从我的小说中见识到我们运河的风光景色，还想一睹为快。一次前往北京参观，不坐火车，特意乘坐汽车沿京津公路而行，路过我的家乡，下车赏景，大失所望。他们见到我，说我言过其实，我却不肯承认。因为，在外人眼中，我的家乡的一棵树，一株草，一朵花，毫无特色，也无异趣，而在我的眼里，却无比可爱，美不胜收。我认为，每个人都应该热爱自己的家乡，热爱自己的祖国，而这种热爱自己的家乡和祖国的感情，也必定表现于对自己的家乡和祖国的一山一水、一草一木的热爱上。”①

家国情怀为文学创作注入精神能量，文学作品又流露出“家国情怀”。刘绍棠以家乡京东北运河为主题的乡土文学理论体系、写作实践、文学研究，对传统民族精神和艺术风格的继承、传承和弘扬，就是对家国情怀最好的诠释。

四 文学之用，爱国当先

通州作家秉承写善、劝善，以善为美的文学观。刘绍棠把文学作品的作用概括为“四合一”，即教育作用、认识作用、审美作用和娱乐作用。表现善、传达善、教人善植根于作家的创作观里。“我从小就常听乡亲父老挂在嘴边的一句话：说书唱戏劝善的方。劝善就是教人学好。说书、唱戏是教人学好的方法。写小说当然也应如此。”② 在此创作观念的驱动下，刘绍棠从文学创作生涯之初就坚持“劝善”的教育作用。在刘绍棠“劝善”的文学观里，所谓的“善”是教人学好，“首先必须以爱国主义、集体主义和社会主义为主旋律，潜移默化地诱导广大读者（人民群众）树立爱国主义、集体主义和社会主义的时代精神”③。文学作品不仅仅是编故事，还要让人学到知识，承载

① 刘绍棠：《我是刘绍棠：刘绍棠自白》，团结出版社，1996，第131~132页。

② 刘绍棠：《四类手记》，北京十月文艺出版社，2018，第125页。

③ 刘绍棠：《四类手记》，北京十月文艺出版社，2018，第125页。

教育他人的功能，这充分体现了中国传统文学里“文以载道”的观点。基于此，刘绍棠厌恶和唾弃那些在创作中宣扬或宣泄色情、卑鄙、阴暗、悲观、腐化、兽性、醉心感官刺激和拜金主义的种种表现。客观地说，对善的极致书写，对恶的回避，会削弱文学对现实生活复杂性的表现力，但是文学创作不会因此就会变得肤浅。在迷茫的时代，我们应该呼唤文学正能量的回归。文学虽然可以反映现实多面性，但它的落脚点应该抚慰人的心灵、让人积极向上，在黑暗中看到希望，在柔弱中看到坚强。否则，文学存在的意义就值得怀疑。与刘绍棠“劝人善”的文学观念相呼应，他认为“善与好必须具有美的品质”，因此他认真汲取中国优秀传统文化中“叙事抒情要美，遣词造句也要美”的特点，学习评书、京剧、相声艺术中的娱乐性，形成了自己独特的创作风格。

五　侠肝义胆、为国为民的精神气

陈先义为当代通州作家李东散文随笔集《运河走笔》写的一篇文章《绚丽多彩的运河风景画》里，有这样一段话：“我不止一次地采访过北运河畔的民情生活，在这块丰饶的土地上，历史上便多侠骨义胆之士，著名的义和团运动，抗击八国联军的八里桥战役都发生在这里，这是一片充满勇气鲜血的土地，这里每一方空气里都溶汇进了正义和勇敢。也正是这种传统民风的熏染，使本书作者李东更多地敢于伸张正义，直面邪恶，敢讲真话，力避虚伪，秉笔直言，不做粉饰。这个特点，在他的作品《人生漫议》和《都市交响》栏目里的文章中，都得以比较充分的体现。”①

侠肝义胆、正义勇敢、家国情怀，不仅仅体现在当代通州作家李东的为人为文上，还体现在当代通州作家群体创作上。在刘绍棠的文学作品里，侠肝义胆、家国天下的情怀，强烈的民族色彩，也体现运

① 刘祥编《通州作家群》，中国文联出版社，2002，第320页。

河人家的人物形象塑造上，体现了作家重视中华民族传统文化和精神的力量，并在创作实践中将其发扬光大。刘绍棠的《蒲柳人家》里就通过简单几个人物的塑造和故事的叙述，把数千年铭刻京东运河人血脉里的道义和担当、是非与曲直、小家与大国、大义与善恶形象地表现出来。《蒲柳人家》里的“何满子”的奶奶和爷爷，这两个形象的塑造都极具传奇色彩，无论是人物外貌、语言行为、性格表现，都充满运河人家独有的勇敢、豪迈、粗犷、洒脱，以及侠肝义胆和道义担当。何满子奶奶“一丈青大娘”的形象特征是：“大高个儿，一双大脚，青铜肤色，嗓门也亮堂。”她的语言行为是：“一丈青大娘骂人，就像雨打芭蕉，长短句，四六体，鼓点似的骂一天，一气呵成，也不倒嗓子。她也能打架，动起手来，别看五六十岁了，三五个大小伙子不够她打一锅。”她生活在运河边上，练就一身生活技能，个个超群：一丈青大娘有一双长满老茧的大手，种地、撑船、打鱼都是行家。她还会扎针、拔罐子、接生、接骨、看红伤。这个小村大人小孩有个头痛脑热，都来找她妙手回春；全村三十岁以下的人，都是她那一双粗大的手给接来了人间。

她有极具传奇色彩的故事：她家坐落在北运河岸上，门口外就是大河。有一回，一只外江大帆船打门口路过，也正是歇晌时分。一丈青大娘站在篱笆外的伞柳荫下放鸭子，一见几个纤夫赤身露体，只系着一条围腰，裤子卷起来盘在头上，挑衅了一丈青大娘，“一丈青大娘勃然大怒，老大一个耳刮子抡圆了扇过去，那个年轻的纤夫就像风吹乍蓬，转了三转，拧了三圈儿，满脸开花，口鼻出血，一头栽倒在滚烫的白沙滩上，紧一口慢一口捯气，高一声低一声呻吟。几个纤夫见他们的伙伴挨了打，唿哨而上；只听咯吧一声，一丈青大娘折断了一棵茶碗口粗细的河柳，带着呼呼风声挥舞起来，把这几个纤夫扫下河去，就像正月十五煮元宵，纷纷落水。一丈青大娘不依不饶，站在河边大骂不住声，还不许那几个纤夫爬上岸来；大帆船失去了纤力，掌舵的绽裂了虎口，也驾驭不住，在河上转开了磨”。遇到分歧和纠纷，她有她的处理方式。她理解和处理事情讲道义和原则：最后，还是船老板请出了摆渡船的柳罐斗、钉掌铺的吉老秤、老木匠郑端午、开小店的花鞋杜四，说和了两三个时辰，一丈青大娘才算开恩放行。

“何满子”的爷爷何大学问，更是运河滩上一个具有传奇色彩的人物，集中代表了刘绍棠文学作品里这一类人物形象。通过外貌特征、语言、行为方式等手法，作者勾勒了一个活生生的充满侠肝义胆、家国情怀的人物形象。“如果提起他的外号，北运河两岸，古北口内外，在卖力气走江湖的人们中间，那可真是叫得山响。”“何大学问人高马大，膀阔腰圆，面如重枣，浓眉朗目，一副关公相貌。年轻的时候，当过义和团，会耍大刀，拳脚上也有两下子。以后，他给地主家当赶车把式，会摆弄牲口，打一手好鞭花。他这个人好说大话，自吹站在通州东门外的北运河头，抽一个响脆的鞭花，借着水音，天津海河边上都震耳朵。他又好喝酒，脾气大，爱打抱不平，为朋友敢两肋插刀，所以在哪一个地主家都待不长。于是，他就改了行，给牲口贩子赶马；一年有七八个月出入古北口，往返于塞外和通州骡马大市之间，奔走在长城内外的古驿道上。几百匹野马，在他那一杆大鞭的管束下，乖乖地像一群温驯的绵羊。沿路的偷马贼，一听见他的鞭花在山谷间回响，急忙四散奔逃，躲他远远的。所以，他不但是赶马的，还是保镖的，牲口贩子都抢着雇他。这一来，他的架子大了，不三顾茅庐，他是不出山的；至于脚钱多少，倒在其次，要的就是刘皇叔那样的礼贤下士。”“他这个人，不知道钱是好的，伙友们有谁家揭不开锅，沿路上遇见老、弱、病、残，伸手就掏荷包，抓多少就给多少，也不点数儿；所以出一趟口外挣来的脚钱，到不了家就花个精光。”在作者的笔下，“何大学问”外貌特征酷似中国家喻户晓的英雄关公，集江湖侠士和民间英雄的形象精神于一体：技艺高超，扶弱济贫，打抱不平，急公好义，可谓侠肝义胆；来去江湖，行踪自由，威震四方；仗义疏财，爱面子，清高；他是正义的化身，有替天行道的使命，在民族危难之时会义不容辞，挺身而出。

《蒲柳人家》刻画了人物"望日莲"和"周檎"这一对苦命鸳鸯的爱国情怀。"周檎"成立了京东抗日救国会通州分会，开展抗日救国运动，为打鬼子、除汉奸四处奔走。"望日莲"说"我一个女人家，好比萤火虫儿，能有多大亮呢"时，"周檎"的"国家兴亡，匹夫有责；连小满子都应该为抗日救国出一份力"的爱国情怀感染了她。在运河沿岸"蒲柳人家"的风土人情、日常生活的描写里，从来都有民族危难的背景和抗击外侵的仁人志士和年轻力量。换句话说，刘绍棠以及其他当代通州作家，一方面还原了历史的真实；另一方面自觉地把"家"和"国"的命运联系在了一起，在京东大运河的田园风情画里，流淌着深深的家乡情结、爱国情怀。

六 文人风骨，民族精神的担当

文人风骨是民族精神的一部分。刘绍棠在传记、随笔、小说里，都曾直接或者间接谈及文人的操守。在他的观念里，"文"和"人"是一体的。中国文人自古就有讲究品格的传统。"也就是既要讲作文的高低，更讲做人的优劣。文和人都要上品够格，才是正路。文人无行，为人不齿。"中国古人给我们留下了宝贵的为人为文的精神财富，也以实际行动做出了表率，成为中国文人为人为文的精神标杆，如"人生自古谁无死，留取丹心照汗青"，"士可杀不可辱"，"天下兴亡匹夫有责"，"富贵不能淫，威武不能屈"。在他看来，"文化人是民族之精华，更要重视脸面。然而，令人忧虑的是，浅薄虚荣，崇洋媚外，追求享乐，见利忘义，拜金主义……侵蚀和腐化着某些文人。有损人格和国格的言行时有发生"①，这些现象让刘绍棠痛心疾首，多次给予痛斥和批判，呼唤文人服用增强骨气的钙片。这种增强骨气的钙片便是鲁迅精神。因为鲁迅的骨头是最硬的，他没有丝毫的奴颜和媚骨。在他看来，中国人的脸面是尊严、人格、风格和气节，是人们深以为

① 刘绍棠：《我是刘绍棠：刘绍棠自白》，团结出版社，1996，第50页。

骄傲的中国传统文化精神的一部分，应该大力继承和弘扬的优秀民族传统。刘绍棠由此常常回想1948年严冬的北平，宁肯饿死都不吃美国洋面粉的朱自清先生，“民联”的同学们把美国人发放的“救灾物资”扔进火堆。在这里，文人的风骨与强烈的民族自尊心、保家卫国的革命意识、爱国主义情怀是密不可分的。而当下一部分文人、文学现象、文学观念却抛弃了这种为人为文的风骨和操守，以及起码的底线，让人汗颜。一个作家在为人为文上保持高度的自律和操守的同时，还不遗余力地关注和批判一些文人的不良行为，去呼吁大家明辨是非，本身已经难能可贵。如今故人已去二十余载，但他的这些观念，仍然有着非常积极的现实意义。

七　爱国教育和文化自信

战争年代已然成为过去，改革开放让神州大地焕发生机和活力，不仅带来国家的全面发展和社会面貌的焕然一新，还使得人民的生活状况得到改善。刘绍棠和其他同时代的作家深感“年龄危机”，正如鲁迅所言：“记起了自己的年龄，要赶快做。”争分夺秒创作的同时，病残七年的刘绍棠被一致推荐为中国残疾人作家协会主席。他关心“老”作家的创作，关心“五老峰”的开发，尤其是关心青年爱国主义思想教育。在纪念抗日战争胜利五十周年的多个座谈会上，他强调“勿忘国耻，振兴中华，必须对广大年轻一代进行绝对不能淡化处理的爱国主义思想教育”①。刘绍棠呼吁的爱国主义教育既有对日本侵略者的贼心未死、阴魂不散的新仇旧恨的警惕，又有对国内崇洋媚外、辱骂“五老”的某些所谓“新潮人”的痛斥。所谓的“五老”就是老主题（革命和爱国）、老题材（历史）、老人物（革命家和爱国者）、老故事（革命与爱国史实）、老手法（民族传统写法）。在刘绍棠看来，抹杀“五老”其实是“要求中国人自动解除思想武装，为政

① 刘绍棠：《四类手记》，北京十月文艺出版社，2018，第297页。

治、经济、军事、文化侵略者铺平道路”①，是“新不抵抗主义的妖言惑众”，必须加以坚决抵制。

崇洋媚外是缺少文化自信的表现，抹杀“五老”是忘掉了我们民族的根本的行为。这说到底是文化自信的问题。文化是一个国家、一个民族的灵魂，不珍视自己民族的文化，就丧失了发展的根脉；没有文明的承继和发展，没有文化的繁荣和弘扬，就没有中国梦的实现。我国有博大精深的优秀传统文化，它能增强做中国人的骨气和底气；我们有鲜明独特、奋发向上的革命文化，它能为新的历史时期文化建设奠定基础；我们还有承前启后、继往开来的社会主义先进文化，它能为当今中国文化的发展指明方向。党的十八大以来，习近平总书记在多个场合谈到“文化自信”，“文化自信是一个民族、一个国家以及一个政党对自身文化价值的充分肯定和积极实践行，并对其文化的生命力持有的坚定信心”。② 习近平总书记又在多次讲话中加以阐释，文化自信成为道路自信、理论自信和制度自信之后，中国特色社会主义的“第四个自信”。刘绍棠一生坚持写作之路，致力于弘扬运河文化，也是文化自信的一种生动体现。用他自己的总结来说就是：“我的乡土文学创作，遵循鲁迅先生的‘越是地方特色，倒容易成为世界的’的教导；遵循毛泽东同志的‘民族的、科学的、大众的创作方向，与为人民大众喜闻乐见的艺术形式相结合’的指引；遵循恩格斯‘倾向性应在情节与细节的自然发展中不知不觉流露出来’的科学诊断，从不徘徊动摇地行进在这条道路上。”③

第四节 “民”：乡土书写的民间立场

每一个汉字都是解读文化的密码，潜藏着丰富的文化信息。“民”

① 刘绍棠：《四类手记》，北京十月文艺出版社，2018，第297页。

② 《文化自信——习近平提出的时代课题》，新华网，http://www.xinhuanet.com//politics/2016-08/05/c_1119330939.htm，2016年8月5日。

③ 刘绍棠：《我是刘绍棠：刘绍棠自白》，团结出版社，1996，第276页。

字最早出现在金文中，许慎《说文》解释，“民，众萌也”。有学者认为，“民”最初指农业生产劳动者，有的学者认为是指未受过教育、未开化的百姓。就“民”字而言，追根溯源，才能真正“会意”，读懂它的内涵。“民”会意，字从尸从氏，“尸”意为“身体不动弹”，引申为“不迁徙”。“氏”意为“国族”“族”。“尸”与“氏”在一起，意为“本地常住人口”“土著”。“民”的本义是“常住本地的氏族”。随着社会发展，在不同语境下，“民”字有了多种文化内涵和意义。常见的有以下几种：它与“君”“官”相对，为黎民百姓、平民之意；它与外来者“氓”相对，土著者为“民”；它在更广泛的语境下，又有“人”之含义，如《淮南子》：“食者，民之本也。”以行业来分，它是“农民”之意，正如《穀梁传·成公元年》提及“古者有四民”：士民、商民、农民、工民。综合上述几种关于“民”的文化内涵，用“民”来概括当代通州作家视野和文本体现出的运河文化精神特征，再契合不过了。

一　土著：不变的民间立场

以浩然、刘绍棠、王梓夫等为代表的当代通州作家群体，共同建构了一个充满田园风情的京东大运河乡土文学世界。当代通州作家作为“土著”，用自带的“土气”，讲着运河河畔的“土事儿”，以拙朴的赤子之心，传递水畔古城的韵味和文化精神，带有世俗生活的亲切感和烟火味道。通州代表作家刘绍棠说，“我是一个土著，一个土著作家，写出的是土气的作品”①。当代通州作家本身就是通州的“土著”，他们的文学作品是这里的“特产”。作家的生活经验、写作积累、笔下的人物和故事，都是在深厚的运河文化滋养下结出的果实。他们关注运河故土，把普通的农民作为人物主角，从不同层面关注他们作为“人”的生存境况和精神世界，他们作为特定地域的一个群体

① 刘绍棠：《四类手记》，北京十月文艺出版社，2018，第3页。

在时代变迁中的生活变迁、心理历程、情感世界，以及他们在代代更迭中为这片土地传承、累积、沉淀、丰富、重塑的地域文化品格和精神格局。他们写不同历史阶段的乡土、乡民、乡情、乡思、乡味，真正将运河文化的“民间”情怀以文学的形式浸透于运河文学创作中，从主题选择到艺术表现，从文学风格到精神塑造，都呈现出独有的民间精神气派。

当代通州作家熟悉运河河畔农家生活。创作需要植根于生活，因此作家必须熟悉生活。对作家来说，如何才算熟悉生活呢？刘绍棠认为，“必须深入细致地了解他所反映和描写的生活的过去与现在，也看得见未来；必须具体而形象化地熟识他所描写和刻画的人物的身世、历史、相貌、性格、心理和语言；必须通晓他所描写和表现的生活天地的风土习俗、人情世态与环境景色”。[①] 当代通州作家群体的“土味”来自作家的生活经验。当代通州作家或者出身于运河河畔农家，或者在此有着很长时间的生活经历，这些生活经验成为他们熟悉的创作素材，成为构建文学世界的基础。他们独特的生活经验，使得他们在运河文学的长河中，铸造了具有通州风情和属于北运河故事的典型文本。以刘绍棠为例，他非常熟悉农村生活，主要写农村题材，他的作品多半是在农村写成的。以王梓夫为例，有作家形容他人在京城，心在通州，虽然涉猎多种题材，但是写农村题材或者说运河题材的作品呈现出更高的艺术水准。

二　土事：不变的乡土书写

当代通州作家运河文学中的“民”字体现在对京东农村题材选择上，即“土著”写“土事儿”。当代通州作家的运河文学选择京东农村题材进行创作或者将之作为主要题材领域，再或者在创作过程中不自觉地进入了熟悉的农村题材而获得艺术认可。刘绍棠在20世纪80

① 刘绍棠：《四类手记》，北京十月文艺出版社，2018，第4页。

年代，就指出，对“农村生活题材比其他生活领域的题材显得后进”的认识归根结底是“思想不够解放”。他认为，“农民占我国人口的绝大多数，农村生活极其丰富多彩，农民的语言非常生动优美。只要我们这些写农村生活题材的人思想不僵化，感觉不迟钝，视听不蒙蔽，是会写出很多的作品，很好的作品，很多的好作品的”①。

在光怪陆离的社会生活面前，农村生活题材是一个“不讨喜”的领域。作家在时代变迁中有不少已经离开了农村生活，甚至远离了当下的农村生活，但熟悉了城市生活的作家，还是把创作“锁定”在了农村。刘绍棠在《乡土与创作——〈蛾眉〉题外》一文中说，“我想，正是因为我熟悉农村，热爱农村，熟悉农民，热爱农民，熟悉和热爱农村的风土人情，熟悉和热爱农民的语言情趣，才写出了《蛾眉》和其他一些小说吧！”

更为值得一提的是，“距离产生美”，“进城”后的当代通州作家，反而涌动出更加“喷薄欲出”的乡情，守望中的“乡愁”更加浓厚，反思中的“故乡”更加清晰，得以对创作的定位“大彻大悟”。因此，城市文化体系，反而强烈地激活和升华了他们的农村生活经验，甚至让他们深感这种经验“断流”对创作产生的不利影响，也让他们重新认识到文学扎根生活、扎根群众、扎根农村才能汲取丰富的养料，获得旺盛的生命力和持续的创造力。

人生多次起落的刘绍棠，更是清楚地认识到这一点：“我本来是个头顶着高粱花儿，脚踩着黄泥巴，在农村长大的孩子。但是，后来少年得意，一帆风顺，进了北京，上了大学，当了作家，摇身一变而为城里人。为了创作，也常下乡体验生活，却不过是水上的浮萍、菜汤里的油，鱼鹰扎猛子不见底。虽然根子还扎在家乡的泥土中，但是藤藤蔓蔓却千缠百绕在城市知识分子的圈子里。尽管一时绿叶成荫，花开茂盛，然而藤蔓越长，距离根子越远，水分供应不足；长此下去，

① 刘绍棠：《四类手记》，北京十月文艺出版社，2018，第10页。

早晚也得枯萎凋谢。”[①] 刘绍棠20世纪50年代主要靠童年时代的农村生活经验书写农村和农民题材，后来因为人生际遇回到乡土来创作，才深感生活积累的有限和不足，在多年扎根农村生活的体验中换来人生和创作经验的“大彻大悟”：“罐子里孵出的是豆芽儿，泥土中才能长出大树。一个作家有前劲没后劲，开出了绚丽的花却没有结出丰硕的果，十之八九是脱离生活或严重脱离生活所致。”[②] 刘绍棠对自身创作的清醒认识，至今看来，对任何从事文学艺术创作的人来说，都有着深远的启示。正是有了这种认识，才能把少年得意的才气化作不竭的经典作品，葆有持久的艺术创作力，成为当代通州作家仰望的运河文学大家。

三 土人：以人为本的真性情

“民”字体现在对“人”的观照上。人物是一个作品的灵魂所在，人的语言、行为、心理、思想都是对生活的反映、作家思想的表达。虽然说当代通州作家作品题材涉猎范围广泛，但以群体创作特点来看，以乡土文学为主要创作方向，以反映农村和农民的题材为主。当代通州作家作品塑造了京东北运河河畔农村人物形象群体。他们虽然在北方农村，但因为所处的“京门脸子”、北运河河畔的特殊地域，当代通州作家群体“偏安一隅”，能第一时间感受政治运动风雨，但又不会直接受到暴击，甚至这一地域会成为政治避难所。当代通州作家作品在塑造人物时，也有着体现地域特色、保持人物本色的自觉追求。这使得当代通州作家作品政治色彩淡、地域色彩浓。即便是在血雨腥风的时代，他们的作品都压抑不住内在的自由灵动，他们写出了真风景、真人性、真人情，体现了“文学即人学”的观念。

他们笔下的运河，风情万种又与运河人家的生活融为一体，他们笔下的人物，有平原人家的朴实、勤劳的品质，又有水上人家自由洒

① 刘绍棠：《四类手记》，北京十月文艺出版社，2018，第14页。
② 刘绍棠：《四类手记》，北京十月文艺出版社，2018，第15页。

脱的人生态度。这些人物，有血有肉，有爱有恨，有情有趣，有生活有色彩，千人千面千个性，他们构成整体的运河文学的京东人物形象谱系。最为重要的是，写出了蕴含在人物身上的人性人情人味、有趣的灵魂，自然生动，返璞归真。“我们既然都承认文学是人学这个真理，那么我们就要懂得人不是鸟，不是兽，不是木头，不是石块，人有人性，人有人情，因而就必须在作品中写出人性和人情。没有人性和人情的作品，没人爱看，不如不写。”① 时过境迁，正是当代通州作家作品对特定地域文化下真实的人性人情的把握和书写，才让作品具备了持久的艺术吸引力。

作家植根农民生活，融入农民生活。“不是每个作家都要写农村，写农民；但是每个作家在写作时，应该想到农村，想到农民。自己的作品能够深入民间，有更多的人看，那该多么好。”② 刘绍棠带着这样一种创作认识，让自己的运河文学深深扎根于京东土地。用作家情感的“真”，写出农民形象的“真”。“二十年来，在运河滩上，跟乡亲父老兄弟姐妹们一起土里刨食，我从思想性情到生活习惯，开口说话，为人料事和艺术情趣，都得以返璞归真。”③ 人物是作家熟悉的人物，人物原型可能是作家生活里的人物，或者是作家本人，他们普通而渺小，但是又有个体的丰富和华彩，作家在作品里捕捉到这些人物的瞬间精彩，进行艺术塑造，从而使人物有了不一样的风采。虽然作家与“人物”的距离暧昧，难以客观，但正是如此，他们与人物的喜怒哀乐形成“共情”，反而生出“真”的情愫。这种情愫又很容易让人物产生真实亲切之感，引起读者共鸣。因此，又让作品具有打动人心的魅力。

当代通州作家的运河文学作品，与其他作家作品相比有一个特别之处，他们带着感情来写人物，写出了“恩”，以感恩之心向运河、

---

① 刘绍棠：《四类手记》，北京十月文艺出版社，2018，第 10 页。

② 刘绍棠：《四类手记》，北京十月文艺出版社，2018，第 16 页。

③ 刘绍棠：《四类手记》，北京十月文艺出版社，2018，第 14 页。

通州致敬：“农村是我的生身立命之地，农民是养育我的父母和救命恩人；写农村，写农民，正是我的感恩图报。我以往作品，来自乡土；我今后的作品，更要深入乡土。”① 这种“恩”有故土先天血脉的哺育之恩，有后天庇佑再造之恩。因为这种“恩”在，作家们讴歌他们坚韧的生命力，赞美他们对美好生活的向往；因为这种“恩”在，在“真”的基础上有了更多的同情、怜惜、包容、宽恕，同情千千万万劳动者的生活艰辛，怜惜他们的人生境遇，包容他们与生俱来的缺点，宽恕他们在历史时期的局限，正所谓“儿不嫌母丑”。“在农民身上，尽管存在着小生产者的种种缺点，但是更具有劳动人民的淳朴美德，保持着我们伟大民族的许多优良传统。在我遭遇坎坷的漫长岁月中，家乡的农民不但对我不加白眼，而且尽心尽力地给以爱护和救助；人人在劫难逃的十年，我独逍遥网外，并且写出了作品。乡亲们待我恩重情深，我要一生一世讴歌劳动人民。我在彻底改正五七年问题以后发表的所有作品，都是满怀着感恩和孝敬之心的儿女，为自己那粗手大脚的爹娘画像一样，写农村，写农民。”②

四 土气：民族风格、地方特色、乡土风味

“民”字体现在艺术追求上，对民族风格和地方特色在创作理念和创作实践上的自觉追求上。艺术形式也是一种内容。“在艺术上，我想使它具有民族风格和地方特色，这不是单纯追求形式，而是我在作品内容中所反映和表现的人与事，非这样写不可。”③ 当代通州作家作品聚焦运河农村农民题材，或者说聚焦京东农村农民题材，要着力表现这一区域的地理风貌、生活环境、风俗习惯、人情世态，以及以此为背景生发的人物和故事，这决定了其艺术呈现方式和审美趣味的独特。

---

① 刘绍棠：《四类手记》，北京十月文艺出版社，2018，第17页。

② 刘绍棠：《四类手记》，北京十月文艺出版社，2018，第16页。

③ 刘绍棠：《四类手记》，北京十月文艺出版社，2018，第6页。

以刘绍棠20世纪80年代创作的第一部作品《蒲柳人家》为例，这篇小说对人物性格、语言、行为、心理的描写，以及人物所处环境的呈现，都散发着浓郁的运河农村乡土气息、京东农村的乡土味道。所传达的艺术风格是创作内容的另一种呈现。创作《蒲柳人家》时，是刘绍棠平反以后，已回北京居住，但骚动在内心的思乡情绪，唤起了刘绍棠在农村三十多年的往事和北运河河畔的童年记忆，这些故人旧事，幻化成一个个鲜活的人物形象，进入了刘绍棠的笔下。谈到《蒲柳人家》创作的初衷，他说："激发我创作欲望的不是哪一个概念，或什么样的主题，是何满子和望日莲这两个人物，激动我写《蒲柳人家》。"① 也就是说刘绍棠怀着要写这些熟悉的人的激情创作了这部中篇小说。

"民"字体现在作品接受、农村文学创作上，以及对农村业余作者的培养上。无论是否意识到，作家在创作上是有隐含的读者存在的，隐含读者也就是作品阅读的读者是谁、受众是谁的问题。隐含的读者决定作家采取什么样的写作题材、写作角度、写作方法、艺术表现手法来满足阅读期待。对运河文学进行乡土书写的，有专业作家也有业余作家，虽然不是所有作家都敏锐地意识到受众接受问题，但至少作为专业作家、当代通州作家代表的刘绍棠很早就意识到这个问题，而且他在《乡土与创作》随笔中旗帜鲜明地指出：文学创作不要"孤芳自赏""曲高和寡"，更不要嫌弃农民"文化水平低"、缺乏"远大理想"，要反躬自问，反省作家自身的问题。与之相反，文学创作要关心国情、关注民心、接地气；要了解农民的需要，关注农民的需要，文学要到农村去，文学要到民间去，呼吁重视文学创作中的"农产品"，呼吁重视培养文学创作队伍中的农村业余作者。这些观念和实践，现在也还有着很强的现实意义。说到底，文学还是属于人民群众的文学，文学的土壤是生活，文学创作要深入生活，从生活出发，从

① 刘绍棠：《四类手记》，北京十月文艺出版社，2018，第5页。

生活实际问题出发。

“民”体现为审美趣味上的大俗大雅。“野到尽处，土到极致，便出了高雅。”[①] 当代通州作家在运河文学创作理念、创作实践、创作风格、创作接受上，体现了浓郁的“土气”：作家“土气”，题材“土气”，“内容”土气，风格“土气”。刘绍棠对农村农民生活非常熟悉和热爱，他也一直融入农民生活，与农民同吃同眠同劳动，这些生活经验让他对这个群体的生活习惯、心理特征、喜好爱憎、处事习惯都十分了解，这是刘绍棠乡土文学的根基。刘绍棠一直主张继承和发扬民族风格，保持和发扬强烈的中国气派和浓郁的地方特色，建立乡土文学。对于作家创作而言，要深深植根于本国和本民族的社会土壤中，虽然要借鉴、吸收、融合其他的艺术技巧丰富我们的艺术表现，但是不能忘记自己国家和民族的根本。基于此，这种“土气”是对本国和本民族的风格、特色和气派的坚持，也是一种可贵的坚守。“越是民族的越是世界的”，作家离开了对本地域、本国、本民族精神和风格的坚持，任何创作都将是无根之木，无源之水。刘绍棠对此有清醒的认识：“土气，在我看来，就是要具有鲜明的民族风格和浓郁的地方特色，也就是从内容到形式，都表现出强烈的中国气派。我还没有真正做到，但是我想努力做到。”[②] 刘绍棠旗帜鲜明地提出了对乡土文学的艺术特色和艺术风格的追求，深深影响了后来的当代通州作家的文学创作，或者说使得后来的当代通州作家的创作更加凸显了乡土文学民族风格、地域特色、审美趣味的特征。

第五节 “正”：北京文化基因的“雅乐正声”

京杭大运河穿越古今，贯通南北，绵延数千里，惠泽依傍城区。在数千年的文化变迁中，不同运河段的城市既有共同的运河文化精神

① 刘绍棠：《我是刘绍棠：刘绍棠自白》，团结出版社，1996，第240页。

② 刘绍棠：《四类手记》，北京十月文艺出版社，2018，第3页。

血脉，又有着各自不同的运河文化表征。作为“龙头凤尾”的北运河，因其毗邻首善之区北京而有着独特地域风格和历史印痕，以北运河为依托孕育的运河文化精神也呈现出区别于其他地方运河段的个性特征。以一个字而概之的话，无疑是《诗经》里的“雅”。雅有多种含义。比如，“雅”意为正确、合乎规范、有美德。如《毛诗序》：“雅者，正也。言王政之所由废兴也。”《风俗通·声音》：“雅之为言正也。”《荀子·荣辱》：“君子雅安。”意为“正而有美德者谓之雅”。再比如，雅言为正确的语言，雅道为正道、大道，雅学为正道之学（指儒家经典之学），“雅音”为正音，“雅算”指正确的决策。对中国文化影响深远的文化经典、我国第一部诗歌总集《诗经》根据内容的不同分为风、雅、颂三类。“风”是指不同地区的地方音乐，主要从周南、召南、邶、鄘等15个地区采集的土风歌谣，共160篇，大部分是民歌。“雅”是周王朝直接管辖地区的音乐，即所谓正声雅乐。《雅》诗是宫廷宴享或朝会时的乐歌。除了《小雅》中有少量民歌外，大部分是上层贵族的作品。“雅”也有美好高尚之意，如“雅望”“雅座”“雅俗”“雅篇”。

当代通州作家的运河文学书写，在四个层面反映出运河文化的格调和气度：“水味”“土味”“野味”“京味”。“水味”是运河文化本色，是当代通州作家的人生底色、作品的文化底色；“土味”是当代通州作家作品在创作主题、艺术风格和审美趣味等文学创作实践上呈现出的地方特色；“野味”是当代通州作家作品展现出来的生命意识和生命表达；“京味”是当代通州作家作品在北京文化浸润下表现出的京腔京韵。北京文化浸润下的当代通州作家作品赋予运河文化精神“雅乐正声”气质。这不仅仅是一种风格，还是一种文化格调和气度。

一　京腔京味京韵

刘绍棠的运河文学都有着浓郁的京味京韵。刘绍棠的《青藤巷插曲》和《花街》入选作家刘颖南、评论家许自强合编的《京味小说八家》。带有自传色彩的中篇小说《青藤巷插曲》被认为“前四节可独立成章，又是最富有‘京味’的部分”。[①] 从北京老艺人艺术形象的勾勒到人物对话语言的再现，从新中国成立前北京街头市民阶层的生活图景展示到北京老艺人的精神风骨的体现，都带着地道的“京腔京味京韵”。

例如，带有“京味”风韵的运河民间语言。“就刘绍棠的叙述和描绘的语言来看，时有欧风美雨的浸润显得雅致清丽，时有运河民间俚语显得泼辣俏皮。直观来看，似乎后者更具地域特色，更具‘京味’风韵”。[②] 语言运用上，有老北京的“儿化音”。儿化音在北方话中比较常见，虽然不是北京独有的，但是在北京话中比较常见。北京作为千年古都，语言保持着开放性，融合了多民族的文化、习俗和语言，经过时间的润色，才形成了富有北京地区特色的带有京腔京韵的北京话。在北京话的众多特点中，爱加“儿化音”成为北京地方语言特色，是老北京话的显著标志，也是解读北京话的一个“密码”。有人说，“带儿化音的京腔儿才是真北京”。

孙宝琦小说《师傅偷艺》以“儿化音”使用见长，“儿化音”对表现小说艺术风格和刻画人物心理变化起到非常好的作用。小说讲述的是落后守旧的工匠于老三在新时代的新变化。作品把一个老木匠对新事物从排斥、困惑到好奇，再到逐步接受，进而改变观念，偷偷到徒弟家学艺的心理变化刻画得细腻、生动、有趣，又符合人物性格特征。在语言上，大量使用儿化音，如“聊闲篇儿”“心眼儿”“破例儿”“大肚脐眼儿”“秃了边儿”“门楼儿”“门脸儿”“门墩儿”“大面儿”等。有的一段连续出现多个儿化音，如“八年前，这里还是儿根烂秫秸的篱笆门儿，现在却变样儿了。好漂亮的门脸儿，青砖红瓦的门楼儿，油光闪亮的门扇儿，带暗锁的拉手儿，门两旁还有两个磨光雕花的门墩儿”，“人人都说于老三古板，生就的榆木疙瘩脑瓜儿，

① 刘祥编《通州作家群》，中国文联出版社，2002，第35页。

② 刘祥编《通州作家群》，中国文联出版社，2002，第37页。

你们看皮儿看不了瓤儿。过几天，你们等着瞧好儿吧”。儿化音使语言口语化，带有浓厚的感情色彩，有着浓郁的乡味。它的自然、俏皮、随意、亲切，带着老北京的腔调儿和韵味儿，把因循守旧的老木匠于老三看到徒弟家的新变化的奇妙心理展现无遗，还生出几分喜感。

刘正刚的小说《杠房祖孙》以通州北运河滩传统民俗盛世为载体，展示了杠房行业、传统乡规，以及文化精神的流变。作品将京郊农村的“京味”和土生土长的运河滩农民的语言融合在一起，通过儿化音的大量使用——“高手儿”“鬼脸儿”“伸脖儿踹腿儿”“精气神儿”“起劲儿”“零头儿”“摔盆儿”“抱罐儿”“话茬儿”“子弹头儿”“几辈儿”“离谱儿”等，栩栩如生地讲述了北运河滩上老辈儿杠房的器具、礼仪和规矩，蕴含了文化的质感。“就这一篇而言，依我愚见，可与邓友梅的《双猫图》《寻访画儿韩》等篇的京味小说及林希的《“小的儿”》津味小说，做等量齐观的阅览。”[①] 当今，随着社会变迁、网络语言冲击等因素，“儿化音”的使用越来越少，北京对老北京人的故乡属性渐渐消失，故乡味道越来越淡，这是后话。

王宗仁的文章《炽热的诗心——红孩和他的散文诗》提到，红孩的散文诗反映京东农村田园生活，除了浓浓的诗意和哲理之外，还有“京味儿”，“带着农味的京味儿”。他们在创作过程中，从地域特色到风土人情，从性格心理到文化特质，自然流露出“京味”，并逐步将之沉淀为具有“京味”特征的运河文化精神。

二　京东首邑的天然优势

不同于苏州、扬州等运河城市，通州作为三千里京杭大运河的起点，有着自身的地域特性。这种特性既体现为自然环境、地理位置、历史变迁的独特，又体现为生活习性、风俗习惯、礼节规矩，乃至思维方式、价值观念、行事准则凝聚而成的地域文化气质。当代通州作

① 刘祥编《通州作家群》，中国文联出版社，2002，第 299 页。

家熟悉通州的前世今生，也熟悉风土人情，换句话说，他们浸润在通州地域文化中，潜移默化被其熏染，形成了地域文化下的思维方式、人生观、价值观，并诉诸文学作品，形成地域书写的独特风格。

刘绍棠自称“蒲柳人家子弟”，刘绍棠在多部作品中对通州的历史有详细的考证和研究，通州历史也常常被他写进作品里。他的《我是刘绍棠》对通州的“前世今生”有详细的描述。关于历史上的通州，他翻阅了《钦定日下旧闻考》，其中卷一百零八写道：“通州在府东（顺天府，今北京）45 里。本禹贡冀州之域。春秋战国皆属燕。秦属渔阳郡。两汉本潞县及安乐县地。潞，高阳氏后，邵姓。魏晋以降，属幽州。后魏置潞郡。隋开皇初省入涿郡。唐武德二年于此置元州，领潞、临洵、无终等县三。贞观元年，省元州，后为潞县，以水患徒治安乐故城。历五代皆因之。至金天德三年，升为通州。元因之。领县二：曰潞，曰三河。明洪武元年闰七月并潞县入于州，仍以三县隶焉。属北平府。清顺治十六年，漷县裁并入州。通州上拱京阙，下控天津。潞、浑二水夹会于东南，幽燕诸山雄峙于西北。舟车辐辏，冠盖交驰，实畿辅之襟喉，水陆之要会也。”

他也简要叙述了当年漕运盛况，北运河对于通州父老乡亲的重要意义。明清三朝通州“上拱京阙，下控天津，实为畿辅之襟喉，水陆之要会”。流经通州的北运河上连通惠河，直通北京城内，下连海河，向南直达江淮各地。通州是漕运和海运入京的仓储和转运之地，有着重要的地理位置和交通优势。随着漕运的发展，通州从元朝开始设立仓，储粮数百万石。通州城内设有漕运总督府，总督府官居一品。通州代管京东八县，俗称“京门脸子”。从“一京（北京）二卫（天津）三通州”，以及“进京入阁拜相，不如蹲在通州管钱粮”的俗语中，可以看到北运河在历史上发挥的重要作用。在通州老百姓眼里，北运河不仅仅是“铜帮铁底运粮河”“龙头凤尾北运河”，还是他们的母亲河，他们是北运河的子孙。

他作为通州“土著”，喝着运河水长大，熟悉运河边上的地域风情，熟悉运河人家的日常生活，熟悉通州的民俗礼节，这让他的作品不仅仅描写地域人情，还潜入特定历史环境下人的心理、情感、性情、精神的深处，加以细致的描绘，塑造了京郊农村有血有肉、有灵魂的形象群体，为通州人精神人格“画像”。当代通州作家对通州的书写，超越了地域，上升为一种文化现象，并最终成为一种文化的积淀。

通州作家的作品具有“京津”的双重性格特质。通州独特地域环境赋予人物独特的生存方式，也塑造了他们独特的性格特质、思想意识、道德风貌。关于通州人的性情，早有学者论及。张同吾在《刘绍棠小说的地域特色》一文中说：“通县自古为京东首邑，一马平川土地肥沃，北运河贯通其中，经济富庶，文化发达，人杰地灵，素有‘一京二卫三通州’之称，谓之繁盛。亦有外乡人诽谤之语：‘京油子，卫嘴子，斗不过通县的狗腿子’。虽怀贬义，不无道理，从正面理解可谓通县人具有京津的双重特点：喜交游，讲义气，善表达，朴实而不木讷，机智流于外向，男有侠肝义胆，女有刚骨柔肠。”① 刘绍棠的作品中塑造的人物形象，还有刘绍棠作家本人无不体现了通州人的这一性格特质。

在刘绍棠的文学作品中，也多次对通州地域特征和通州人的性格做过评述：“我们通州是北运河的起源之地，自古就是京东首邑，文化名城。一京、二卫、三通州，北京是老大，天津是老二，通州便是老三。这个地方的人自高自大，不但瞧不起四邻八县，而且也不把保定、唐山、石家庄放在眼里。撸锄把的手也喜欢舞文弄墨，却又眼高手低，成名成家的屈指可数，一个个却都自命不凡。全国叫得最响的作品，通州人一目十行，七八千字的小说能挑出百八十不当之处，吹毛求疵，鸡蛋里挑骨头，通州人有一双入木三分的眼睛。”② 刘绍棠作为通州籍“土著作家”，对通州独特地域特征赋予通州人独特个性气质的评判准确而生动。

---

① 刘祥编《通州作家群》，中国文联出版社，2002，第31页。

② 刘绍棠：《京门脸子》，北京十月文艺出版社，2018，第230页。

三 沉潜的北京文化基因

通州作为“京门脸子”使得当代通州作家作品在地域风格上流淌出浓郁的京风、京情、京味、京韵。当代通州作家的运河文学作品，洋溢着浓浓的“京味”，这种“京味”来自通州与北京自古至今在历史变迁中千丝万缕的联系。这种联系既是物理空间上的，又是风土人情、文化层面上的。当代通州很多作家都生长在北运河河畔的村庄。这些村庄的形成历史与北京、北运河有着密切的联系。如刘绍棠生身之地儒林村，相传是“清朝初年跑马占地的旗地，主人是正黄旗的皇室旁支”，家奴马夫不放马后在运河滩上开荒种地，娶妻生子，再加上运河四面八方的外来移民，聚集成村。20 世纪 50 年代，正式修订村名为“儒林村”。

文学是文化土壤上结出的果实，当代通州作家与创作深受北京文化影响。刘绍棠说：“北京文化或京味小说，绝不是‘北京人用北京话写北京事’，而应是‘中国人用中国话（普通话）写北京事’。”[①] 从这个宽泛的意义上来讲，当代通州作家的创作都是“京味小说”。即使从狭隘的层面来讲，通州虽为京东郊区，区别于北京城区，但通州作为北京的“京门脸子”，当代通州作家在创作中还是抹不去浓郁的京情、京味。当代通州作家除了具有京东地区的生活经验外，大多数作家有着在京城求学、居住、工作的经历，他们的成长与京城有着千丝万缕的联系，久而久之，形成了割不断的情感纽带。以刘绍棠为例，刘绍棠的父亲 13 岁到北京的布店当学徒，刘绍棠本人 12 岁入北平市立二中（现在的北京市二中）读初中，深受北京二中“勤学、诚实、清苦、质朴”学风的熏陶。1954 年，刘绍棠到北京大学读中文系，他的中篇小说《运河的桨声》就是北大求学时在北大图书馆写就的。王梓夫供职于北京人民艺术剧院；红孩，也是身居京城。其他身

① 刘绍棠：《四类手记》，北京十月文艺出版社，2018，第 277 页。

兼数职的业余作家，多数在京城不同行业就职。

作为京东首邑，通州与北京有着密切联系。通州地区的风土人情、地域心理、文化特征等有自己的独特性。同时，它深受北京文化的影响，或者说它本身就是北京文化一部分，它在不断发展变化中，丰富着北京文化。“‘京味’是个流动的不十分确切的概念，一般来讲，它是指在特殊的文化特征熏染下所形成的北京地区独特的民俗与民情、性格与气质、心理与语言方式，它不但有空间性，而且有时间性，因此它又是变化和发展的。”[①] 反映在文学层面，当代通州作家深受出生地京东的风土人情熏染，深受京东地域文化的浸润，他们的身上有先天的“京味”基因。他们在创作的时候又自觉或者不自觉地追寻着这种味道。

四 自觉追寻“京味”

当代通州作家在耳濡目染中得到北京文化的熏陶，他们的作品从语言到风格、从表现手法到内在精神气质都体现出“京味”特色。有评论者说，红孩的散文诗集《太阳真好》反映的是京东农村田园生活，反映北京城乡接合部的生活，因此，他的诗集“有京味儿，带着农味儿的京味儿”[②]。作为当代通州作家后辈的红孩也在他散文诗集的后记里说：“我从小在京郊农村长大，父母都是本分的农民。因为这积淀，我的言行也就不可避免地带有浓烈的乡土色彩，我认为这是一种造化。”[③] 无论是“农味里的京味”还是“京味里的农味”，既是先祖的遗传基因，又是后天的追寻。当代通州作家的先天环境因素和后天自觉学习熏陶，使得他们的作品带着北京文化基因，也体现了作家个体对“京味”的自觉追寻。

北京文化博大精深，有着容纳万千支流的胸怀和气度。翻开北京

① 刘祥编《通州作家群》，中国文联出版社，2002，第 37 页。
② 刘祥编《通州作家群》，中国文联出版社，2002，第 207 页。
③ 刘祥编《通州作家群》，中国文联出版社，2002，第 207~208 页。

的历史，有多个王朝在这里建都，无论是辽、金，还是元、清，都是少数民族称王称帝，无论是汉族还是少数民族建都为王，都为北京文化注入新的元素。因此，北京文化具有开放性，吸纳、融合了不同民族、不同地域文化，有着“混血儿”的特质。体现在不同文化领域，“现当代的北京文化有五座高峰，即文学领域的老舍、绘画领域的溥儒、书法领域的启功、京剧领域的程砚秋和曲艺领域的侯宝林，他们都是满族人”[①]。在戏曲领域，以京剧为例，四大徽班进京，开启了200多年中国京剧史序幕。京剧本身是多种曲调、剧目、表演方法的吸纳、交流、融合的产物。就文学来说，据说身为满族人的曹雪芹祖籍通州，曹雪芹的《红楼梦》不仅是中国文学的一个高峰，还是京味小说的鼻祖，是北京文化的一面旗帜。因此，“正是满、回、蒙等北京少数民族文化化成肥美的土壤，才开出以汉文表现的北京文化之花。北京的文化土壤是五色土，开出的是赤、橙、黄、绿、青、蓝、紫的花团锦簇”。[②]

当代通州作家深受北京文化熏陶，也深受北京作家的影响。比如刘绍棠就深受“北京作家的一代宗师”老舍先生的影响。老舍先生是满族人，生于北京。他的作品围绕北京来写，他是“北京的风土人情画家”，把北京的自然景色、风俗习惯、气质神色、人情世态，生动、微妙、自然地呈现给世人，他的小说“京味”十足。刘绍棠在其文学创作过程中首先接触的就是老舍的作品，因为京城求学，他也亲自体验过老舍文学作品里描写的世界，对老舍作品所传递出来的情感感同身受。“解放前，我读高小和初中的时候，就读过老舍先生的《骆驼祥子》《我这一辈子》《月牙儿》等名著。当时，我读书的学校坐落在东城一条五行八作、三教九流混居杂处的胡同里。我亲眼目睹老舍先生笔下描写的人力车夫、旧警察和暗娼们的生活情景，深感老舍先生

① 刘绍棠：《四类手记》，北京十月文艺出版社，2018，第275页。

② 刘绍棠：《四类手记》，北京十月文艺出版社，2018，第276页。

的作品淋漓尽致地写出了旧北京下层社会的人情世态。”①

刘绍棠成为一名作家后，参加北京市的文学活动，多次聆听老舍先生的讲话，还亲自到老舍先生的府上听取他对全国青年创作会议的意见。他对老舍先生的印象是：“穿一双老头乐毡靴，皮坎肩，怀里抱着一只猫。”② 这也是他唯一的与老舍先生的见面。老舍先生的为人为文的气度和气节让刘绍棠感怀。刘绍棠特意在 1982 年拜谒了老舍先生的故居，那是老舍先生写《骆驼祥子》的地方。刘绍棠在纪念老舍先生的文章《北京作家的一代宗师》里说：“我致力乡土文学，力求小说创作民族化，从老舍先生的作品中汲取了很多营养。老舍先生是我的文学前辈，又是我的乡亲长辈，我和他都是北京人。”③ 刘绍棠对老舍先生的评价很高，在原载于 1984 年第 5 期的《北京文学》上的《北京作家的一代宗师：纪念老舍先生》中，就以满怀崇敬的心情纪念老舍先生的八十五周岁诞辰。他认为老舍对中国文学和北京的文学事业做出了伟大而不朽的贡献：“我觉得应该将《北京文学》优秀作品奖升格，改为老舍文学奖；这将更大地调动北京作家的创作积极性，更快地提高北京的文学创作水平。”④

北京文化对当代通州作家产生了深远的影响。以戏曲文化为例，刘绍棠的创作深受京剧艺术的影响。刘绍棠的家乡盛产戏曲艺术，流行“吃开口饭”谋得生计，也出了不少戏曲名家，如京戏名伶杨翠喜，后来有梁益鸣、杜元田、张宝华等人。儿时的刘绍棠，因为儒林村在北京经商的乡亲对京剧非常痴迷，常常到票房清唱或彩唱。他的父亲在北京经商，住在前门外一个大杂院里，在戏院卖票的邻居常常带戏票分发给邻居，刘绍棠得以大饱眼福。因此，刘绍棠间接地接触到了京剧。这个时候的刘绍棠最喜欢的还是运河滩流行的梆子和“蹦

① 刘绍棠：《四类手记》，北京十月文艺出版社，2018，第 328 页。
② 刘绍棠：《四类手记》，北京十月文艺出版社，2018，第 329 页。
③ 刘绍棠：《四类手记》，北京十月文艺出版社，2018，第 329 页。
④ 刘绍棠：《四类手记》，北京十月文艺出版社，2018，第 328 页。

蹦戏”，真正痴迷京剧是在他9岁进北京城以后。1945年他第一次进京，连看了很多京剧名角演出的好戏，如程砚秋、荀慧生、谭富英、马连良、叶盛兰、言慧珠等。因此与京剧结下了不解之缘。1948年考入北平市立二中读书，受同学的影响，刘绍棠对“程腔”有了更多的了解，自认为是程砚秋的“程党”，对“程腔”如痴如醉。

京剧艺术成为刘绍棠小说不可缺少的一部分，无论是在戏曲艺人形象塑造上，还是对他创作方向启发上，都对他的文学产生了重要的影响。“我从小就是个戏迷。主要迷的是京剧，其次是评剧、昆曲、梆子；可谓是雅俗共赏，兼收并蓄。我听过的戏不少，但是至今一句也不会唱。我把听戏的收获所得，都使在了写小说上。我写小说时，常常情不自禁挂上一点戏曲。”① 他的中篇小说《黄花闺女池塘》和长篇小说《孤村》里都有关于戏曲的描写。荀慧生的红楼戏启发他要阅读《红楼梦》，甚至从荀慧生的少妇扮相中学到了年轻女子的形象塑造手法。1943年梁益鸣衣锦还乡，为家乡人民演唱了《逍遥津》《法门寺》《文昭关》的选段，刘绍棠后来把这个听戏的经历写进了长篇小说《豆棚瓜架雨如丝》。这篇小说以梁益鸣为原型，塑造了一个乡土戏曲艺人的辛酸人生。刘绍棠了解程腔，理解程腔，痴迷程腔后，他从程腔悟出了为文之道：“扬长避短，自谋生路；与众不同，独立求存。”② 他也从评剧和梆子的发展中，认识到梆子要有野味，评剧要有土气，不能一味地向京剧模仿，向歌剧靠拢，不要怕沾了土气，被人瞧不起。从中他也悟出了创作的门道，“是神归庙，是鬼归坟；割据一方，各走一路，如此才能百花齐放，争奇斗艳”③。

当代通州作家在北京文化的熏陶中成长、创作，他们的文学作品以此成为他们为人为文的底色，立足京东通州运河河畔，以开放包容的北京文化精神为指引，博采众长，扬长避短，既写出了北京文化的

① 刘绍棠：《我是刘绍棠：刘绍棠自白》，团结出版社，1996，第237页。
② 刘绍棠：《我是刘绍棠：刘绍棠自白》，团结出版社，1996，第233页。
③ 刘绍棠：《我是刘绍棠：刘绍棠自白》，团结出版社，1996，第240页。

精神、品格、气度，也写出了当代通州作家的特色，在当代文坛独树一帜，成为具有浓郁“京味”的运河文学，成为运河文学里别具一格的“雅乐正声”。正如当代通州代表作家刘绍棠所说，“文学评论家研究我的小说，说我的小说兼有孙犁、赵树理、老舍的特点。我承认我在创作中深受这三位前辈的影响，但我却从没有存心要学他们，更没有打算模仿他们。如果我画虎不成反类犬，当今文坛就没有我这一号了”①。

从某种意义上来说，“水味”“京味”“土味”“野味”“人味”五个维度构成了当代通州作家视域下运河文化精神的支撑，成了北京城市副中心的文化基因。真正的文学与文化并不是过去的遗迹，它是一种生气勃勃的力量，给现在增添生机，为未来注入活力。当代通州作家通过文学作品参与运河文化精神的构建和呈现，并通过文学视角对其进行丰富和重塑，赋予运河文化当代人的视野。在弘扬运河文化，拓展大运河文化带研究的视野，以及建设北京城市副中心的历史节点上，通过当代通州作家作品来透视运河文化精神内涵，具有深远的意义和巨大的现实价值。

① 刘绍棠：《我是刘绍棠：刘绍棠自白》，团结出版社，1996，第239页。

第五章 “传承”与“发展”

——当代通州作家作品的文化价值与使命担当

第一节 运河文化传承与发展的新时代、新机遇

大运河承载的不仅仅是自然风光、航运交通、经济政治命脉，还有丰富的运河文化。在流淌的千年间，大运河见证了沿岸的沧桑巨变，吸纳了各地具有不同特色的民俗人情，融通了燕赵文化、齐鲁文化、中原文化、江南文化，包括园林文化、戏曲文化、工艺文化、饮食文化等不同的文化形态，可以说，大运河的波涛里泛着沿线城市各自独特的文化符号，涌动着沿岸人民共同的乡愁记忆。恢复大运河的旅游通航，在创造经济价值的同时，更重要的是将运河文化传承下去。大运河文化带是一个“富矿”，深入挖掘其内涵，将为我们搭建各种文化深度交融的桥梁。通州是大运河的北起点，在建设北京城市副中心的历史契机下，深入研究运河文化、保护和传承运河文化有着深刻的历史意义。传承与发展运河文化有利于中华民族文化复兴，有利于通州作为北京城市副中心的建设，有利于京津冀协同发展。

一 关于北京新的发展定位——彰显古都文脉传承

北京正在构建涵盖老城、中心城区、市域和京津冀的历史文化名

城保护体系，统筹长城文化带、大运河文化带、西山永定河文化带建设，强化首都风范、古都风韵、时代风貌，凸显北京历史文化的整体价值。“长城”“大运河”“西山”三个文化带承载了北京刚柔并济、山水相依的自然文化资源和城市发展历史，是北京文化乃至中华文明的精髓和象征，尽显北京历史文化的无穷魅力，将成为北京传承保护历史文脉的鲜明主线。

文源深、文脉广、文气盛，是北京进一步加强全国文化中心建设得天独厚的优势。未来，北京将会树立大历史观，在城市规划建设层面更加突出文脉传承，以推动三个文化带建设为契机，让历史文化和自然生态永续利用、同现代化建设交相辉映。大运河在北京城市发展进程中的政治、经济、文化意义，决定了大运河文化带在古都文脉中的历史地位。大运河文化带的形成和积淀，是以运河为依托，在长久历史发展中积累的人类文明活动的结晶，蕴含着丰富的文化宝藏，是一笔丰厚的历史文化遗产，也是研究北京文脉的重要线索。

二　关于大运河文化带的研究——挖掘大运河文化带的丰富内涵

2014 年，中国大运河成功被列入世界非物质文化遗产名录。2017 年 2 月、6 月，习近平总书记先后两次就大运河保护、传承、利用做出重要指示和批示。2017 年 2 月，北京市委书记蔡奇就推动大运河文化带保护利用工作做调查研究，强调要以高度历史使命感推进大运河文化带的建设。

蔡奇指出，要带头贯彻习总书记重要指示精神，“保护好、传承好、利用好”，深入挖掘大运河文化带的丰富内涵，通过推进大运河文化带保护利用，进一步擦亮世界认可的国家文化符号，为京津冀协同发展搭建深度交融的桥梁，为首都发展注入独具魅力的文化内涵，真正使大运河文化带成为北京建设全国文化中心的示范工程，成为满足人民群众日益增长的多样化精神文化需求的民心工程，成为建设国际一流的和谐、宜居之都的标志工程。蔡奇要求，在深入调研基础上，站在中华文明传承的高度，组织专门力量和专业力量，着眼中长期，高质量制定大运河文化带保护建设规划。在挖掘类方面，组织专家深入研究大运河文化带历史文化内涵，整理出版研究成果，讲述更多能够传诵的运河故事。

三 通州作为北京城市副中心：运河文化是通州主要文化基因

2015年7月，中共北京市委十一届七次全会审议通过了《京津冀协同发展纲要》，通州正式成为北京市行政副中心。2016年6月，通州区规划再次上升为国家战略，通州从之前规划的“北京行政副中心”的定位上升为“北京城市副中心”。通州作为京杭大运河的起点、京畿要地，曾经的皇家码头，具有悠久的历史、丰富的漕运文化、独特的人文气息。在通州作为北京城市副中心、现代化国际新城建设中，挖掘通州历史文化资源，特别是以大运河为核心的历史文化资源，古为今用，保护、传承、利用好这些文化资源，做好首善之区的城市文化建设示范，是北京城市副中心文化建设的重要使命和责任。北京市委、市政府多次聚焦通州作为北京城市副中心的文化规划和建设，并成立专题调研组展开关于北京城市副中心建设中传承和发展通州文化特色——“通州味”的调研，为北京城市副中心文化建设提供参考。“通州味”是指具有通州地域性的文化特色，是多种文化长期碰撞融合形成的具有通州特色的复合型文化，是随着社会不断发展的活态文化。在众多文化中，运河文化是通州文化最重要的代表。当代通州作家作品的“人味”、运河文化的“水味”、北京城市副中心建设的“通州味”的有机融合是北京城市副中心文化建设的必然趋势。

四 促进京津冀协同发展

建设北京城市副中心，疏解北京非首都功能，推动京津冀协同发展，是党中央谋划、部署、推动的重大国家战略。2014年2月26日，习近平总书记在北京考察时提出了京津冀协同发展战略，指出

“北京、天津、河北人口加起来有1亿多，土地面积有21.6万平方公里，京津冀地缘相接、人缘相亲，地域一体、文化一脉，历史渊源深厚、交往半径相宜，完全能够相互融合、协同发展”。京津冀协同发展战略，对区域经济发展起到了明显的带动作用。如基础设施的互联互通取得显著成效，优势互补、错位发展的产业协同更加紧密。在京津冀区域经济发展的同时，还需要利用好文化一脉的优势，做好文化协同工作。

京津冀三地有着共同的运河文化环境，在大运河的长期滋养下，三地逐步形成了对自然、社会和人的基本相对一致的观点与信念。京津冀地区的人们拥有同根同源的燕赵文化，因此享受的是相同的文化环境，感悟的是相同的文化理念，这是京津冀协同发展的极大优势，应该充分加以利用。文化理念的一致带来的最大益处在于凝聚人心。凝聚人心，是京津冀协同发展的根本，无论是产业发展还是企业联合，如果难以凝聚人心，协同机制和国家法规只能是被动地启用，而无法真正磨合。只有让京津冀地区的人们“心往一处想，劲往一处使”，才能在根本上促进京津冀协同发展，才能在经济、合作、生态等各方面的协同发展过程中，变被动为主动。目前，京津冀三地针对共同拥有的运河文化资源进行了详细的规划设计，充分发掘和利用大运河京津冀段沿线民俗风情、文化遗产，打造京津冀运河文化休闲观光带，促进了大运河及其周边资源的可持续发展。未来，京津冀三地可协同整合运河两岸的自然风光、民俗文化、人文历史等资源，将运河打造成名副其实的京津冀“水上通道”。

将运河文化的“水味”与北京城市副中心的“京味”，以及通州区文化的“人味”结合起来，凝聚为当代独特的具有“通州味”的城市文化品牌。在新的时代背景下，大运河申遗成功必然带来运河文化的深化和升华，运河文化将成为中国的一张新名片，为当下建设注入崭新的活力和强大的凝聚力。

第二节 运河文化传承与发展的新维度、新视角

挖掘好、保护好、传承好运河文化意义深远，但非一朝一夕可就，也非一人之力所能为。因此，在运河文化传承与发展的机制与策略上，要发挥区域协同、政府机关、科研单位、行业协会、企业、学校社区，乃至群众个体的作用，做好整体与局部、联动与共生、立体和多元、线上与线下、跨界与整合的力量协同工作，使运河文化资源开发、运河文化学术研究、运河文化传播、运河文化创意产业联动、运河文化为底色的城市文化品牌建设、以运河文化为连接的区域文化发展一体化，建立交流与共享的运河文化生态圈。

一 利用三个文化带建设契机，促进运河文化资源开发

2018 年北京市推进三个文化带建设，精心打造北京历史文化名城的“名片”。三个文化带串联出了北京城的名胜古迹，也串联出了北京文化的前世今生。长城文化作为历史的一座丰碑，不仅是重要的文化遗迹，还是中华文化的“博物馆”，是中华民族精神的图腾。西山永定河文化带承载皇家文化、宗教文化、名人文化、红色文化、陵墓文化等多样文化，留下了丰富的文化遗迹和文化精神遗产，像臂膀一样守卫着北京城。有人说，北京是“漂来的北京城”。作为大运河起点的“通州”，自古就是京城的东大门，它是历史上的皇家码头和漕运重镇。大运河曾作为重要的经济命脉、交通要道，为北京城提供源源不断的供给和便利，促进了南北文化交流。一些文化带规划出台和具体实施举措的推出，将为三个文化带建设提供重要契机。大运河文化带的重点在通州，在通州建设北京城市副中心的今天，北京推进大运河文化带建设，将会极大地促进通州文化资源的挖掘，促进运河文化的传承和发展。

以北京文化创意产业为例。大运河文化带的推出给北京的文化创意产业发展注入新活力和新动力。大运河文化带建设为北京的图书、

影视和艺术品市场发展提供源源不断的创作素材。一批传统作家聚焦运河现实题材进行精耕细作，集中涌现出一批运河文学作品，向运河致敬，如徐则臣潜心四年推出的长篇小说《北上》，王梓夫的长篇小说《梨花渡》等。除此之外，北京十月文艺出版社陆续推出运河文学代表作家的文集。以当代通州作家、“大运河之子”刘绍棠为例，推出了包括《运河的桨声》《四类手记》《京门脸子》《蒲柳人家》《青枝绿叶》等在内的刘绍棠文集，以飨读者。北京十月文艺出版社紧紧抓住大运河文化带建设的契机，紧扣虚构类运河文学精品主题，形成了“运河书系”出版品牌，占领了运河文学出版的抢滩高点，引人瞩目。

随着建设大运河文化带的提出，政府、各个地方、主流媒体加大支持力度，社会上形成了弘扬运河文化氛围，网络作家们的创作热情高涨。网络作家以运河为题材创作了一批运河网络文学精品力作。旨在推动网络文学精品创作生产的第二届“网络文学+”大会由国家新闻出版署、北京市人民政府指导，中共北京市委宣传部、中国音像与数字出版协会、北京市新闻出版广电局（版权局）等单位主办，于2018年9月14日至16日在北京亦创国际会展中心举行。大会以“网络正能量，文学新高峰”为主题，以“专业化、开放化、国际化、创新化、多元化”的方式，全方位多角度展现中国网络文学新作为，推动精品创作生产（见图5-1、图5-2、图5-3、图5-4）。

图5-1　第二届“网络文学+”大会开幕式

图5-2　第二届“网络文学+”大会展馆内景（一）

图 5-3 第二届“网络文学+”大会展馆内景（二）

图 5-4 第二届“网络文学+”大会展馆内景（三）

在大会闭幕式上公布了 2018 年度向读者推荐的 21 部优秀网络文学原创作品。运河文学作为此次网络文学推优的“新鲜面孔”崭露头角，给此次网络文学推优带来新的视角。根据北京市新闻出版广电局（版权局）文件精神，对参与今年推优的作品在时间上有要求：非大运河题材的作品必须是 2017 年前已经完结的作品，没有完结或在 2017 年 12 月 31 日之后完结的作品不在此次推荐之内；大运河题材的作品，完结时间是 2018 年 5 月 31 日。题材涉及悬疑、玄幻、爱情、仙侠、纪实、历史、侦探、运河等主题领域。通过多位专家的初审、复审、终审，推选出的 21 部 2018 年网络文学优秀作品，其中运河文学作品占 11 部。这些作品在价值导向、文学水准、开发转化、创新性、出版编校质量上表现优秀，评分标准见表 5-1。

表 5-1 2018 年网络文学推优评分

作品名称：

评分项目	评分等级		
评分量化项目与标准	优秀	良好	一般
价值导向（主要包括导向是否正确、格调是否高尚，是否传播正能量、弘扬真善美，能否发挥价值引导、精神引领和审美启迪等方面的积极作用） 分值等级：满分 30 分；优秀 30~20 分；良好 19~10 分；一般 9~0 分			

续表

评分项目	评分等级		
文学水准（包括思想性、文学性、艺术性等文化担当情况和有无明显注水现象） 分值等级：满分30分；优秀30~21分；良好20~11分；一般10~0分			
开发转化（包括IP运营、付费或下载阅读情况） 分值等级：满分15分；优秀15~11分；良好10~6分；一般5~0分			
创新性（包括题材、体裁、形式、风格和人物、情节、语言等写作手法上的创新情况） 分值等级：满分15分；优秀15~11分；良好10~6分；一般5~0分			
出版编校质量（包括文字、标点等正确、规范使用情况）分值等级：满分10分；优秀10~7分；良好6~4分；一般3~0分			
总分100分	合计：		

专家意见（意见字数300~500字，请另附页）

专家签字

对推优作品，在评定分数后，会给出专家意见。以《转九门》为例，专家意见这样写道：作品讲述了辗转于运河南北的一代戏曲宗师的成长故事。戏曲徽班传人王长青出身徽班戏曲世家，子承父业，为了徽班戏曲呕心沥血，几经波折，最后得偿所愿，联合扬州各戏曲班主沿京杭大运河北上，自正阳门开始演出，连转京师九门，名扬京城，誉满天下，终成为一代戏曲宗师。作品通过徽班戏曲传承人的历程和徽班戏曲进京的故事，表现了一代戏曲人身上不屈不挠、勇于开拓、昂扬奋斗的精神，对戏曲艺术精益求精的匠人情怀，以及对戏曲文化发展和传播所肩负的责任和担当。同时，从侧面反映出京杭大运河对经济、文化，特别是戏曲文化传播、交流、融合发挥的重要桥梁作用。

作品立意新颖，主题深刻，选材精巧，意蕴深远。语言浅显直白，通俗易懂，编校质量较好。

从以上评价标准可以看出，2018年网络文学推优作品，突出价值导向，引领网络文学发展方向，体现文学的责任和担当。自1998年第一部网络小说《第一次的亲密接触》面世以来，中国网络文学已走过20年历程。在这20年中，网络文学发展迅猛，从网络文学文本创作发展到以围绕IP为核心的内容推广和开发阶段，形成了较为完整的上下游及衍生产业链，影响力至国内外。第二届“网络文学+”大会就以IP为核心，充分调动当下文化、资本、动漫、影视、游戏、音乐等产业资源，发挥网络文学整体优势，实现资源整合，为中国网络文学发展提供多层次服务，衍生出更广泛的泛娱乐文化产业。此外，大会打造权威发布平台、行业交流平台、产品交易平台、成果展示平台、互动体验平台、宣传推广平台，并举办网络文学20周年相关主题作品征集活动、作家沙龙活动、名家讲堂活动、线上主题活动、线下主题活动和品牌推介活动，包含了更丰富的内容。

网络文学发展到今天，离不开改革开放四十年的社会发展，因此，亮点纷呈的第二届“网络文学+”大会还聚焦大运河文化带，体现了网络文学的时代责任担当。“这不仅仅是个人的责任，这是文学对民族精神的责任，是文学对中华民族伟大复兴事业的责任。任何时候我们都要牢记这份责任，任何时候我们都要把社会价值、社会效益放在首位，这是中国网络文学继续繁荣发展的根本前提。”①

二　促进学术研究，打造文化智库品牌

随着大运河申遗成功，大运河文化带研究的提出和推进，学术研究者们聚焦运河文化，不断调整学术研究定位，拓宽学术研究的领域，提高学术研究的层次，拓宽学术研究的视野。

---

① 铁凝：《时刻牢记文学对民族精神的责任》，《红旗文摘》2018年第7期。

（一）运河研究院（会）如雨后春笋般成立

很多运河城市的有关部门、科研院所、文化类媒体等纷纷成立了运河文化研究院（会），旨在抓住历史机遇，利用自身研究资源和研究力量，在运河文化研究、服务区域发展中贡献自己的力量。

大运河文化带建设研究院扬州分院成立。扬州是大运河的原点城市，也是大运河联合申遗的牵头城市。2017 年 9 月，“扬州市大运河文化带建设”决策咨询工作座谈会召开，各县（市、区）委宣传部、社科联，各高校、党校，市文物局、文广新局及社会专家学者共同出席座谈会，相关市委领导出席并讲话，提出为了进一步整合扬州当地大运河研究力量和学术资源，扬州大运河研究院将于近期正式揭牌。2018 年 11 月 28 日，大运河文化带建设研究院扬州分院成立仪式在扬州举行，这是继大运河文化带建设研究院成立苏州、徐州、淮安分院后，成立的又一个分院。扬州分院将依托扬州大学现有科研资源，整合扬州全市运河研究力量，开展大运河文化带建设的基础研究和应用研究。大运河文化带建设研究院扬州分院成立后，首批建立了世界运河研究中心、大运河文化遗产研究中心、大运河国家文化公园及文旅融合研究中心、大运河非遗文化研究中心、大运河特色小镇及乡村振兴研究中心、大运河发展战略与管理体制研究中心 6 个研究中心。

大运河研究院的研究紧紧聚焦大运河文化带建设，服务区域经济发展和城市建设。资料显示，中国大运河研究院围绕文化运河、经济运河、生态运河、旅游运河四个方面开展系列研究，重点打造运河沿线城市的经济数据库、社会发展数据库、运河保护数据库以及世界运河数据库，为国家和地方政府制作智库。随着大运河文化带的提出和推进，大运河研究院建设的方案更注重运河文化与“一带一路”、长江经济带的有机结合，通过大运河文化带研究带动整个城市品质的提升，促进区域经济的发展。

通州区大运河文化研究会成立。2018 年 6 月 22 日，在中国大运河与丝绸之路被载入世界文化遗产名录的第五个纪念日，北京市通州区召开大运河文化研究会成立大会，大会举行了大运河文化研究会的揭牌仪式，为大运河研究会顾问和会长颁发了聘书和证书，来自全国各地的专家、学者共计130余人会聚一堂，共同见证大运河文化研究会的成立。高占祥、李希文等文化名人受聘为大运河文化研究会顾问。新当选的大运河文化研究会会长王梓夫在成立大会上，发布了首批研究课题，研究会的专家、学者将分组进行研究。课题如“如何挖掘研究大运河文化”“如何在城市副中心发展中运用好大运河文化”“关于大运河文化（通州段）的保护与利用”“打造大运河文化品牌，推动城市副中心文化软实力建设”“大运河文化特点与人文形象塑造”“大运河文化与水利资源保护”“北京大运河与通州城市发展史”“历史上通州如何为首都服务的”“雄安新区水系建设与大运河运道沟通、文化渊源的探讨与研究”“大运河文化可持续发展问题研究”“挖掘大运河文化沿线漕运古城城市肌理”。这是通州区在加快北京城市副中心建设的同时，大力保护、传承和弘扬优秀的大运河文化，将运河文化带建设作为推进全国文化中心建设和打造运河文化名片的重要举措，对通州区运河文化历史和文脉的挖掘、整理、保护和传承，高标准建设通州作为北京城市副中心和大运河文化带有着重要意义。

通州区大运河文化研究会整合了运河文化研究力量，高标准打造运河文化研究思想智库，并搭建了国际视野的运河文化研究交流平台，将大大促进北京城市副中心文化建设。正如通州区委书记曾赞荣在通州区大运河文化研究会上所说：“要突出自身优势，努力把研究会打造成运河文化挖掘、研究、宣传的重要平台，打造成促进城市副中心文化建设、发展的重要平台。深入研究通州历史维度上的运河文化、城市副中心建设背景下的运河文化、全球背景下的运河文化，不断推动大运河文化的创造性转化和创新性发展，将运河文化的研究与城市副中心规划、建设结合起来，研究如何将运河文化真正融入城市副中心，真正将城市副中心建设成为一座古今同辉的人文城市。”①

抓住历史机遇，打造运河文化研究的智库品牌。2018 年 1 月 17 日，北京物资学院召开大运河研究院成立大会，北京物资学院大运河研究院正式成立。北京物资学院大运河研究院的成立既是出于对党的十九大报告“文化自信”和运河文化带国家战略背景下大运河文化研究历史机遇、当今价值、科研价值的地位的深刻领会，也来自对北京物资学院位于通州大运河源头的发展定位。在大运河文化研究院组织架构上，体现了校内校外“跨界”整合的特点，联合校内校外优质资源共同打造有实力和影响力的运河研究智库，如聘请《改革》杂志社总编辑、重庆智库理事长王佳宁研究员为大运河研究院院长，提升大运河文化研究的站位，提高服务现实决策的实效性和功能性。在科研人员构成上，组建了核心稳定的科研队伍，以高水平、高起点、高要求从事大运河研究。在研究领域上，因为大运河研究覆盖地域广、领域多，有针对性地围绕重点领域做文章。王文举校长对大运河研究院的成立和发展表示高度重视，提出研究院未来发展趋向的重要指导思想：“大运河研究要重实效重落实，牢固把握学科方向和研究重点，为中央和地方政府决策提供政策咨询，推出一批高水平的科研成果，力争将大运河研究做成为全国首屈一指的智库品牌。”②

此外，还有中国文化报社也顺应潮流，成立了大运河文化研究院和大运河文化专刊。陆续成立的运河文化研究院（会）不仅立足于运河文化的理论研究和学术交流，还回应现实关切，服务城市文化建设和区域发展，更注重应用性、现实应用价值、文化交流对话。

（二）依托学术平台，开展运河文化学术研究

设立运河文化研究开放课题，形成校内校外研究力量的合力；开

---

① 孙楠：《大运河文化研究会成立》，大运通州网，http：//www. dayuntongzhou. com/web/ct6460，2018 年 6 月 22 日。

② 北京物资学院宣传部：《我校召开大运河研究院成立大会》，北京物资学院官网，http：//news. bwu. edu. cn/info/1003/37783. htm，2018 年 01 月 19 日。

设运河研究刊物，围绕运河展开不同维度的研究；依托现有的学报开设运河研究专栏，形成研究思想和观点交锋、碰撞的平台，不断推进运河文化研究的深度和广度；运河学术线上线下的学术论坛，拓展学术交流共享的空间；等等。这些发挥自身优势，拓展运河文化学术平台的行动，对运河文化研究是有益补充。

扬州大学中国大运河研究院设立2018年度开放课题。为深入贯彻、落实习近平总书记关于大运河遗产保护以及大运河文化带建设的重要指示和批示精神，围绕当前大运河文化带建设的重点、热点和难点问题，江苏省省级人文社科校外研究基地——扬州大学中国大运河研究院编制了《扬州大学中国大运河研究院2018年度开放课题选题指南》，并设立了2018年度开放课题，供校内外专家和研究人员踊跃申报，鼓励本校学者和其他高校学者联合申报。跨学科、跨学校的开放课题，有利于学术资源整合，打通学术研究盲点，拓宽学术研究视野，也促进研究人员的对话、交流，互相借鉴启发。

依托自身学术平台，开辟运河文化学术研究专栏。《中国社会科学学报》2017年6月8日开设了《运河学笔谈》专栏。与专栏不同，有些科研院所还创办了以运河学为研究对象的学术期刊。聊城大学运河学研究院创办了一本综合性学术刊物《运河学研究》。虽然这本期刊以社科类学术论文为主，但也涉及与运河有关的自然科学方面的研究，基本上囊括了近几年有关运河的研究内容，比较全面。正如创刊词所言，就内容而言，“它包含运河本体的研究，如运河发展史、运河与生态环境变迁、河道工程施设、河务管理等；也包括运河与区域社会的研究，如漕运与交通、运河城镇带、商业手工业与服务业、农业开发、社会结构与社会流动、文化及文化遗产”。① 这本期刊着眼于“运河学”的宏观研究。《运河学研究》开辟了“理论研究”“专题研究”“研究综述”“新书评介”等丰富的栏目，尽可能多视角、多侧

① 李泉主编《运河学研究》，社会科学文献出版社，2018，第1页。

面、立体地体现运河学研究的丰富视角。《运河学研究》的创办，为聊城大学运河学研究院提供了一个学术研究阵地，提供了一个供运河学研究者们共享、交流、启发、探讨的平台，以《运河学研究》期刊为载体也形成了运河学研究成果的重要积淀。

以北京财贸职业学院为例，北京财贸职业学院校本部位于通州北关，不仅校园文化景观处处体现了运河文化的浸染，还在北京商业领域和人才培养方面与通州区建立了长期合作，在北京城市副中心建设、助力区域发展过程中发挥着积极作用。北京财贸职业学院较早成立了运河文化研究院，发挥人才优势，不断推进运河文化研究。未来，还可以依托《北京财贸职业学院学报》，开设运河文化研究学术专栏，为运河文化研究和交流开辟更多的平台。

三　以全球视野，打造运河城市共享平台

中国运河城市应具备全球视野，积极参与运河城市共享平台建设，在不断交流对话中，互相借鉴学习，合作共赢，为运河文化传承与发展，为大运河文化带研究，为运河城市发展提供支持。目前来看，无论运河城市建设还是运河文化学术研究，还“各自为政”“割据一方”，缺少交流对话平台。运河文化学术研究也好，运河城市发展也好，都应该有整体观和全球视野。从宏观的层面把握不同国家、地区运河文化的精神内涵和发展规律，以全球的视野来反观中国大运河文化，才能牢牢把握中国运河文化的精神内涵和发展规律，彰显出中国运河文化的鲜明特色。拓展运河城市朋友圈，积极搭建运河城市交流共享、合作共赢的平台，积极参与运河文化城市活动是一个重要途径。

世界运河城市论坛是一个比较好的案例。2017 年 9 月，世界运河城市论坛在扬州拉开帷幕。世界运河城市论坛的这次高端对话交流盛会，着力于共同讲好运河故事，为运河城市发展注入更强劲动力。300 多名中外人士，共谋运河文化发展之路，共商运河城市合作大计。自

2007年9月第一届世界运河名城博览会暨世界运河城市论坛在扬州召开，论坛至今已经走过十年，每年一次论坛大会，逐渐成为运河城市进行交流分享、合作共赢的平台。从2007年到2017年，世界运河城市论坛参与国家不断增多，从最初的10个国家增加到30多个国家，并联合60多个中外运河城市成立了世界运河历史文化城市合作组织（WCCO）。在这十年间，世界运河城市论坛从聚焦中国大运河申报世界文化遗产名录到运河沿线城市运河遗产保护，从运河城市之间共谋交流、合作与发展到携手世界运河城市一同发布了《世界运河城市可持续发展扬州宣言》，从世界运河历史文化城市合作组织（WCCO）在运河领域的第一个学术成果《世界运河名录》发布到提出未来运河古镇的合作行动计划，一系列的行动促进了运河城市经济文化发展，为世界运河保护和利用做出了贡献。

通州位于京杭大运河北端，运河文化是通州主要的文化基因。2017年2月23日至24日，习近平总书记来到北京城市副中心通州区考察，实地考察北京城市规划建设的最新进展。习近平总书记还来到大运河森林公园，眺望副中心建设全貌。他强调，大运河是祖先留给我们的宝贵遗产，是流动的文化，保护大运河是运河沿线所有地区的共同责任，要统筹保护好、传承好、利用好。同时，他也指出，通州有不少历史文化遗产，要古为今用，深入挖掘大运河的历史文化资源。通州作为具有厚重漕运文化积淀的运河城市，作为大运河文化带研究的重要地区，作为北京城市副中心，应该抓住历史机遇，勇于亮出名片，积极参与全球范围内的运河文化交流、运河城市交流活动。并以通州为基点，积极搭建以北京城市副中心为核心，辐射全国乃至全球运河城市的交流共享平台，为经济发展、文化传承、环境优化、人民幸福奏出更加华美的乐章。

四 以运河文化为依托，创新通州文旅品牌

打造运河文化与旅游相结合的文化产品，提升运河文化广泛参与

度。旅行作为一种社会行为，自古就有，我国早在殷商之际就用“旅”字描述当时活跃的“商旅”活动。“游”字的加入，让“旅游”区别于功利性的“商旅”或者其他功利性的旅行，孔子周游列国、张骞出使西域、唐玄奘印度取经、郑和下西洋、徐霞客写下游记，都从观念和行为上体现了中国古代对旅游认识的不断深入和自觉。

进入现代，改革开放40年来，中国发生了翻天覆地的变化，人民生活水平不断提高，生活方式丰富多元，为现代旅游业创造了良好的发展契机。一直以来，我国旅游业保持着良好的发展势头，对我国经济社会发展的积极作用愈加明显。就个体而言，旅游越来越成为人们生活不可或缺的一个组成部分，甚至成为很多人坚持的生活方式。文化和旅游部公布了2018年国庆假期旅游市场情况：综合各地旅游部门、通信运营商、线上旅行服务商上报和提供的数据，经中国旅游研究院（文化和旅游部数据中心）测算，全国共接待国内游客7.26亿人次，同比增长9.43%；实现国内旅游收入5990.8亿元，同比增长9.04%。①

旅游人数“暴增”的同时，旅游的需求也在悄然发生着改变，旅游观念也从单一变得多元。尤其值得注意的是，融入文化元素的景区景点、品牌活动、线路或者产品更受到游客的青睐。“2018年国庆假日市场呈现文化参与范围广特征。”调研数据显示，国庆期间，超过90%的游客参加了文化活动，超过40%的游客参加了2项文化体验活动，前往博物馆、美术馆、图书馆和科技馆的游客超过40%，37.8%的游客花在文化体验上的时间为2~5天。国内主要在线旅游平台（OTA）数据显示，10月1~7日，文化类景区整体预订量同比增长超过36%，景区门票、文化展演类产品预订量增幅最大。②

① 王莹：《国庆假期全国共接待国内游客7.26亿人次 同比增长9.43%》，中华网，https：//news.china.com/domesticgd/10000159/20181008/34100714.html，2018年10月8日。

② 王莹：《国庆假期全国共接待国内游客7.26亿人次 同比增长9.43%》，中华网，https：//news.china.com/domesticgd/10000159/20181008/34100714.html，2018年10月8日。

基于此，通州有着得天独厚的地理优势、北运河有丰富的运河文化资源，是一块还待开发的宝藏。深入挖掘地域资源和文化资源，与旅游开发结合起来，以运河文化为依托，打造体现通州特色、京郊韵味、运河风采的旅游文化品牌、活动线路、文化产品，不仅能促进通州旅游业发展，带动一方经济繁荣，还能让人们感受通州地域风情、运河文化魅力，以及通州作为北京城市副中心的新风采。

五 运河文化与教育联合，进学校进课堂

运河是通州人民的母亲河，通州人民一直有热爱运河文化、传承运河文化的传统。通州有些中小学至今保留着运河文化传承的印记。在运河文化与教育联合上，通州做了很多积极尝试。如编写运河文化系列教材，运河文化课进课堂，让中小学生从小从认识运河开始，了解自己的家乡，感受运河文化的博大深远，从运河文化精神里汲取拼搏、进取、包容、坚韧的精神，孕育家国天下的爱国情怀。

大运河体现了我国古代劳动人民的智慧和创造力，是中华文明的标志和象征之一。依托运河，古代劳动人民创造了巨大的物质财富和民族永恒的精神财富，这就是通常所说的运河文化。运河文化在通州区段的呈现方式，又构成了具有地域特色的通州运河文化。通州运河文化源远流长，内涵丰富，是运河文化体系的重要组成部分。运河中学这所北京市示范高中就坐落在运河河畔。从2002年起，在研究性学习的探索实践中，运河中学利用得天独厚的运河地域资源，对运河文化进行了较为深入的研究，取得了可喜的研究成果，为研发“运河文化”校本课程奠定了良好的基础。

《运河文化读本》是北京教育学会“十一五”课题、北京市教育科学“十一五”规划课题研究成果，是依据教育部《基础教育课程改革纲要（试行）》和北京市教委《首都教育2010发展纲要》精神，在与国家课程、地方课程培养目标一致的前提下，根据运河中学的办学目标和课程资源状况，为满足学生多元发展的需求，由本校教师自

主编写的校本教材。这本教材主体内容由专题讲座、教学课例、学生研究性学习课题成果、学生获奖征文、研究性学习参考题目组成。第一部分专题讲座涉及运河兴建之路、运河古代建筑、运河历史人物、运河饮食文化、运河旅游资源、运河民俗节日、运河民间美术、运河经济发展等内容。运河中学校本教材为学生了解通州，了解运河文化提供了载体，能很好地弘扬和传承运河文化。

引导高校学生进行以运河文化为依托的文学艺术创作，在艺术熏染中领悟运河文化的精髓。北京物资学院在这个方面做了很好的榜样。2018年1月，由北京市教育委员会、北京市文化局、共青团北京市委员会主办，北京物资学院与北京学生活动管理中心和通州区文化委员会合作出品的北京物资学院大型原创舞剧《运》在北京舞蹈学院舞蹈剧场首演。舞剧《运》是北京物资学院历时近两年创作的一部集民族文化、京杭大运河文化、校园文化、爱国主义教育于一体的舞剧。专业青年舞蹈家与普通高校大学生联手呈现的精湛表演，让观众体验到富有艺术感染力的艺术享受。通过编创、舞台排练、舞台呈现，增加了学子们对运河文化丰富的感性认识，提高了对运河文化的自信和认同，培育了浓郁的家国情怀。北京物资学院坐落在通州，深受运河文化的滋养。通过舞剧，完美地将通州区的运河文化、大学生思想建设、传统文化、校园文化融为一体，给大学生们上了一堂生动的思想文化课，进行了一堂生动的爱国主义教育。

有关部门、教学单位要联合起来，鼓励和指导教师以运河文化为依托，打造更丰富多样、生动形象的教学精品课程、教学优质资源，引导和扶持学生们自主创作更多以运河文化为依托的文学艺术精品，让这些优质教学资源和文学艺术精品走出校园，走向更大的宣传平台，让运河文化的传承可视可感、有温度。

六　增加公共文化资源投入，提供公众广泛参与的平台

笔者在苏州古运河调研期间，见证了苏州市民对自己城市文化的

了解、认识、认同和热爱。出租车司机、服务员、开三轮车的师傅都能对苏州名胜古迹、文人诗句如数家珍，每个人都是城市文化流动的“导游”。苏州大运河遗产展示馆通过“大运河苏州段”“城内水系与大运河”“大运河苏州段重要遗产”“保护与传承”“公众参与”等主题，展示了大运河与苏州的古往今来千丝万缕的联系。在“公众参与”主题方面，展现了2008年“我为城墙捐块砖”活动、2011~2012年中法志愿者平江路工作营活动、2013年“我的运河我的家”苏州中小学生画信支持大运河申遗活动（见图5-5），从中可以看出苏州市民在弘扬运河文化、支持苏州城市建设上的广泛参与度，更体现出他们对城市文化的认同感和自豪感。在古运河段的游船上，苏州艺人用温润的苏州评弹唱出苏州美和对家乡的热爱，现场教听众学习苏州话，被游客抢购一空的明信片和扑克牌都是一张张苏州古运河风景画。

图5-5 苏州大运河遗产展示馆中展示的苏州中小学生画信支持大运河申遗活动

苏州博物馆建成于1960年，1999年由世界华人建筑师贝聿铭设计苏州博物馆新馆。苏州博物馆不但包揽了“吴地遗珍”，还是一座能体现吴地文化的藏馆。建筑造型与苏州城市自然环境融为一体，是一座现代化馆舍建设建筑、古建筑与创新山水园林三位一体的综合性博物馆，体现了苏州特色和苏州风情，是了解苏州历史文化的一张名片。在苏州博物馆入口处，游客可以通过电脑来了解整个苏州博物馆概况，而且还可以在电脑屏幕上进行博物馆藏品如桌椅等物品的组装，这一项目引起很多游客特别是青少年的兴趣。通过移动鼠标，可以把一个个零散的部件组合起来，在组合过程中，既有动手参与的乐趣，又能在组装中认识藏品，了解藏品的结构特征，小小的细节都能让公众获得参与感。

以苏州为参照，通州作为运河城市，在文化建设上无论是硬件设施还是软件素养还有很长的路要走。就目前来看，首先要增加以运河文化为主题、体现通州地域特色的公共文化资源投入，为通州人民打造随时随地了解认识运河文化，传承和保护运河文化的平台，提升文化自信和文化认同感，提升作为文化传承人的责任感和主人翁意识。比如打造运河文化特色的图书馆、运河文化主题博物馆。一个图书馆温暖一座城市，图书馆是一座城市精神文明高度的象征。打造有通州地域特色、体现运河文化风采的图书馆，集图书陈列、文化交流、学术活动、教育平台等综合功能于一体，从外观设计到内部陈列，让其成为通州作为北京城市副中心的一个文化地标，成为公众学习了解运河文化、参与运河文化活动的平台。

建设运河文化主题博物馆。建设以运河文化为主题的大型专题博物馆，让其成为通州一道亮丽的文化风景线。既可以全方位收藏、保护、展示珍贵的运河文化资料，还可以呈现通州区运河自然风貌、大运河的开凿与变迁、大运河的作用、运河城市的发展、运河文化的积淀、运河文化的传承与发展。通过运河文化主题博物馆，可以让走进博物馆的观众穿越历史，看到漕运昔日的繁荣景象，感受通州厚重的历史文化底蕴，领略运河文化风采。运河文化主题博物馆既是展示通州区运河文化的窗口，也是通州人民了解运河文化、传承运河文化的参与平台。

打造一个气势恢宏、凝聚运河文化精髓、反映通州作为北京城市副中心地位的“通州·印象”节目。以旅游城市黄山为例，著名导演段建平先生的得意力作《徽韵》已经成为可以代表安徽的“文化名片”（见图 5-6）。《徽韵》有四季变化的奇美黄山、董永七仙女的美丽爱情传说，有通过“前世不修生在徽州，十三四岁往外一丢”俗语对普通人家的生活解读，有历经风风雨雨、造就了“徽商”雄霸中国商界将近 400 年的历史原因阐释，更有反映国粹“徽班进京”的真实史料故事。大型多媒体歌舞节目《徽韵》通过世界顶尖的舞台技术，独立又关联的史诗般的场景，强大的专业演员阵容，光彩夺目的服装，以音乐、舞蹈、杂技、现代徽剧、京剧、花鼓灯、民歌联唱、欢歌载舞等多种表现手段，奉献给观众一台多姿多彩的旅游文化大餐，为游客解读徽州文化的博大精深提供了一场丰富的视觉盛宴，做到了“秀出一个新黄山给世界看”。截至 2018 年 5 月，演出已近 3000 场，入场观众达到 1382202 人次。作为黄山市标志性旅游演出，做到了让每一位来到黄山的游客更好地了解黄山，认识徽州，理解徽州文化的内涵。

图 5-6 《徽韵》宣传海报

通州有着丰富的文化和人才资源，通过政府发起，有关宣传部门组织，优秀团队策划，民间创作资源支撑，由公众参与，策划一部制作精良、立体反映本地风土人情、历史文化底蕴，展现运河文化风采、具有北京城市副中心高度的“通州·印象”艺术作品。通过现场表演、纪录片等多种形式呈现给观众，积极宣传通州历史文化。

第三节　当代通州作家的新使命、新担当

通州是世界文化遗产京杭大运河的北起点，更深层次地挖掘以大运河为核心的历史文化资源已纳入北京市发展战略规划。学界人士加入了大运河文化带的研究和学术交流，为我们认识大运河历史、保存大运河遗迹、传承运河文化、弘扬运河文化精神提供了重要基础。当代通州作家作品一直致力于以运河文学为主题的创作，致力于运河文化的弘扬，致力于运河文化精神的传承，致力于通州的文化事业的发展。通过梳理、研究、发掘当代通州作家作品，以文学的维度，反观当代通州的社会变迁、现实生活、时代精神，以及文化心理状态，发现当代通州人在改造现实世界中对运河文化的体认，在当代社会历史进程中对运河文化精神的积淀。从理论研究层面来讲，这将会丰富运河文化研究的视野，提升大运河文化带理论研究的水平，拓宽运河文化其他研究方向的领域；从应用层面来讲，这将会为通州作为北京城市副中心的文化建设提供丰富的文化资源、精神载体、智力支持，从文化层面拉紧京津冀协同发展的纽带，文而化之，促进京津冀协同发展。如何从当代通州作家作品的维度，促进运河文化传承与发展，策略如下。

一　保护和利用当代通州作家作品的文化价值

以大运河文化带建设为契机，要发挥政府、企业、研究机构、学校等部门力量，充分认识到当代通州作家作品作为运河文化组成部分，在弘扬和发展运河文化精神上的价值；充分发掘、保护和利用当代作

家作品资源，融入北京城市副中心文化建设；充分激活当代通州作家作品档案资源，打开一扇文化宣传之窗，让这些资源从档案馆、图书馆、博物馆“动起来”“活起来”，融入城市建设，融入生态建设，融入群众生活。

（一）加强当代通州作家作品的保护和利用

认真挖掘、梳理、总结当代通州作家的作品资源，通过出版、收藏等多种方式保留当代通州作家作品，妥善保存保护当代通州作家故居、生活遗迹。当代通州作家名人故居是重要文化元素的代表之一，也是运河文化的一部分。以“大运河之子”刘绍棠为例，过去，有很多文学爱好者、研究者慕名而来，从阅读刘绍棠小说里的故乡，到亲自走访刘绍棠的故乡，追寻刘绍棠的人生之路和创作轨迹，感受运河自然风光，体验蒲柳人家的质朴生活，目睹通州在时代中的变迁。但是对刘绍棠的故居和墓地，还缺少保护意识，让不少热爱刘绍棠和他的作品的读者不免失望。如果能够在保护当代通州作家作品资源的同时，把作家生活遗迹、创作历程、生长环境等与作家本人有关的资源作为整体来统筹考虑，就会提升运河文化的层次性和丰富性。

（二）提炼文化符号，融入城市文化建设

通过一部作品了解一个作家，通过一个作家了解一方水土。当代通州作家作品久负盛名，很多人耳熟能详，流传久远，甚至深深地影响了一代又一代的读者，成为不可磨灭的记忆。以当代通州作家作品为依托，挖掘运河文化精神元素和符号，不断创新表现方式，提炼地域化、可视化、生活化、审美化于一体的主题，融入北京城市副中心建设。如地标建筑和主题公园、街道景观、绿化标语等，处处体现运河景象、运河特色、运河味道、运河风格、运河气派。

文学休闲生态一体，以文兴镇。当代通州作家作品是当代通州历史、景观、民俗和社会学、文化心理、精神世界的重要载体，也是积

淀运河文化的活化石。当代通州作家作品感性、细致、丰富、立体，带着浓郁的人文气息，是认识和了解通州地域特色、文化根基，以及感悟运河文化精神内涵的多彩地图和情感丰沛的向导。西集镇是一个拥有两千年历史、京杭大运河环绕的古老乡镇。它地处京津冀咽喉要道，当代出了很多作家，更是“大运河之子”刘绍棠的故乡。这样一个人杰地灵、文学气息浓郁的运河古镇有着独有的文化魅力。“十三五”时期，西集镇提出要以全力建设宜居的生态休闲小镇为目标，努力打造北京城市副中心的后花园。据说，除了重塑东路烧锅、孝贤二里、西集家宴等传统元素，还要建设运河之子乡土文学博物馆、农耕文化博物馆、农业见学体验馆等，将教育、宣传、体验、游乐融为一体，让西集小镇成为看得见乡愁、富有文化内涵的主题教育体验馆群落。

更进一步说，西集镇还有更多的文学资源可以利用，“以文兴镇”，在发展中传承运河文学精神。如以当代通州作家作品为依托，建立以文学为核心的创作基地、培训基地、文创基地、活动基地，形成文学创作生态村，覆盖传统文学和网络文学。这既符合西集镇作为生态休闲小镇的规划，又能充分利用西集镇宝贵的作家作品资源，以“文学”为核心聚集与文学有关的人才、产业。既体现文化属性，又能顺应国家关于文化产业发展的趋势。无论是传统文学作家还是网络文学作家，都能在这里享受到休闲的生活、浓郁的人文气息，良好的创作氛围，丰富的文学活动，多种文学培训，还能利用丰富的文创资源，实现产业链条无缝对接，融生活、工作、创业于一体。

（三）激活当代通州作家作品的“档案馆”

通州区依托大运河深厚的文化底蕴，已相继为当代通州作家如刘绍棠、刘白羽、高占祥等建立了名人文库。这些名人名家留下的档案资料非常珍贵。他们的手稿、作品、故居、墨迹、信件、书籍、生活物件、旧照、题词，以及亲朋旧友对他们的记忆，都是历史的记录、生活的见证，以及人生的写照。通过这些琐碎却丰富的资料，能够还原一段跌宕起伏的历史，审视一个波澜壮阔的时代，探索一个又一个文化学者铸就的思想高地，寄托一份穿越古今亘古不变的悠远乡愁，看见千年如一梦的人间万象，获得薪火相传而累积起来的生存经验和智慧，唤起关于家园的眷恋和记忆。

搜集、保存、展出这种档案资料本身就是对运河文化的积累、保护和传承，通州区档案馆就为此做了大量工作。坚持对健在的通州籍作家进行走访，汇报给通州区委、通州区政府关于新档案馆的建设方案，以便“把通州区新档案馆建设成一个以运河文化为特色的标志性建筑”。带去运河家乡人民的问候，唤起作家们对故乡人民的眷恋之情，并让他们愿意在自己百年之后，将珍藏的宝贵资料捐赠给通州区档案馆，回报乡里。《走近刘白羽——北京市通州区副区长杜宏谋走访著名作家刘白羽》就记录了当时负责档案管理工作的杜宏谋区长为搜集著名作家刘白羽的珍贵档案资料时的“一波三折”，以及付出的艰苦努力和心血，最终确定了捐赠清单。这些工作不仅仅出于他对档案工作的热爱，还出于他对大运河父老乡亲的一份责任，对通州区运河文化传承的使命感。

让“档案”活起来。通州区档案馆作为运河文化保护和传承的珍贵资源，最重要的目的和意义还在于传承。传承的形式要结合大众新技术、新媒体等手段，用喜闻乐见的方式，让这些名人名家的珍贵资料不仅仅“躺”在橱窗里，还“活”在大众的指尖里和生活里。如名人名家文库建设，如果能够通过客户端触动屏幕，就可以查阅和阅览所有作品资料，就会为喜欢当代通州作家作品、热爱运河文化的研究者和普通大众打开方便之门，也会为宣传运河文化和北京城市副中心打开一扇文化之窗。

（四）让当代通州作家作品焕发青春

将当代通州作家作品中的名篇佳作改编成话剧、戏剧、电视剧等艺术形式，通过二次创作，让文学作品走近观众，得到多样化的传播。

如当代通州作家经典作品话剧改编进入校园。《蒲柳人家》《漕运码头》等当代通州作家创作的优秀小说，经过新的改编创作，走进课堂，走进校园，让运河文化焕发出蓬勃生机，让运河文化在莘莘学子心中播下火种。

2018 年 6 月 14 日晚，北京财贸职业学院话剧团成员集体创作改编的话剧《漕运码头》在北京财贸职业学院校本部电教馆完成首场演出，来自各个校区的 600 多名师生观看了话剧演出。这场话剧改编自当代通州作家王梓夫的长篇历史小说《漕运码头》，讲述了大清王朝大刀阔斧地革除漕弊的故事。话剧选取了与漕运码头上的军粮经纪陈天伦有关的剧目。虽然，漕运码头已不复当年之繁华，人们只能想象那时的盛况，但是通过话剧表演，观众可以跟随当今运河河畔的大学师生们穿越历史时空，一睹百年前漕运码头的繁华盛景，也能在故事中感悟人性善恶、经商之道。剧中人物陈天伦表现出的“做人正直，做官清廉，做事精益，从商诚信”价值追求，也正跟校训“厚载商道，精益财贸”的寓意相契合，尊重客观经济规律，探索经商理财真理，承载与修炼商业道德，传承与积累商业智慧，体现了财贸人的文化符号和精神气质。

值得一提的是，《漕运码头》的作者王梓夫先生来到首演现场，他观看了学生们的精彩演出，对学生的表演给予了认可与鼓励。据说，从话剧创作之初，王先生就给学生们的创作以很大的关注和支持，鼓励同学们在原作的基础上自由创作，让学生们更能展现自己的风采。演出结束后，他还专程为北京财贸学院话剧团赠送了墨宝一幅。

《漕运码头》首演取得成功，获得原创作家的认可。它所弘扬的“做人正直，做官清廉，做事精益，从商诚信”的价值追求，体现了社会主义核心价值观，使它成为教职工廉政建设的必看剧目。2018 年 12 月，学院有关部门组织学校各党（总）支部教职工观看了廉政话剧《漕运码头》，通过观看话剧接受廉政文化教育。

刘绍棠的经典文学作品《蒲柳人家》也被改编为师生喜爱的话剧

曲目。他们通过话剧、舞台剧等方式，在语文课堂、舞台进行表演，对运河文化精神进行演绎和阐释，既保留了小说的原汁原味，又融入了时代和创新元素，让运河文化生动鲜活又亲和力十足，在不知不觉中，让师生们触摸运河文化的温度，感受运河文化的魅力，传承运河文化精神。

二 当代通州作家书写新时代新使命

当代通州作家作品是通州宝贵的文化资源。当代通州作家作为通州人民的优秀儿女代表，作为通州历史变迁的见证者、亲历者，作为通州人民生活的记录者、书写者，作为心系通州家乡父老、情牵运河一抹乡愁的故乡人，都肩负着回报乡土、造福桑梓的使命。每一位当代通州作家都应站在新时代的前列，以如椽之笔，以赤子之心，记录伟大的时代，讲好通州故事，传播通州声音，传承运河文化，弘扬运河文化精神。

（一）新时代传统文学的新书写

当好当代通州新时代发展的记录者、书写者。从 1949 年至今，当代通州作家在各个年代都有记录反映现实生活的传统，在不同时代有不同的代表作家，不同的代表作家的作品各有特色，都很值得后人学习研究。当代通州作家要继续发挥老一代通州作家良好的记录家乡、反映家乡的优良传统，跟随时代的脚步，聚焦新时代通州发展，聚焦通州人民的现实生活，聚焦运河文化的发掘和弘扬，开拓题材范围，创新艺术表现形式，唱响主旋律，弘扬真善美，用文字奏响时代前行的最强音，为后人留下新时代的光辉篇章。

加强当代通州作家老中青队伍的建设，发挥当代通州作家群体的力量，为弘扬运河文化精神，促进通州作为北京城市副中心的文化建设，建言献策，身体力行。当代通州作家有深厚的文学素养和文化积淀，对通州的历史文化、风土人情熟稔于心，对运河文化发展、通州作为北京城市副中心的文化建设有独到的见解和认识。作为本土作家，什么是通州味、怎么表现通州味，如何把通州味融入北京城市副中心建设，他们有自己的理解和体认，他们能够为通州味在文化表达、城市品牌建设上代言。更为可贵的是，他们对家乡的赤子情怀，一直贯穿在作品中。刘绍棠曾为通州的名胜古迹保护奔走呼告，为大运河的清污建言献策，红孩曾设想聚集当代通州作家，呼吁为通州发展担负作家的使命。2018 年 6 月，通州区大运河文化研究会成立。王梓夫为会长，顾问成员有当代通州作家高占祥、李希凡。当代通州作家正在发力。发挥当代通州作家群体的力量，对通州区运河历史文脉的研究、挖掘、开发、保护和利用有重大的意义。

（二）开辟“运河主题”网络文学新天地

古老的大运河纵贯南北，在历史长河中见证沧桑巨变。在新的时代，它又被赋予新的使命，续写新的辉煌。不仅要重现传统文学书写，还要依托网络载体，发挥通州新锐作家作品的力量，发现当代运河文学的原创精品佳作。通过网络文学的阐释、表达，推动运河文学、运河文化发展，在运河情中承载中国梦。

加强以运河为主题的网络文学创作和文化活动引导，打造一批表现运河文化，富有通州地域特色，融思想性与艺术性于一体的网络文学精品力作。如今网络文学已经走过 20 年的发展历程。相比于传统文学，网络文学是一种全新的文学形式，它以互联网为手段，通过虚拟网络空间进行文学创作，综合利用了文字、图像、视频等多种元素，不仅为作家提供了传统写作无法比拟的自由创作空间，还增强了作家与读者“亲密接触”的互动交流体验。它已经超越了“网络+文学”的范畴，成长为起于文学，兴于网络，衍生出互联网粉丝经济，形成 IP 开发新时尚的跨学科、跨领域的无限大的系统工程。网络文学发展如此迅猛，但在发展过程中遇到的问题也不少。新时期的网络文学如何避免泛娱乐化，如何提升网络文学的品位、格调、责任，如何加强与之迅猛发展相匹配的理论研究与批评，如何真正“介入性”地引导网络文学参与主流文学的打造，事关网络文学健康发展。传统文学应该在坚守中创新，坚守传统文学的思想精湛度、创作水准、题材把握经验，创新作品的创作方式、作品载体、传播方式。传统文学有一大批思想纯正、文学素养高、创作经验丰富的作家，可以“放下清高”“向前一步”，向网络文学作家学习和借鉴网络文学的传播优势和传播经验，参与市场开发，激发传统文学活力，让传统文学的优势和价值得到多方位的体现。现在，有部分传统作家开始意识到网络文学的发展和传播优势，向网络文学行业跨界，开始从事网络文学创作。传统作家对于现实题材的理解和主旋律的把握具备一定优势，为网络文学未来的发展贡献了自身的重要力量。这样一来，不仅提升了网络文学的思想内涵、文学品位、艺术水准，还能让传统文学作家在社会效益前提下获得更大的经济价值。

与此同时，网络文学在越来越娱乐化、消遣性、市场性、快餐化的同时，重视现实题材的开发，并不断提升网络文学的思想和艺术水平，利用与读者“亲密接触”互动的优势，传播更多的正能量，体现更大的社会责任感，在追求市场价值的同时抓好抓牢社会效益。传统文学通过与网络文学的“借鉴”和“跨界”才能取得双赢。无论网络文学也好，传统文学也罢，归根结底，文学的使命和责任应该一直都在，人民群众对德艺双馨的作家的呼唤、对一批思想与艺术水平皆佳的精品力作的需求一直都在。习近平总书记在党的十九大报告中关于社会主义文艺的论述指出：“社会主义文艺是人民的文艺，必须坚持以人民为中心的创作导向，在深入生活、扎根人民中进行无愧于时代的文艺创造。要繁荣文艺创作，坚持思想精深、艺术精湛、制作精良相统一，加强现实题材创作，不断推出讴歌党、讴歌祖国、讴歌人民、讴歌英雄的精品力作。发扬学术民主、艺术民主，提升文艺原创力，推动文艺创新。倡导讲品位、讲格调、讲责任，抵制低俗、庸俗、媚俗。加强文艺队伍建设，造就一大批德艺双馨名家大师，培育一大批高水平创作人才。”①

（三）鼓励作家建言献策，积极参与城市文化建设

当代通州作家是运河文化的书写者、运河文化的研究者，更是运河文化发展的推动者。他们的作用和价值不仅仅体现在立足通州书写运河文学上，还体现在作为通州文化界优秀儿女代表对运河文化进行传承上，对通州文化事业发展的推动上。通过采访、座谈、咨询等方式，征集他们对运河文化发展的独到见解和建议；通过让他们参与制订文化建设决策，融入北京城市副中心文化建设，融入运河文化传承和发展，为城市文化品牌建设建言献策，发光发热。

① 铁凝：《时刻牢记文学对民族精神的责任》，《红旗文摘》2018 年第 7 期。

参考文献

1. 专著

刘祥编《通州作家群》，中国文联出版社，2002。

刘绍棠：《京门脸子》，北京十月文艺出版社，2018。

刘绍棠：《蒲柳人家》，北京十月文艺出版社，2018。

刘绍棠：《我是刘绍棠》，团结出版社，1996。

刘绍棠：《孤村》，作家出版社，1993。

王梓夫：《漕运码头》，中国文史出版社，2009。

王梓夫：《卧底》，中国文史出版社，2015。

王梓夫：《异母兄弟》，中国文史出版社，2015。

王梓夫：《梨花渡》，北京十月文艺出版社，2017。

郑恩波：《刘绍棠全传》，文化艺术出版社，2006。

浩然：《浩然选集》，百花文艺出版社，1984。

杨广芹：《心安是归处》，当代中国出版社，2013。

刘绍棠：《四类手记》，北京十月文艺出版社，2018。

红孩：《运河的桨声》，大象出版社，2017。

李泉主编《运河学研究》，社会科学文献出版社，2018。

唐燕等：《文化、创意产业与城市更新》，清华大学出版社，2018。

张环宙、沈旭炜：《外国人眼中的大运河》，杭州出版社，2013。

朱偰编《中国运河史料选辑》，江苏人民出版社，2017。

钱穆：《中国文化史导论》，台北：台湾商务印书馆，1993。

张岱年、方克立主编《中国文化概论》（修订版），北京师范大学出版社，2004。

安作璋主编《中国运河文化史》，山东教育出版社，2001。

〔朝〕朴趾源：《热河日记》，上海书店出版社，1997。

冯友兰：《中国哲学简史》，北京大学出版社，1985。

张岱年：《中国哲学大纲》，中国社会科学出版社，1982。

宗白华：《美学散步》，上海人民出版社，2005。

张岱年、程宜山：《中国文化精神》，北京大学出版社，2015。

谢有顺：《成为小说家》，北岳文艺出版社，2018。

〔美〕黄仁宇：《明代的漕运》，张皓、张升译，新星出版社，2005。

〔日〕星斌夫：《大运河：中国的漕运》，东京：近藤出版社，1971。

〔英〕亚当·斯密：《国富论》，中国纺织出版社，2012。

2. 报刊文章及学位论文

高锡鹤：《运河文化的当代意义探析》，《江南论坛》2017 年第 4 期。

赵彩红：《跨文化视野下的大运河》，《东岳论丛》2015 年第 8 期。

陈喜波、韩光辉、王长松：《通州新城建设与运河文化遗产保护》，《北京大学学报》（哲学社会科学版）2011 年第 3 期。

许佳佳：《民俗文化视阈下的刘绍棠乡土小说》，硕士学位论文，河南大学，2012。

杨家毅：《大运河文化的基本特征及其核心精神》，《中国文化报》2012 年 10 月 18 日。

郑恩波：《运河之子刘绍棠》，《人民日报》（海外版）2006 年 2 月 24 日。

李泉：《中国运河文化的形成及其演进》，《东岳论丛》2008 年第 3 期。

郑永华：《论通州运河文化的开发与利用》，《中国名城》2013 年第 9 期。

吕卓民：《运河文化遗产的保护与开发》，《西北大学学报》（哲学社会科学版）2008 年第 3 期。

高德澍、张钰丛：《大运河畔乡土根 矢志不渝赤子心——著名乡土文学大师刘绍棠的运河情结》，《北京档案》2014 年第 9 期。

刘勇、陶梦真：《运河文化的历史品格及其文学书写》，《北京联合大学学报》（人文社会科学版）2018 年第 1 期。

刘玄：《明清以来大运河海外研究评述》，《聊城大学学报》（社会科学版）2016 年第 2 期。

史言喜：《〈水浒传〉与京杭运河之渊源》，《濮阳技术职业学院学报》2010 年第 3 期。

后　记

从2018年元月至2019年元旦，从开始书稿撰写到付梓，总算是有始有终。2018年是辛苦忙碌而又充实满足的一年。回顾2018年，在日常工作之外，利用边角料的时间收集资料、召开专家会、外出调研、协同报销、撰写书稿等，我像一个上足了发条的闹钟一样，一刻也不得闲。从晨起到日暮，一台发热的电脑，一堆高高叠起的资料，一个疲惫的身影，是我2018年创作本书的缩影。

2017年11月，我所申报的课题“当代通州作家视域下的运河文化精神研究”，经校学术委员会评审，确立为2018年北京财贸职业学院科研计划重点课题。从那时起，我就开始酝酿这本书的写作计划。寒假前一周，我从学校图书馆借到参考资料，也陆续从网上购买了大量当代通州作家作品。有的作品已经缺货，只能从旧书网上高价购买，但是只要能买得到都让人精神振奋。2018年春节期间断断续续收集一手材料，整理材料。春节刚过，就开始了第一章的写作。

2018年寒假结束，日常工作繁杂而琐碎。书稿的撰写只能断断续续推进。下半年真正转入写作高速车道。在进入攻坚阶段时，健康却亮起了红灯，只能停下来休息。时间不等人，行百里者半九十。短暂休整后，又忍着病痛，打起精神，继续奋战，力争把每一个脚印都踩得坚实，不留遗憾。就这样，一直坚持到了2018年最后一天，才为这本书稿画上圆满的句号。在课题推进过程中，有两件事可圈可点，受益匪浅。

第一件事是专家咨询会。2018年4月，围绕课题在北京财贸职业学院东城校区召开了专家咨询会。来自《求是》杂志社、《中国社会报》、《滨海时报》、东方出版社、在线教育的专家，会聚一堂，建言献策，提出了具有建设性的指导意见，为课题逐步展开奠定了基础。

第二件事是我应邀担任2018年网络文学推优评选专家。2018年9月14日至16日，在北京亦创国际会展中心举行了由国家新闻出版署、北京市人民政府指导，中共北京市委宣传部、中国音像与数字出版协会、北京市新闻出版广电局（版权局）等单位主办的第二届“网络文学+”大会。在大会闭幕式上公布了2018年推荐的21部优秀网络文学原创作品，其中运河题材的网络文学作品占11部。我应邀参加了此次大会，也有幸担任了2018年网络文学推优评选初审、复审、终审的专家评委。此次参选作品涌现出一批运河题材的网络文学原创作品，及时充实了课题研究的文本资源，让我看到了运河题材网络文学的蓬勃生机，更让我看到了北京市相关部门、网络平台、网络文学作家弘扬运河文化的责任和担当。

一路走来，在很多人的全力支持和热心帮助下，这本书才得以完成。在付梓之际，真诚地感谢北京财贸职业学院领导的关心，感谢学校科研处所做的大量细致、琐碎的工作，感谢项目组每一位成员的积极参与和辛苦付出，感谢前辈同行研究者的启发和智慧，感谢咨询专家建言献策，特别感谢家人的全力支持，也衷心感谢社会科学文献出版社史晓琳编辑诚意、耐心和敬业的工作。

2018年，这是依靠意志力和信念行走的一年。有挫折、有逆境、有病痛，更有勇气、有忍耐、有坚持。世事纷扰，心情在起起落落中寻觅难得的沉静，不知不觉又走过了一个春秋。完成比完美更重要，希望所有付出能换来天遂人愿。

宋秋云

2019年元旦于北京通州

图书在版编目（CIP）数据

当代通州作家视域下的运河文化精神 / 宋秋云著
. -- 北京：社会科学文献出版社，2019.4
ISBN 978-7-5201-4605-0

Ⅰ.①当… Ⅱ.①宋… Ⅲ.①中国文学-当代文学-文学研究②大运河-文化研究 Ⅳ.①I206.7②K928.42

中国版本图书馆 CIP 数据核字（2019）第 059260 号

当代通州作家视域下的运河文化精神

著　　者 / 宋秋云

出 版 人 / 谢寿光
责任编辑 / 高　靖
文稿编辑 / 韩欣楠

出　　版 / 社会科学文献出版社 · 国际出版分社（010）59367142
地址：北京市北三环中路甲 29 号院华龙大厦　邮编：100029
网址：www. ssap. com. cn
发　　行 / 市场营销中心（010）59367081　59367083
印　　装 / 三河市尚艺印装有限公司

规　　格 / 开　本：787mm × 1092mm　1/16
印　张：14. 5　字　数：222 千字
版　　次 / 2019 年 4 月第 1 版　2019 年 4 月第 1 次印刷
书　　号 / ISBN 978-7-5201-4605-0
定　　价 / 98. 00 元

本书如有印装质量问题，请与读者服务中心（010-59367028）联系